Basiswissen Antike. Ein Lexikon

Reclam Sachbuch premium

Basiswissen Antike
Ein Lexikon

Von Heinz Mickisch

Reclam

3. Auflage

RECLAMS UNIVERSAL-BIBLIOTHEK Nr. 19667
2006, 2020 Philipp Reclam jun. Verlag GmbH,
Siemensstraße 32, 71254 Ditzingen
Umschlagabbildung: Ein Lehrer mit seinen Schülern auf dem
sog. Neumagener Schulrelief (spätes 2. Jh.; Rheinisches Landesmuseum Trier;
© Wikimedia Commons / Carole Raddato)
Druck und Bindung: EsserDruck Solutions GmbH,
Untere Sonnenstraße 5, 84030 Ergolding
Printed in Germany 2023

ISBN 978-3-15-019667-0
www.reclam.de

Inhalt

Anhang

Vorwort

Reclams *Basiswissen Antike* wendet sich nicht nur an Schülerinnen, Schüler und Studierende der geisteswissenschaftlichen Disziplinen, sondern darüber hinaus an jeden, der sich für die griechisch-römische Antike interessiert.

Absicht dieses Buches ist es, dem genannten Adressatenkreis in handlicher Form die Möglichkeit zu bieten, sich schnell über die wichtigsten Bereiche der antiken Welt zu informieren (u. a. Mythologie, Geschichte, Landeskunde, Literatur, Philosophie).

Bei der Auswahl der Artikel hat sich der Verfasser von seinen Erfahrungen als Lehrer der Altphilologie sowie von der vermutlichen Interessenrichtung eines weiteren Leserkreises leiten lassen. Dass vielleicht manches Stichwort von dem einen oder anderen vermisst wird, ist bei der Knappheit des zur Verfügung stehenden Raumes leider nicht zu vermeiden.

Eigennamen und Begriffe aus den alten Sprachen wurden mit einem langen (a̱) oder kurzen (ạ) Betonungszeichen versehen, um die korrekte deutsche Aussprache zu erleichtern. Pfeile (→) in den Artikeln verweisen auf andere Lexikoneinträge. Bei der alphabetischen Sortierung der Stichworte werden Umlaute wie Vokal + e betrachtet.

Abkürzungen

alexandr.	alexandrinisch	lat.	lateinisch
A. T.	Altes Testament	MA	Mittelalter
athen.	athenisch	maked.	makedonisch
att.	attisch	myken.	mykenisch
bes.	besonders	n. Chr.	nach Christus
christl.	christlich	N. T.	Neues Testament
dt.	deutsch	o. Ä.	oder Ähnliche(s)
etr.	etruskisch	östl.	östlich
geb.	geboren	pers.	persisch
german.	germanisch	Pl.	Plural, Mehrzahl
gr.	griechisch	röm.	römisch
hellenist.	hellenistisch	sc.	scilicet (natürlich)
illyr.	illyrisch	semit.	semitisch
indogerm.	indogermanisch	sog.	so genannt
J.	Jahre	spart.	spartanisch
Jh.	Jahrhundert	thrak.	thrakisch
jon.	jonisch	u. a.	unter anderem
Jt.	Jahrtausend	u. Ä.	und Ähnliche(s)
karth.	karthagisch	urspr.	ursprünglich
kelt.	keltisch	v. Chr.	vor Christus
kret.	kretisch		

Abkürzungen der lateinischen Vornamen

A.	Aulus	M.'	Manius
App.	Appius	N.	Numerius
C.	Gaius	P.	Publius
Cn.	Cnaeus od. Cneus, Gnaeus	Q.	Quintus
		R.	Rufus
D.	Decimus	S.	Sextus
G.	Gaius (statt des häufigeren C.)	T.	Titus
		Ti. (oder Tib.)	Tiberius
L.	Lucius		
M.	Marcus		

A

Abacus, Deckplatte des → Kapitells.

Abdera, Hafenstadt an der Südküste Thrakiens, um 650 v. Chr. von Joniern aus Klazomenai gegründet; obwohl mehrmals zerstört, ist sie bis ins Mittelalter nachweisbar. Die Stadt verdankt ihre Berühmtheit nicht nur bedeutenden Männern, die dort lebten (→ Anakreon, → Demokrit, → Protagoras, → Leukippos), sondern darüber hinaus der sprichwörtlichen Einfalt ihrer Bewohner: A. ist das antike Schilda.

Achäer, homerische Bezeichnung aller Griechen, die gegen → Troja zogen; später Name der Bewohner von → Achaia.

Achaia, Landschaft an der Nordküste der → Peloponnes, wurde nach der dorischen Wanderung (1200–1000 v. Chr.) von Nordwestgriechen besiedelt. Kulturell sind die Achäer nicht besonders hervorgetreten.

Acheron, Name mehrerer Flüsse in Griechenland und eines Flusses der Unterwelt (→ Hades), den die Toten nach antiker Vorstellung beim Eintritt in die Totenwelt überschreiten mussten.

Achilleus (lat. *Achilles*), wichtigster Kämpfer auf griechischer Seite im → Trojanischen Krieg, Sohn des Peleus und der → Thetis. Die Mutter, die wusste, dass ihrem Sohn entweder ein langes, ruhmloses Leben oder ein früher Tod und ewiger Ruhm beschieden war, versteckte ihn beim Ausbruch des Krieges auf Skyros. → Odysseus aber fand ihn. So fuhr A. in Begleitung seines Freundes → Patroklos mit nach → Troja. Dort fiel er nach vielen Heldentaten am Skäischen Tor durch → Paris und → Apoll. → Homer lässt seinen Schatten im → Hades weiterleben. Durch die *Ilias* des Homer wurde A. der Nationalheld der Griechen.

Ackerbau. Griechenland konnte seinen Bedarf an Getreide nicht allein aus dem eigenen Land decken. So mussten besonders die Großstädte große Mengen an Weizen vornehmlich aus → Sizilien, Nordafrika, → Ägypten und den Schwarzmeergebieten importieren. Neben Getreide produzierte der gr. Bauer Wein, Öl und Honig. – Italien, das noch bis ins 2. Jh. v. Chr. fast ausschließlich Bauernland mit ähnlichen Produkten wie Griechenland war, wurde später in der Getreideversorgung ganz von Importen ebenfalls aus Sizilien, Ägypten und Nordafrika abhängig. Die Kleinbauern hatten nämlich, wegen Krieg und Kriegsdienst zu häufiger Abwesenheit gezwungen, ihre deswegen schlecht bestellten und verschuldeten Höfe an die Reichen verloren (→ Latifundien).

Actium (gr. *Aktion*), nordwestliches Vorgebirge von Akarnanien am Golf von Ambrakia; → Octavian (Augustus) besiegte hier 31 v. Chr. die → Flotte des → Antonius und der → Kleopatra.

Adonis, ein schöner Königssohn, von → Aphrodite geliebt, wurde auf der Jagd von einem Eber getötet. Auf ihre Bitten hin erlaubten die Götter, dass A. zwei Drittel des Jahres auf der Oberwelt verbringen durfte. A. ist ursprünglich eine aus dem Orient stammende Vegetationsgottheit.

Ädil (*aedilis*), ursprünglich Tempelhüter. 494 v. Chr. wurden 2 Ä.en als plebejische Beamte zur Unterstützung der → Volkstribunen eingesetzt. Sie waren wie diese sakrosankt und verwalteten den Cerestempel auf dem Aventin. Seit 367 gab es auch 2 curulische Ä.en. Das Amt war einjährig und auf → Rom beschränkt. Funktion: Stadtpolizei, Lebensmittelversorgung, Ausrichtung der öffentlichen Spiele. Das Ädilenamt war die zweite Stufe der → Ämterlaufbahn.

Ägina, größte Insel im Saronischen Golf vor der Westküste → Attikas, wahrscheinlich früheste Prägestelle von Münzgeld in Griechenland.

Ägineten, → archaische Marmorskulpturen von den Giebeln des dorischen Tempels der Aphaia auf der Nordspitze der Insel → Ägina, 1811 gefunden, jetzt in der Glyptothek zu München aufgestellt. Die Ä. stellen die Belagerung → Trojas durch → Herakles und durch die Griechen dar.

Ägypten, das Niltal von der Mittelmeerküste bis zum 1. Katarakt bei Assuan, hat schon früh die Wüstengebiete beiderseits des Nils und Teile Nubiens beherrscht. Die uralte Kultur Ä.s hat seit dem 2. Jt. v. Chr. die gr. beeinflusst. Die Perserherrschaft (525–332) über Ä. wurde von der Griechenherrschaft abgelöst: Nach der Eroberung durch → Alexander d. Gr. 332 herrschten sein General Ptolemaios und dessen Nachkommen bis 31 v. Chr. in der 331 v. Chr. gegründeten Residenzstadt → Alexandria über das Land. Von 30 v. Chr. bis um 640 n. Chr. war Ä. kaiserliche → Provinz des röm. Imperiums, von dem es ausgebeutet wurde. Oberschicht und Mittelstand gr.-röm. Herkunft haben auf die ägyptische Kultur stark eingewirkt. Zahlreiche antike Reste, insbesondere Papyri, hat der trockene Sand erhalten, was für die Altertumskunde von Bedeutung ist. Der im Altertum ungemein fruchtbare Boden ließ Ä. zu einem Hauptlieferanten von Getreide und → Papyrus werden (→ Ackerbau).

Aemilius Paullus. Lucius Ae. P. Macedonicus besiegte 168 v. Chr. den Makedonenkönig → Perseus bei → Pydna.

Ämterlaufbahn. Während es in Griechenland keine Ä. gab, war sie in → Rom streng geregelt; Abfolge und Mindestalter waren genau vorgeschrieben: a) → Quästor: 31 J., b) → Ädil, c) → Prätor: 40 J., d) → Konsul: 43 J., e) → Zensor konnte nur ein gewesener Konsul werden. Diese unbesoldeten Ehrenämter setzten gute Vermögensverhältnisse voraus und wurden stets jeweils von mindestens 2 Amtskollegen besetzt; Ausnahme: der → Diktator. In der → Republik wurden die Beamten vom Volk auf je ein Jahr gewählt, in der Kaiserzeit von → Senat und Kaiser ernannt.

Aeneas, Held des troischen Sagenkreises, Sohn des → Anchises und der → Aphrodite. Nach der Flucht aus dem brennenden → Troja und nach langen Irrfahrten wird er in → Karthago von Königin → Dido gastlich aufgenommen. Seiner Bestimmung gehorchend, verlässt er Dido, die sich daraufhin tötet (damit beginnt die dauernde Feindschaft zwischen Karthago und → Rom). Schließlich landet Ae. im italienischen Latium, dessen König → Latinus ihm seine Tochter Lavinia zur Frau gibt; allerdings hat Ae. um sie erst noch schwere Kämpfe mit dem Rutulerfürsten Turnus, dem bisherigen Bräutigam, zu bestehen. Danach kann Ae. Lavinium erbauen, während sein Sohn → Ascanius später → Alba Longa gründet. Von Ascanius stammen die Zwillingsbrüder → Romulus und Remus ab, die Gründer Roms. So ist Ae. der Ahnherr des röm. Volkes. → Vergil hat ihn in seinem Epos *Aeneis* zum Nationalhelden Roms erhoben.

Äoler → Äolis.

Äolis, das Gebiet der gr. Städte auf den Inseln → Lesbos und Tenedos und an der Nordwestküste Kleinasiens. Da die Äoler aus Nordwestgriechenland stammten, bezeichnete man auch Thessaler, Böoter und andere nordgr. Stämme als Äoler.

Aerarium, der Staatsschatz des röm. Volkes im Saturntempel auf dem → Forum Romanum, von → Quästoren verwaltet.

Aesculapius, lat. für → Asklepios.

Aesop(us), gr. *Aisopos*, legendärer Begründer der antiken Fabelliteratur. Nach der Überlieferung war er ein freigelassener thrakischer → Sklave aus → Samos. Unter seinem Namen liefen viele Fabeln um, die ursprünglich seiner Lebensgeschichte, dem Äsop-Roman, angereiht waren; Demetrios von Phaleron sammelte sie.

Aetna, Vulkan im Nordosten Siziliens, 3350 m. Galt als Werkstätte des → Hephaistos, der mit den → Kyklopen die Blitze des → Zeus schmiedet.

Agamemnon, Sohn des → Atreus, Bruder des → Menelaos, König von → Mykene, Anführer der Griechen im → Trojanischen Krieg. In → Aulis opferte er seine Tochter → Iphigenie, um von → Artemis, die er beleidigt hatte, günstigen Segelwind für die Abfahrt der → Flotte nach → Troja zu bekommen. Verzögerte vor der Stadt des → Priamos durch seinen Zwist mit → Achilleus wegen des Beutemädchens Briseis den Sieg. Seine Gattin → Klytaimnestra und ihr Liebhaber → Aigisthos ermordeten ihn nach seiner Rückkehr.

Agathon, athen. Tragiker, um 445 – um 401 v. Chr.; lebte später in Pella am Hofe des → Archelaos, des Königs von → Makedonien. 6 Titel seines Werkes sind bekannt. Eine *Anthos* betitelte Tragödie hatte einen frei erfundenen, nicht aus dem Mythos übernommenen Stoff, was eine Neuerung für das attische Theater war. Ferner hat er als Erster die Lieder des → Chores als bloße Einlagen ohne inneren Zusammenhang mit der Handlung gestaltet.

Ager publicus, Gemeindeland, das Staatsgrundeigentum; Land, das die Römer besiegten Feinden abgenommen hatten; jeder Bürger konnte darauf eine bestimmte Anzahl Vieh halten. Gegen die Neigung der → Patrizier, sich aus diesem A. p. bei geringem Pachtzins große → Latifundien zu verschaffen, meldeten die ärmeren Bürger immer wieder Protest an. 366 v. Chr. wurde ein Höchstmaß von 125 ha festgesetzt; das Gesetz wurde aber nicht eingehalten. Neue Anstrengungen wurden seit der Zeit der → Gracchen unternommen, als einsichtige Patrizier glaubten, die Gefahr zunehmender sozialer Unruhen durch Neuverteilung des A. p. an die → Proletarier bannen zu können; auch diese Bestrebungen wurden vereitelt.

Agesilaos, König von → Sparta seit 399 v. Chr. Er übernahm 396 die Leitung einer Expedition gegen die → Perser zur Befreiung der jonischen Städte; aber trotz eines Sieges am → Paktolos 395 brachte die Unternehmung keinen dauerhaften Erfolg. Zurückgekehrt besiegte er 394 bei

Koroneia die vereinigte Streitmacht von → Athen, → Theben, → Korinth und → Argos, die von Persien unterstützt wurde. Sein Ziel war es, die seit dem Ende des → Peloponnesischen Krieges bestehende Vormachtstellung Spartas zu sichern. So trat er auch für den sog. Antalkidasfrieden ein: Der Spartaner → Antalkidas vereinbarte 387 mit dem Perserkönig einen Frieden, durch den die Griechenstädte Kleinasiens den Persern ausgeliefert und die übrigen autonom wurden; über die Einhaltung ihrer Autonomie wachte Sparta. Schärfster Gegner seiner Machtpolitik wurde der Thebaner → Epameinondas, der 371 bei Leuktra und 362 bei Mantineia das spartanische Heer besiegte. A. starb um 360 v. Chr.

Agora (gr.), zunächst Volksversammlung, dann Versammlungsplatz, Marktplatz (lat. *forum*, → Forum), Mittelpunkt des öffentlichen Lebens, daher geschmückt mit Tempeln, Götterbildern und öffentlichen Gebäuden.

Agrigent → Akragas.

Agrippa. Marcus Vipsanius A., 64–12 v. Chr., Freund und General des → Augustus (Octavian). 36 besiegte er den Sextus → Pompeius bei Mylae (Sizilien), 31 → Antonius und → Kleopatra bei → Actium. Unter Augustus war er Leiter der Außenpolitik und des Militärwesens. 21 heiratete er → Iulia, die Tochter des Augustus. Die auf seinen Feldzügen erbeuteten Reichtümer verwendete er zur Errichtung öffentlicher Bauten (z. B. des → Pantheons in → Rom). A. ließ auch eine Weltkarte anfertigen, die das Urbild aller späteren röm. Landkarten wurde.

Agrippina. – **1.** Vipsania A., Tochter des M. Vipsanius → Agrippa aus erster Ehe; zunächst mit → Tiberius verheiratet; nach dem Tode des Agrippa befahl → Augustus dem → Tiberius, die Kaisertochter → Iulia zu heiraten und sich von A. zu trennen. – **2.** Vipsania A., die sog. ältere A., Tochter des M. Vipsanius → Agrippa aus zweiter Ehe mit der Kaisertochter → Iulia; Enkelin des → Augustus. Ihrem Mann → Germanicus folgte sie immer auf seinen Feldzügen. Nach dessen Tod 19 n. Chr. brachte sie seine Aschenurne nach → Rom, wo sie den Kaiser → Tiberius des Mordes an ihrem Mann bezichtigte. Tiberius schickte sie 30 n. Chr. in die Verbannung auf die Insel Pandateria, wo sie 33 n. Chr. Selbstmord beging. – **3.** Iulia A., die jüngere A., Tochter des → Germanicus und der älteren A., 15 n. Chr. in dem späteren Colonia Agrippinensis (Köln) geboren. Aus der ersten Ehe mit Domitius Ahenobarbus (28) stammte → Nero. 40 Verbannung wegen Teilnahme an einer Verschwörung gegen ihren Bruder → Caligula. 41 holte sie ihr Onkel → Claudius zurück, den sie nach Ermordung ihres zweiten Gatten Crispus Passienus heiratete (49). 50 setzte sie bei Claudius die Adoption ihres Sohnes Nero und ihre eigene Erhebung zur → Augusta durch. Von da an bemühte sie sich, ihrem Sohn vor → Britannicus, dem leiblichen Sohn des Claudius, die Nachfolge zu sichern; zu diesem Plan gehörte auch die Ehe des Nero mit → Octavia, der Tochter des Claudius. Narcissus, Minister des Claudius, der eine Zeitlang ihren Einfluss mit Erfolg eindämmte, wurde ermordet. 54 vergiftete sie ihren Gemahl Claudius und ließ Nero zum Kaiser ausrufen. Nach einigen Jahren wurde das Verhältnis zwischen Mutter und Sohn immer schlechter. Nero ließ sie 59 n. Chr. ermorden.

Aias. – **1.** A. der Lokrer, Sohn des Lokrerkönigs Oileus, der kleine A. genannt; führte die Lokrer in 40 Schiffen nach → Troja. Auf der Heimfahrt erlitt er durch → Athene und → Poseidon Schiffbruch, weil er bei der Eroberung Trojas die → Kassandra von der Statue der Athene weggerissen hatte. – **2.** A. der Telamonier, Sohn des Telamon, Königs von Salamis, der große A. genannt. Er kam mit 12 Schiffen nach → Troja und zeigte sich dort als der tapferste und mutigste Grieche nach → Achilleus. Nach dem Tod ihres Sohnes Achilleus bestimmte → Thetis dessen Waffen demjenigen, der sich um die Rettung des Leichnams und der Waffen am meisten verdient gemacht habe. A. und → Odysseus traten als Bewerber auf. Nach Meinung der

Aigisthos tötet Agamemnon; rechts Klytaimnestra. Attischer rotfiguriger Krater. Um 500 – 480 v. Chr.

Frauen von Troja war es Odysseus, der ihrer Stadt am meisten geschadet hatte. A. verfiel wegen der Zurücksetzung in Wahnsinn; er näherte sich nachts den Herden der Griechen und metzelte sie nieder, in dem Wahn, es seien seine verhassten Gegner. Als er wieder zur Besinnung kam, stürzte er sich aus Scham ins eigene Schwert. Noch im → Hades grollte er dem Odysseus. → Sophokles.

Aigisthos, Sohn des → Thyestes. Während → Agamemnon vor → Troja kämpfte, verführte A. dessen Gemahlin → Klytaimnestra und ermordete ihn bei seiner Rückkehr aus Troja. Ungestört herrschte A. nun 7 Jahre in → Mykene, bis entsprechend einem → Orakel Agamemnons Sohn → Orestes an ihm das Gesetz der Blutrache vollzog. → Aischylos, → Sophokles, → Euripides.

Aischines, athen. Redner und Politiker, 389–314 v. Chr., begann seine politisch-rednerische Laufbahn 348/347 gemeinsam mit → Demosthenes bei der Friedensverhandlung mit → Philipp von Makedonien. In seiner politischen Haltung schwenkte er um zu den Makedonenfreunden, weil es ihm erstrebenswert schien, dass die partikularistischen Staaten Griechenlands unter makedonischer Vorherrschaft geeint würden. Die promakedonische Partei mit A. an der Spitze kam in → Athen zur Macht. Sein Gegner Demosthenes beschuldigte ihn immer wieder, von Philipp bestochen zu sein. Als der Athener Bürger Ktesiphon den Antrag stellte, dem Demosthenes für seine Verdienste um das Vaterland einen goldenen Kranz, die übliche Ehrung, zu verleihen, trat A. mit einer Verfassungsklage gegen den Antragsteller auf (336). Erst 330 kam die Sache zur Verhandlung, wobei A. eine *Rede gegen Ktesiphon* hielt. Demosthenes verteidigte mit der berühmten *Kranz-Rede* sein politisches Wirken. Durch die Niederlage in diesem Prozess moralisch vernichtet, ging A. freiwillig ins Exil nach → Rhodos, wo er bis zu seinem Tode eine Rhetorenschule unterhielt. Von ihm sind 3 Reden erhalten. Man zählt ihn zu den 10 berühmtesten Rednern.

Aischylos, 525/524–456/455 v. Chr., Sohn des Euphorion, eines adeligen Grundbesitzers in Eleusis. Er kämpfte mit bei → Marathon 490 und bei → Salamis 480. Er soll 90 Stücke geschrieben haben, 79 Titel sind uns bekannt, 7 Tragödien erhalten. Schon früh in den Wettkampf der tragischen Dichter eingetreten, brachte er es auf 13 Siege; seinen ersten verzeichnet das → Marmor Parium für 484. Im Jahre 472 siegte er mit den *Persern*, dem ersten der uns erhaltenen Dramen (zeitgeschichtliche, entgegen der üblichen Praxis nicht mythologische Behandlung des Sieges der Griechen über die → Perser bei → Salamis). 467 siegte

A. mit den *Sieben gegen Theben* (Bruderkampf der → Ödipus-Söhne Eteokles und Polyneikes um → Theben). Die *Hiketiden* (463) berichten vom Schicksal der Töchter des Danaos, die unter der Führung des Vaters vor der Werbung ihrer Vettern geflohen sind und in → Argos Schutz finden. 458 siegte A. mit der *Orestie*, der einzigen erhaltenen inhaltlich verbundenen gr. Trilogie: (a) *Agamemnon*: Der berühmte Feldherr der Griechen gegen → Troja, der die eigene Tochter in → Aulis geopfert hat, wird bei der Rückkehr von seiner Frau → Klytaimnestra und deren Geliebtem → Aigisthos erschlagen. (b) *Choephoren*: Vollzug der Blutrache an Aigisthos und der Mutter durch → Orestes, (c) *Eumeniden*: Entsühnung des von den Furien gejagten Muttermörders → Orestes vor dem → Areopag in → Athen; das Gesetz der Blutrache wird von einer höheren Rechtsauffassung abgelöst. – Für die Datierung des *Gefesselten Prometheus* gibt es keinen sicheren Anhalt, die Autorschaft des A. gilt als unsicher. – A. ist der eigentliche Begründer der Tragödie als literarischer Kunstform. Durch die Einführung eines zweiten Schauspielers und die Herabsetzung der Zahl der Choreuten (→ Chor) auf 12 wurde die Bedeutung der Handlung und der Sprechpartien vertieft. Die inhaltliche Koppelung von 3 Tragödien zu einer Trilogie ermöglichte die Darstellung eines bestimmten Stoffes über mehrere Generationen hinweg (*Orestie*). Dem erhabenen Gehalt seiner Stücke entspricht eine bilderreiche, von kühnen Wortschöpfungen durchwirkte Sprache. – Bereits die Antike war von der Größe des A. überzeugt, so hat besonders der Komödiendichter → Aristophanes in seinen *Fröschen* dem Tragiker bleibenden Nachruhm gesichert.

Akademie, die von → Platon in → Athen 387 v. Chr. gegründete Philosophenschule der Akademiker. Sie lag vor den Mauern der Stadt nahe bei einem Heiligtum des altattischen Heros Akademos. Schulvorsteher war zunächst Platon, der sowohl über die allgemeinen Richtlinien wie über die Aufnahme der Schüler entschied. Schulangehörige waren eigentlich nur jene, die sich lebenslang zu philosophischer Forschung und Haltung verpflichteten. 529 n. Chr. wurde die Akademie von Kaiser → Justinian als Hort unchristlicher Lehren geschlossen. Die letzten Akademiker wanderten in den Orient ab, von wo die akademische Lehre über die Araber wieder nach dem Westen zurückkehrte. 1459 stiftete Cosimo de' Medici in Florenz eine neue Platonische A., die bis 1521 existierte. In ihr wirkten gr. Gelehrte, die nach der Eroberung → Konstantinopels 1453 durch die Türken nach Italien geflohen waren und zahlreiche bis dahin in Westeuropa unbekannte Platon-Texte mitgebracht hatten.

Akragas (lat. *Agrigentum*), gr. Stadt an der Südküste → Siziliens, neben → Syrakus das »Auge Siziliens« genannt, um 580 v. Chr. gegründet. Die Überreste von 10 Tempeln zeugen noch von der einstigen Pracht der Stadt, die durch den Export von Getreide, Wein, Öl und Zuchtpferden schnell reich wurde; so ist der Tempel des Olympischen Zeus der größte dorische Tempel überhaupt, der Concordia-Tempel gehört zu den besterhaltenen gr. Tempeln; da er seit 597 in leicht umgebauter Form als christl. Kirche diente, blieb er erhalten.

Akropolis, befestigte Oberstadt der meisten gr. Städte, insbesondere die A. zu → Athen; diente schon um 3000 v. Chr. als Fluchtburg. Im 2. Jt. stand hier die Burg der attischen Könige. Im 6. Jh. v. Chr. wurde die A. mit verschiedenen Tempeln bebaut; die → Perser machten 480 die ganze A. dem Erdboden gleich. Erst → Perikles sorgte für einen großzügigen Wiederaufbau der A., wobei er die finanziellen Mittel dem nach Athen überführten Bundesschatz des → Attischen Seebundes entnahm. – 448–432 wurde der Parthenon errichtet, in dem die Stadtgöttin → Athene Parthenos (Jungfrau Athene) ihren Wohnsitz haben sollte. Für einen dorischen Tempel, der unter der Bauleitung der Architekten → Iktinos und Kallikrates er-

Athen, Akropolis, Parthenon

richtet wurde, ist der reiche Skulpturenschmuck des → Phidias ungewöhnlich. Im Ostgiebel war die Geburt Athenes, im Westgiebel der Streit Athenes und → Poseidons um → Attika dargestellt. 96 reliefierte → Metopen schmücken außen den Tempel (Osten: Gigantenkampf; Westen: Amazonenkampf; Norden: Untergang → Trojas; Süden: Kentaurenkampf), während im Innern ein 160 m langer Fries unterhalb des Gebälks um die Cellamauer verläuft (Darstellung des → Panathenäenfestzuges). Im Mittelschiff stand die elfenbeinerne Athenestatue (das Kultbild) des → Phidias. – 437–431 wurden im Westen der Akropolis die Propyläen gebaut, das Festtor zum Heiligtum, durch das die Prozessionen zogen: Mittelbau mit Durchgangsstraße, Nord- und Südflügel, ganz aus pentelischem Marmor. – 421–406 wurde das → Erechtheion errichtet. Der eigenartige Grundriss erklärt sich aus der Notwendigkeit, verschiedene uralte Kultstätten in einem Bau unterzubringen (Altäre der Athene, des → Poseidon, des athenischen Stammvaters Erechtheus; Grab des Sagenkönigs → Kekrops; das Gebälk dieser kleinen Halle tragen 6 Mädchengestalten, → Koren; daher heißt sie Korenhalle). – In der Frühen Neuzeit benutzten die Türken den Parthenon als Pulvermagazin; 1687 flog der Mittelbau bei einem Angriff während einer Belagerung durch die Venezianer in die Luft. Soweit der Bildschmuck noch vorhanden war, brachte ihn 1801 der schottische Lord Elgin ins Britische Museum nach London.

Ạlba Lọnga (heute Albano), nach der Sage von → Iulus-Ascanius, dem Sohn des → Aeneas, am Albanersee gegründet, daher die Mutterstadt → Roms; in ältester Zeit Hauptstadt des Latinerbundes (→ Latiner), die der dritte König Roms, → Tullus Hostilius, um 600 v. Chr. zerstört haben soll. In der Kaiserzeit war diese Gegend ein Prominentenviertel.

Alemạnnen, Alamạnnen, germanischer Stamm, vermutlich aus dem Gebiet östl. der Elbe eingewandert. Im 5. Jh. nahmen sie das Elsass, die Nordschweiz und Teile Schwabens in Besitz. Schließlich wurden sie von den Franken unterworfen.

Alẹsia, feste Stadt der kelt. Mandubier in Gallia Lugdunensis (Alise-Sainte-Reine), in der Vercingetorix 52 v. Chr. belagert und zur Übergabe gezwungen wurde.

Alexạnder der Große, Sohn → Philipps II. von → Makedonien und der → Olympias, 356–323 v. Chr. Im Alter von 14 Jahren bekam A. den Philosophen → Aristoteles zum Erzieher, der ihn durch die sorgfältige Lektüre → Homers für → Achilleus als Vorbild begeisterte. Nach Philipps Vermählung mit der Makedonierin Kleopatra 337 v. Chr. musste A. zusammen mit der Mutter in die Verbannung gehen. Nach des Vaters gewaltsamem Tod 336 wurde A.

König. Als → Demosthenes und andere Redner → Athen und → Theben gegen die Makedonenherrschaft aufwiegelten, rückte A. in Eilmärschen vor Theben und zerstörte zur Abschreckung die Stadt mit Ausnahme der Tempel und des Hauses des Dichters → Pindar; die überlebenden Einwohner wurden in die Sklaverei verkauft (335). Schon 336 von den Griechen zum Oberfeldherrn gegen die → Perser bestimmt, setzte er 334 nach Kleinasien über. Er besiegte am Granikos schwache pers. Streitkräfte; dann zog er die Küste entlang und gewann die Griechenstädte durch Proklamation ihrer Freiheit für sich. Bei Issos in → Kilikien schlug er 333 die pers. Reichsarmee unter → Dareios III.; ein Angebot des Großkönigs, ihm die westliche Hälfte des Reiches abzutreten, wies er zurück. Auf die Einnahme von Syrien und Phönizien folgte 332 die kampflose Eroberung → Ägyptens, wo er im Nildelta → Alexandria gründete. 331 überschritt A. Euphrat und Tigris und besiegte das letzte pers. Heer bei Gaugamela; Dareios konnte zwar entkommen, wurde aber 330 von einem seiner Satrapen, Bessos, ermordet. Die Hauptstädte Babylon, Susa und → Persepolis wurden erobert, Letztere zur Rache für die Zerstörung Athens (480) in Brand gesetzt. Nun nahm A. den pers. Königstitel an, legte Perserkleidung an und versuchte, orientalische Sitten auch in seiner unmittelbaren Umgebung einzuführen. Den griechischen Rachezug gegen die Perser erklärte er für beendet. Er machte Makedonen, Griechen und Perser zu gleichberechtigten Untertanen, die Bürger eines neuen Weltreichs mit makedonischer Herrscherfamilie sein sollten. Überhaupt sollten Hellenisches und Orientalisches zu einer neuen Weltkultur verschmelzen. Gemäß dieser Zielsetzung heiratete A. 328 Roxane, die Tochter eines (besiegten) baktrischen Fürsten, 324, orientalischer Sitte entsprechend, noch eine 2. Frau, Stateira, eine Tochter des Dareios, während er die Vermählung von 10 000 Makedonen mit Asiatinnen durch ein fünftägiges Fest zu Susa feiern ließ. 327 fiel A. in Indien ein; da aber zwang ihn eine Meuterei seiner Soldaten zur Umkehr. Er führte den Hauptteil des Heeres unter großen Verlusten durch die Gedrosische Wüste nach Babylon. Nun beschäftigte ihn die innere Ordnung und Verwaltung des Weltreichs, er erstrebte den Ausgleich der Gegensätze und die Befriedung des Ganzen. Im Juni 323 raffte A. ein Fieber hinweg, ohne dass er einen Nachfolger bestimmt hätte; so fiel sein Reich an seine sich befehdenden Generäle (→ Diadochen). Seine Leiche wurde zuerst in Memphis beigesetzt, später von Ptolemaios, der auch A.s Leben und Taten beschrieben hat, nach Alexandria gebracht.

Alexandria, 331 v. Chr. im Nildelta von → Alexander d. Gr. gegründet. Nach den Plänen des Architekten Deinokrates in rechtwinkligen Straßenzügen angelegt, war A. fast 300 Jahre lang nicht nur ein führender Handelsplatz, sondern wurde darüber hinaus durch das wissenschaftliche Forschungsinstitut des → Museion zum geistigen Mittelpunkt der hellenistischen Zeit. So war A. eine der bedeutendsten Großstädte des Altertums überhaupt. Durch einen Steindamm war sie mit der Insel → Pharos, die den berühmten Leuchtturm trug, verbunden. Die 600 000 Einwohner, davon etwa 300 000 Freie, waren vorwiegend griechischer, ägyptischer und jüdischer Herkunft. 30 v. Chr. fiel A. an die Römer, 642 n. Chr. an die Araber; von da an verlor die Stadt an Bedeutung.

Alkaios, aus → Mytilene auf → Lesbos, um 600 v. Chr., älterer Zeitgenosse der → Sappho, Verfasser äolischer Lyrik. In seinen Gedichten geht es um Weingenuss, Knabenliebe, Parteihass, Krieg. Die Sprache ist frisch, leidenschaftlich, packend. Er verwendete vornehmlich das nach ihm benannte alkäische Versmaß. Seine Wirkung auf die röm. Dichtung war bedeutend, besonders → Catull und → Horaz nahmen sich ihn zum Vorbild.

Alkestis, nach der Sage Gemahlin des Königs Admetos von Pherai in Thessalien, starb freiwillig für ihren dem Tode verfallenen Mann, da niemand außer ihr, nicht einmal seine greisen Eltern, dazu bereit war. Zufällig kam Admets Freund → Herakles vorbei, der, als er von dem Vorfall erfuhr, dem Tod in den → Hades hinab nacheilte, ihm die junge Frau entriss und sie wieder an die Oberwelt zurückbrachte. – Die Tat der liebenden Gattin verherrlicht → Euripides in dem Drama *Alkestis*.

Alkibiades, Athener aus adeliger Familie, 450–404, nach dem Tode des Vaters Kleinias im Hause seines Vormunds → Perikles erzogen. Schüler des → Sokrates, stand aber mehr unter dem Einfluss der → Sophisten. A. war reich, hochbegabt, schön, aber überaus ehrgeizig. Als Politiker ging es ihm nicht so sehr um das Wohl des Staates, als vielmehr um eigene Macht. 415 war er Initiator des unglücklichen Feldzuges der Athener gegen → Sizilien. In der Nacht vor der Abfahrt der → Flotte dorthin wurden alle → Hermen in → Athen verstümmelt. Da A. der Teilnahme an diesem Religionsfrevel bezichtigt wurde, floh er ins feindliche Sparta, wo er gegen Athen kollaborierte und die Vernichtung des athen. Expeditionsheeres vor → Syrakus veranlasste. 412 musste er wegen Meinungsverschiedenheiten mit dem spart. König Agis zum pers. Statthalter Tissaphernes fliehen. Von da aus gelang es ihm, sich mit Athen wieder auszusöhnen; er wurde abermals an die Spitze der Flotte gestellt, siegte 411 bei Abydos über die Spartaner, 410 über Spartaner und → Perser bei Kyzikos und kehrte 408 nach Athen zurück. Wegen der Niederlage seines Unterfeldherrn Antiochos bei Notion (407) wurde er verbannt und auf Betreiben Spartas 404 von den Persern in → Phrygien ermordet.

Alkinoos, in der Sage König der → Phaiaken, Vater der → Nausikaa; er nahm den → Odysseus auf seiner Irrfahrt gastfreundlich auf und ließ ihn dann heim nach → Ithaka bringen.

Alkmene, in der griech. Sage Gattin des → Amphitryon, durch Zeus Mutter des → Herakles.

Allekto, eine der → Erinyen.

Allobroger, Keltenstamm zwischen Genfer See, Rhône, Isère und den Alpen mit der Hauptstadt Vienna. Sie wurden 121 v. Chr. von Q. Fabius Maximus (Allobrogicus) unterworfen.

Alpheios, der größte Fluss der → Peloponnes.

Amaltheia, in der gr. Sage die Nährmutter des → Zeus auf → Kreta, eine → Nymphe oder eine Ziege. Aus dem abgebrochenen Horn der Ziege machte Zeus das Füllhorn, das stets voll sein sollte von allen möglichen guten Dingen; es wurde zum Symbol unerschöpflichen Reichtums.

Amazonen, in der gr. Sage ein kriegerisches Frauenvolk in Kleinasien. Männer duldeten sie nur zur Erhaltung ihres Geschlechtes. Nur Mädchen zogen sie auf und brannten ihnen die rechte Brust aus, damit sie im Kampf besser den Bogen führen konnten: daher ihr Name (»die Brustlosen«). Im → Trojanischen Krieg unterstützten sie unter ihrer Königin → Penthesilea die Troer, wobei diese von → Achilleus getötet wurde.

Ambrosia und Nektar, Speise und Trank, deren Genuss den Göttern Unsterblichkeit verlieh.

Amphitheater. Im Gegensatz zu den normalen Theatern mit halbkreisförmig angeordneten Sitzreihen hat das A. um die elliptische Arena ringsum laufende Sitzbänke und diente der Veranstaltung von Tier- und Gladiatorenkämpfen. Das älteste erhaltene A. wurde um 80 v. Chr. in → Pompeji errichtet und fasste etwa 20 000 Zuschauer. In → Rom wurde nach anfänglichen Holzbauten das erste steinerne A. 29 v. Chr. gebaut. Das bedeutendste ist das flavische A., das sog. → Kolosseum, das 80 n. Chr. von Kaiser → Titus eingeweiht wurde. Viele A. sind in Italien, Frankreich, → Spanien, Nordafrika und Kleinasien erhalten.

Amphitrite, Göttin der Meerestiefe, Gemahlin des → Poseidon.

Amphitryon, Sohn des Königs Alkaios von → Tiryns, Gemahl der → Alkmene. Während seiner Abwesenheit anlässlich eines Feldzuges nahte → Zeus der Alkmene in Gestalt des A., der am Abend des nächsten Tages selbst heimkehrte und höchst erstaunt war über die Behauptung seiner Frau, dass er doch gestern schon bei ihr gewesen sei. Alkmene gebar Zwillinge, → Herakles von Zeus und Iphikles von A. Die Sage verarbeitete → Plautus zu seiner Verwechslungskomödie *Amphitruo.*

Amphora, großer, bauchiger Krug für Wein, Öl oder Honig aus gebranntem Ton mit engem Hals, der mit Pech oder Kork verschlossen wurde, oft unten spitz und mit 2 Henkeln.

Anabasis, »Marsch ins Landesinnere«, Titel eines Werkes des → Xenophon, der vom Zug der 10 000 gr. Söldner im Dienst des → Kyros (2.) berichtet, und des → Arrian, der den Alexander-Zug von der Meeresküste ins Binnenland beschreibt.

Anakreon, gr. Lyriker aus Teos in → Jonien, um 550 v. Chr., lebte an gr. Fürstenhöfen, so bei → Polykrates von → Samos bis zu dessen Sturz und dann bei den → Peisistratossöhnen in → Athen. In seinen Gedichten, von denen nur 3 ganz erhalten sind, geht es um Lebensgenuss, Liebe und Wein; mannigfach sind seine Metren, einfach jedoch sein Stil, wenn auch mit überraschenden Bildern durchsetzt.

Anaxagoras, aus Klazomenai in → Jonien, um 500–428 v. Chr., verpflanzte die gr. Philosophie aus Jonien nach → Athen, wo er großen Einfluss auf die führenden Männer seiner Zeit hatte, insbesondere auf → Euripides und → Perikles. Da er behauptete, die Sonne sei eine glühende Masse, wurde er 432/431 der Gottlosigkeit angeklagt und musste nach Lampsakos fliehen, wo er auch starb. Von seinem Werk *Über die Natur* haben wir nur Bruchstücke.

Anaximandros aus → Milet, um 610–546 v. Chr., Schüler und Nachfolger des → Thales. Seine Schrift *Über die Natur* war das erste philosophische Werk in gr. Schrift überhaupt. Er suchte als Erster nach dem Anfang von allem (*arché*) und bezeichnete ihn als ein Prinzip, das er *ápeiron* nannte, einen qualitativ unbestimmten und quantitativ unbegrenzten Stoff, aus dem durch ewige Bewegung die Gegensätze sich aussondern und die Dinge entstehen: Erde, Wasser, Luft und Feuer. Das Feuer umschließt alle anderen Weltteile; im Wasser entstanden Lebewesen, auch die Menschen. A. entwarf als Erster einen Himmelsglobus und eine Erdkarte.

Anaximenes, jonischer Naturphilosoph aus → Milet, um 585 – um 525 v. Chr. In seinem verlorenen Werk *Über die Natur* interpretierte er → Anaximandros' Urelement als Luft, aus der durch Verdünnung Feuer, durch Verdichtung Wind, Wolken, Wasser, Erde und Steine entstehen; Luft, Atem und Seele setzte er gleich.

Anchises, König von Dardanos am Berg → Ida bei → Troja. Die Göttin → Aphrodite wurde durch ihn Mutter des → Aeneas.

Andromache, Gattin → Hektors. Nach der Eroberung → Trojas durch die Griechen fiel sie dem Sohne → Achills, → Neoptolemos, als Kriegsbeute zu.

Ankyra (heute Ankara), Hauptstadt der Phryger, dann des kelt. Stammes der Tektosagen in Galatien (Kleinasien), unter den Römern Hauptstadt der → Provinz Galatia, mit einem Tempel der Göttin Roma und des → Augustus. 1555 wurde an der Außenwand dieses Tempels eine Inschrift (*Monumentum Ancyranum*) entdeckt, die im lat. Original und in gr. Übersetzung den Tatsachenbericht darstellt, den Augustus am Ende seines Lebens geschrieben und vor seinem Grabmal in → Rom hatte aufstellen lassen.

Annales, »Jahrbücher«, die ältesten geschichtlichen Aufzeichnungen der Römer. Sie gehen zurück auf die weißen Tafeln, die im Amtslokal des röm. Pontifex Maximus aufgestellt und auf denen die Namen der obersten Beamten und die wichtigsten Ereignisse eines jeden Jahres verzeichnet waren. Die Annalisten, die ersten röm. Geschichtsschreiber, übernahmen dieses Formalprinzip der jahrweisen Berichterstattung. → Livius hat diese Berichte benutzt.

Antaios, Sohn → Poseidons und der → Gaia (Erde), Riese in → Libyen, mit dem → Herakles ringen musste. Jedesmal wenn A. beim Ringen stürzte, gewann er durch die Berührung mit seiner Mutter Gaia neue Kräfte. So gelang es dem Herakles erst dann, ihn zu erwürgen, als er ihn in die Luft stemmte.

Antalkidas, spartanischer Feldherr und Unterhändler, schloss 386 v. Chr. mit den → Persern den sog. Königsfrieden, wodurch die kurz zuvor von → Agesilaos befreiten kleinasiatischen Griechen dem Perserkönig preisgegeben, den Hellenen des Mutterlandes dagegen Freiheit und Autonomie zugesichert wurden.

Antigone, Tochter des → Ödipus und der → Iokaste, begleitete den alten, blinden Vater nach Kolonos und bestattete gegen den Willen Kreons, des neuen Königs von → Theben, ihren Bruder Polyneikes, der gegen seine Vaterstadt gekämpft hatte. Auf des Königs Befehl wurde sie deshalb lebendig eingemauert. Ihr Verlobter, Kreons Sohn Haimon, versuchte, A. zu retten; doch sie hatte sich erhängt; das veranlasste Haimon zum Selbstmord; dasselbe tat seine Mutter aus Kummer über seinen Tod. Den Stoff behandeln 2 Tragödien des → Sophokles: *Ödipus auf Kolonos* und *Antigone*.

Antimachos von Kolophon, um 400 v. Chr., gr. Epiker, dichtete das → Epos *Thebais* und die → Elegie *Lyde*, in der er Liebesgeschichten mythischer Paare schildert.

Antiochos der Große (III.), Sohn des Seleukos II., 223–187 v. Chr., König von Syrien. Bei der Erweiterung seines Machtgebietes nach Westen stieß er mit den Römern zusammen, die sich nach dem Sieg über Philipp V. von → Makedonien bei Kynoskephalai in Makedonien und Griechenland festsetzten. 196 nahm er → Hannibal bei sich auf. Bei Magnesia am Berg Sipylos erlitt er 190 eine vernichtende Niederlage. Im Frieden von 188 v. Chr. musste er Asien bis zum Tauros abtreten und die Summe von 15 000 → Talenten zahlen, darüber hinaus seine Kriegselefanten an → Rom abliefern. Gegen röm. Befehl ließ er Hannibal entkommen.

Antiphon der Redner, aus Rhamnus, um 480–411 v. Chr.; der älteste der 10 großen attischen Redner war unter den Aristokraten, die bei den politischen Unruhen des Jahres 411 die demokratische Verfassung in → Athen zu stürzen versuchten; er wurde des Hochverrats angeklagt und hingerichtet. Als erster Logograph (Redenschreiber) verfasste er gegen Honorar Gerichtsreden für andere.

Antisthenes, um 445–365 v. Chr., aus → Athen, Schüler des → Sokrates und des Sophisten → Gorgias, Begründer der kynischen Philosophenschule. In seinen Schriften stellte er die These von der Lehrbarkeit der Tugend auf und erhob die Forderung, jegliche Lust, die nicht durch Mühe erworben sei, zu verachten.

Antonia. – **1.** Die ältere A., Tochter des Triumvirn M. → Antonius und der → Octavia, der Schwester des → Augustus, 39 v. Chr. geb.; mit L. Domitius Ahenobarbus verheiratet, Großmutter des → Nero. – **2.** Die jüngere A., Schwester der älteren, 36 v. Chr. – 37 n. Chr., Gemahlin des → Drusus, des Bruders des späteren Kaisers → Tiberius. Nach dem Tode ihres Mannes 9 v. Chr. blieb sie unverheiratet; Mutter des → Germanicus, der → Livia Iulia und des späteren Kaisers → Claudius.

Antoninus Pius stammte aus Nemausus (heute Nîmes) in Südgallien, wurde 138 von → Hadrian adoptiert und im selben Jahr dessen Nachfolger als Kaiser (bis 161). Unter seiner Herrschaft walteten im Innern Eintracht und Wohlstand; die Rechtspflege lag in den Händen guter Juristen, die Provinzen blühten auf. Zum Nachfolger erklärte er → Marcus Aurelius.

Antonius. – **1.** Der Redner Marcus A., 143–87 v. Chr., von → Cicero als der bedeutendste Redner seiner Zeit neben → Crassus bezeichnet, wurde als Anhänger → Sullas 87 von → Marius und → Cinna hingerichtet. – **2.** Der Triumvir Marcus A., 82–30 v. Chr., Parteigänger und Offizier → Caesars in → Gallien, wurde 44 mit Caesar → Konsul und bemächtigte sich nach dessen Ermordung des Staatsschatzes und seiner Privatpapiere, erreichte die Anerkennung von Caesars Verfügungen und wiegelte bei der Leichenfeier für Caesar auf dem → Forum das Volk gegen die Mörder auf. Mit → Octavian und → Lepidus schloss er 43 das sog. 2. Triumvirat auf 5 Jahre zum gemeinsamen Kampf gegen die Caesarmörder. Die Gegner wurden geächtet. Bei → Philippi besiegten A. und Octavian die Caesarmörder (42): Das bedeutete zugleich den Untergang der Senatsrepublik. Bei der Aufteilung des Reiches erhielt A. den Osten, Octavian den Westen, Lepidus zunächst die → Provinz Africa. Misshelligkeiten zwischen Octavian und A., der stark unter dem Einfluss der → Kleopatra stand, führten zum Krieg und 31 zur Niederlage des A. bei → Actium. A. floh nach → Alexandria und stürzte sich dort in sein Schwert.

Apelles, der berühmteste gr. Maler, Hofmaler → Alexanders d. Gr. An seinen Bildern, von denen keines erhalten ist, lobte man besonders die Feinheit der Linienführung. → Plinius d. Ä. berichtet von ihm viele Anekdoten und Aussprüche (z. B. *nulla dies sine linea,* d. h. »übe dich täglich!«).

Aphrodite, lat. → Venus, Göttin der Liebe und der Schönheit. Ihre Hauptkultstätten liegen auf den Inseln → Kypros und Kythera. In der Göttersage ist A., die schönste der Göttinnen, die Gemahlin des → Hephaistos und die Geliebte des → Ares und des → Anchises, dem sie → Aeneas gebar.

Apollodor(os). – **1.** Maler in → Athen gegen Ende des 5. Jh.s v. Chr.; galt als Erfinder der Schattenmalerei, daher Skiagraphos genannt. – **2.** A. aus Athen, um 180–109

v. Chr., gr. Gelehrter, schrieb einen Kommentar zum sog. Schiffskatalog der *Ilias* und in 24 Büchern ein theologisches Werk *Über die Götter*; ferner *Chronika*, einen Abriss der Weltgeschichte von der Einnahme → Trojas bis zum Jahre 144 v. Chr., das im Altertum maßgebende Buch für Geschichtsdaten.

Apollon, auch Phoibos oder Phoibos A., lat. Apollo, Phoebus. Nach der Sage war A. der Sohn des → Zeus und der → Leto, wurde mit seiner Zwillingsschwester → Artemis auf der Insel → Delos geboren, tötete den Drachen Python und übernahm das → Orakel in → Delphi, wo ihm zu Ehren die Pythischen Spiele (→ Pythien) gefeiert wurden. Seine Attribute sind: Bogen, Köcher, Leier, Dreifuß. A. galt als 1. Gott des Ackerbaus, Schützer der Viehzucht und der Vegetation. Sein Baum war der Lorbeer. 2. Heil- und Sühnegott. Mit seinen Pfeilen sendet er Pest und Tod ins Lager der Griechen vor → Troja (*Ilias*, 1,43 ff.); grausam tötet er → Niobe und ihre Kinder, weil sie seine Mutter Leto beleidigt hatte. Doch er konnte auch heilen; ihm unterstanden die Reinigungszeremonien. Sein Sohn → Asklepios übernahm später seine Funktion als Heilgott. Daher ist das dem A. heilige Lied, der → Paian, ursprünglich ein Heilgebet. 3. Orakelgott. Seine bedeutendste Orakelstätte war Delphi, wo die → Pythia weissagte. 4. Als Gott der Künste und Wissenschaften verlieh er die Gabe des Gesanges und der Musik, außerdem war er der Anführer der → Musen. 5. Erst seit dem 5. Jh. v. Chr. wurde er auch dem → Helios gleichgesetzt, eine Vorstellung, die dann auch in hellenist. und röm. Zeit verbreitet ist. – In → Rom wurde A. als erster gr. Gott aus → Cumae eingeführt, indem man ihm 496 v. Chr. einen Tempel gelobte. 432 v. Chr. baute man ihm in Rom den ersten Tempel des A. medicus. Zur Zeit des 2. → Punischen Krieges (212 v. Chr.) wurden ihm zu Ehren die *ludi Apollinares* begründet. Kaiser → Augustus, der A. als seinen persönlichen Schutzgott betrachtete, weihte ihm 28 v. Chr. einen Tempel auf dem → Palatin.

Apollonios von → Rhodos, um 295–215 v. Chr., aus → Alexandria, gr. Epiker und Gelehrter; lebte lange am Hof der → Ptolemäer als Prinzenerzieher und Bibliothekar. Wegen Meinungsverschiedenheiten mit seinem Lehrer → Kallimachos über Prinzipien der epischen Dichtung ging er nach Rhodos, wo er mehrere umfangreiche Epen schrieb; darunter waren auch die *Argonautika* in 4 Büchern, das einzige erhaltene gr. Großepos zwischen → Homer und → Nonnos: Es schildert die Fahrt der → Argonauten.

Apologie, Verteidigungsrede, -schrift. → Platon und → Xenophon verfassten unter diesem Titel Schriften über die Verteidigungsrede des → Sokrates.

Apotheose, Vergöttlichung von Herrschern, feierliche Erhebung in den Götterstand, bereits bei den alten Ägyptern bekannt, hielt bei den Griechen gleichzeitig mit dem Verfall der alten Religion Einzug und wurde von den Römern übernommen, die ihre Kaiser nach deren Tod zu *Divi* erhoben.

Appius Claudius Caecus, → Zensor 312 v. Chr., → Konsul 307 und 296, Erbauer der → Via Appia und der ersten röm. Wasserleitung Aqua Appia; gab den Freigelassenen das röm. Bürgerrecht. Er ist der erste lat. Schriftsteller, den wir kennen. An wenigen Bruchstücken seiner Werke können wir seine Bedeutung erkennen: *Sententiae*, eine Spruchsammlung in → Saturniern; eine Rede vor dem → Senat im J. 280 v. Chr., in der er die Römer zur Fortsetzung des Kampfes gegen → Pyrrhus aufforderte; er hat sie nachher selbst veröffentlicht, → Cicero hat sie noch gelesen.

Apuleius, aus Madaura (→ Numidien), geb. um 125 n. Chr.; in → Karthago aufgewachsen, studierte er platonische Philosophie in → Athen, war kurze Zeit in → Rom als Anwalt tätig, kehrte dann nach Karthago zurück und genoss dort als Wanderredner und Lehrer der Beredsamkeit großes Ansehen. Er schrieb u. a. die *Metamorphosen* (»Verwandlungen«), den einzigen vollständig überlieferten lat. Roman, der die Abenteuer des in einen Esel verwandelten Jünglings Lucius und seine Erlösung durch die Göttin → Isis darstellt; dieser Roman ist auch unter dem Titel *Der Goldene Esel* bekannt. Zu den in die Handlung eingestreuten Erzählungen gehört auch das berühmte Märchen von Amor und Psyche.

Aquädukt, lat. *aquae ductus.* Die Griechen, die seit dem 6. Jh. v. Chr. Wasserleitungen kannten, bevorzugten Hochdruckleitungen mit unterirdischen Kanälen, die in städtischen Zisternen und zahlreichen öffentlichen Brunnen endeten; nur selten wurde das Wasser in die einzelnen Privathäuser geleitet; für den Abfluss des Wassers sorgte ein ausgedehntes Entwässerungsnetz. – Die Römer führten das Wasser von Gebirgsquellen zum Teil über Bogenbrücken in natürlichem Gefälle den Städten zu; oben floss das Wasser in gemauerten Kanälen. → Rom hatte in der Kaiserzeit 11 große Wasserleitungen. Zins für die Wasserentnahme in den Privathäusern brauchte man seit 11 v. Chr. nicht mehr zu bezahlen. Aber auch die Provinzstädte waren mit Wasser versorgt. Die Aufsicht darüber führte ein *curator aquarum.* Spuren solcher A.e finden sich fast überall, wo Römer lebten. Bedeutende A.e: Aqua Marcia und Aqua Claudia für Rom, die A.e von Segovia und Tarragona in → Spanien, der Pont du Gard in Südfrankreich.

Ara Pacis Augustae, der Friedensaltar, den → Augustus 13 v. Chr. bei seiner Rückkehr nach der Befriedung → Galliens und → Spaniens gestiftet und 9 v. Chr. geweiht hat. Aus vielen Einzelteilen in → Rom wieder vollständig aufgebaut; eine Umfassungsmauer mit Reliefs innen und außen umschließt den eigentlichen Opferaltar.

Arabien gliederten die Alten in 3 Teile: 1. Arabia Petraea, bewohnt von den Nabatäern mit der Hauptstadt Petra. – 2. Arabia Felix, Großarabien. – 3. Arabia Deserta, die Wüste gegen Mesopotamien. A. war wichtig wegen seines Handels (Edelsteine, Weihrauch, Myrrhe, Gummi; Vermittlung indischer Drogen und Edelsteine, chinesi-

Rom. Ara Pacis Augustae. 13–9 v. Chr.

scher Seide). Die Araber übernahmen im ausgehenden Altertum das geistige Erbe der gr. Wissenschaft, die im Westen verloren ging. So sind viele gr. Werke nur in arabischer Übersetzung erhalten.

Arạchne, eine Lydierin, forderte → Athene zum Wettkampf im Weben heraus. Die Göttin, die darüber erzürnt war, dass A. die Liebesabenteuer der Götter in ihrem Gewebe darstellte, verwandelte die Künstlerin in eine Spinne.

Arạt(os) aus Soloi in → Kilikien, etwa 310–245 v. Chr., gehörte der stoischen Schule an und ging von → Athen an den Hof des Antigonos Gonatas von → Makedonien. Von seinen mannigfachen poetischen Werken sind nur die *Himmelserscheinungen* (*Phainomena*), ein astronomisches Lehrgedicht in → Hexametern, erhalten.

Archạisch, Bezeichnung für gr. Kunst und Literatur des 7. und 6. Jh.s v. Chr. zwischen der sog. geometrischen und der klassischen Periode. Den a. en Stil in der Kunst repräsentieren bes. die Standbilder von Mädchen (→ Kore) und nackten Jünglingen (→ Kuros), an denen oft die steife Körperhaltung und das sog. ›a.e Lächeln‹ auffällt. Bekanntes Beispiel sind die → Ägineten.

Archelaos, König von → Makedonien um 413–399 v. Chr., Sohn des Perdikkas von Makedonien. Er holte zahlreiche berühmte Dichter und Künstler an seinen Hof nach Pella, z. B. → Euripides.

Archilochos von → Paros, um 650 v. Chr., führte als Söldner und Dichter bis zu seinem Tod in einem Krieg gegen → Naxos ein wechselvolles Leben. Er ist der erste Grieche, der in seinen Gedichten, von denen nur wenig erhalten ist, ganz private Gefühle ausspricht; er wendet sich gegen die überkommene Adelsethik, beschimpft persönliche Feinde in dem von ihm zur Kunstform erhobenen Jambus, besingt aber auch Liebe und Wein. In seinen Gedichten spielt A. verschiedentlich auf die Sonnenfinsternis vom 6. April 648 v. Chr. an.

Archimedes von → Syrakus, 287–212 v. Chr., großer antiker Mathematiker, Physiker und Mechaniker. Nach Studien in → Alexandria lebte er in der Vaterstadt als Forscher. Im 2. → Punischen Krieg half er durch Abwehrmaschinen und Brennspiegel, Syrakus gegen die angreifenden Römer zu verteidigen. Er entdeckte u. a. die Gesetze des Schwerpunkts und des Hebels, der Schraube, der schiefen Ebene, des Auftriebs und verbesserte den Flaschenzug. Die Abhandlungen, in denen er seine Entdeckungen veröffentlichte, sind zum Teil erhalten. Bei der Einnahme von Syrakus wurde er 212 v. Chr. gegen den Befehl des → Marcellus von einem röm. Soldaten getötet; dabei soll A. dem Römer zugerufen haben: *Noli turbare circulos meos*, da er angeblich über neuen Erfindungen grübelte, wozu er geometrische Figuren in den Sand gezeichnet hatte.

Architrav, der über den Säulen liegende Querbalken, auf dem der Oberbau eines Tempels ruht.

Archon (gr. »Herrscher«). Die Athener nannten ihre 9 jährlich gewählten höchsten Beamten Archonten; der jeweils oberste Archon (A. eponymos) gab dem Jahr den Namen. Der A. basileus leitete die öffentlichen Opfer und die religiösen Feste, während dem A. polemarchos das Kriegswesen oblag. Die 6 übrigen fungierten als Richter in Privatprozessen. Diese auf die Verfassung des → Solon zurückgehenden Ämter wurden durch → Kleisthenes weitgehend zu bloßen Ehrenämtern, zu denen jeder Bürger durch das Los Zugang hatte.

Areopag, der älteste Rat von → Athen, benannt nach einem Hügel westlich der → Akropolis, wo er seine Sitzungen abhielt. Nur ehemalige → Archonten konnten Ratsherren sein. Nach dem Sturz der Monarchie war der A. die höchste Instanz und die eigentliche Regierungsbehörde, seit dem 5. Jh. v. Chr. nur noch Gerichtshof für Blutgerichtsbarkeit.

Ares, Gott des Krieges, Sohn des → Zeus und der → Hera, Liebhaber der → Aphrodite, von den Römern mit ihrem Gott → Mars identifiziert.

Arethusa, Quelle in der Altstadt von → Syrakus, das Münzen mit dem Kopf der Quellnymphe A. prägte.

Arginusen, 3 kleine Inseln zwischen der Insel → Lesbos und Mysien. Hier errangen die Athener 406 v. Chr. einen Seesieg über die Spartaner. Wegen eines Sturms konnten die athen. Schiffbrüchigen und Gefallenen nicht geborgen werden; deshalb verurteilte das athen. Volk die siegreichen Feldherrn zum Tode. In diesem Prozess wagte es nur → Sokrates, Widerspruch zu erheben.

Argonauten, die 50 Helden, die unter → Jason auf dem Schiff Argo ausfuhren, um aus → Kolchis am Schwarzen Meer das Goldene Vlies nach Griechenland zu holen. Auf dieser Fahrt mussten sie viele Abenteuer bestehen. Die schwerste Aufgabe bewältigte Jason selbst mit Hilfe der → Medea, der Tochter des Königs Aietes von → Kolchis: mit den feuerschnaubenden Stieren zu pflügen und mit den gepanzerten Männern, die aus gesäten Schlangenzähnen emporwuchsen, zu kämpfen. Dennoch verweigerte der König das Vlies; da schläferte Medea bei Nacht den hundertäugigen Drachen ein, der es bewachte, so dass Jason das Vlies rauben konnte. Die A. segelten mit Medea davon und entzogen sich durch Ermordung und Zerstückelung des Prinzen Absyrtos der Verfolgung. Beim Phaiakenkönig → Alkinoos wurde die Hochzeit Jasons mit Medea gefeiert. – Diese Sage ist von → Apollonios von Rhodos in seinen *Argonautika* dichterisch gestaltet worden. – Als historischer Kern der A.-Sage ist das Vordringen der Griechen an die Küsten des Schwarzen Meeres zu sehen.

Ạrgos, Hauptstadt der nach ihr benannten Landschaft Argolis im NO der → Peloponnes, eine der wenigen fruchtbaren Gegenden Griechenlands. Die von Norden kommenden Eroberer hatten hier im 2. Jt. v. Chr. ihre Herrschersitze angelegt (→ Tiryns, → Mykene), die durch ein Straßensystem miteinander verbunden waren. Die einwandernden → Dorier machten ihrer Herrschaft ein Ende und A. zur Hauptstadt. Nordöstlich der Stadt stand ein berühmter Tempel der → Hera. Seit → Sparta führend wurde, musste A. seine Vormachtstellung in Griechenland aufgeben, stand deshalb immer in Opposition zu den Spartanern und schloss sich mehr den Athenern an. 146 v. Chr. kam A. unter röm. Herrschaft.

Ariạdne → Theseus.

Ari̱on, um 600 v. Chr., aus Methymna auf → Lesbos, gr. Dichter und Sänger; lebte unter Periandros in → Korinth. A. gab dem Dithyrambos, dem Kultlied des → Dionysos, die chorlyrische Kunstform mit einer Mythenerzählung als Kernstück. Nach der Sage wurde A. auf der Fahrt von → Sizilien nach → Korinth von Seeleuten ausgeraubt und mit dem Tode bedroht, stürzte sich ins Meer, wurde aber von einem Delphin, der seinen Gesang gehört hatte, gerettet.

Ariovistus, german. Heerführer, besiegte 61 v. Chr. die → Haeduer bei Magetobriga und siedelte german. Stämme im heutigen Elsass, in der Pfalz und in Rheinhessen an. 58 v. Chr. von → Caesar besiegt, konnte er über den Rhein entkommen, starb aber bald danach.

Aristarchos. – **1.** A. von → Samos, um 320–250 v. Chr., einer der größten gr. Astronomen, vertrat die Lehre, dass die Erde um die Sonne, die ein Fixstern sei, kreise und sich um die eigene Achse drehe. – **2.** A. von Samothrake, 217–145 v. Chr., Bibliothekar und Philologe in → Alexandria. Als Grammatiker legte er System und Terminologie der Grammatik endgültig fest, die von den Griechen auf die übrigen Völker überging und noch heute in unserer Schulgrammatik gilt. Er besorgte kritische Klassikerausgaben (→ Hesiod, → Pindar, → Herodot), verfasste Kommentare und Einzelschriften. Seine bedeutendste Leistung aber war die Herausgabe und Erklärung der Homerischen Epen. Auf diese Ausgaben gehen unsere heutigen Texte zurück.

Aristeides (lat. *Aristides*) aus → Athen, um 550–467 v. Chr., war bei der Schlacht von → Marathon einer der 10 Strategen, wurde 482 als Gegner des → Themistokles, gegen dessen fortschrittliche Flottenpolitik er opponierte, aus Athen verbannt, 480 aber zur Schlacht bei → Salamis zurückgerufen. 479 führte er die Athener in der Schlacht bei → Platää und gründete 478 zusammen mit → Kimon den → Attischen Seebund.

Aristippos aus → Kyrene in Nordafrika, um 435–355 v. Chr., Schüler und Freund des → Sokrates, Gründer der kyrenäischen Philosophenschule. Erkenntnis beruht seiner Meinung nach allein auf Empfindungen und Sinneswahrnehmungen. Als höchsten Wert lässt er nur die Lust gelten; von dieser darf man sich allerdings nicht beherrschen lassen. Über Vergangenes und Zukünftiges soll man nicht sinnieren, Man richte seinen Sinn nur auf die Gegenwart und den Genuss des Augenblicks.

Aristogeiton, einer der athen. Tyrannenmörder. → Harmodios.

Aristokratie (gr. »Herrschaft der Besten«), in der gr. Staatslehre die Idealform der Herrschaft weniger Machthaber im Staat, mit der Möglichkeit der Entartung zu → Oligarchie und → Plutokratie.

Aristophanes aus → Athen, um 445–386 v. Chr., der bedeutendste Dichter der attischen Alten Komödie. 11 von seinen 40 Stücken sind erhalten, die meist einen aktuellen Hintergrund haben. Mit scharfem Witz geht er gegen Zeiterscheinungen (bes. Krieg gegen Sparta) und führende Männer seiner Zeit, etwa den Staatsmann → Kleon und den Dichter → Euripides, vor. Die Sprache ist das zeitgenössische Attisch, gekennzeichnet durch viele Wortneuschöpfungen. Die einzelnen Stücke: 1. *Die Acharner*, 425 v. Chr. aufgeführt, benannt nach dem aus Acharnern (Bewohner des attischen Dorfes Acharnai) bestehenden Chor. Der Bauer Dikaiopolis schließt einen dreißigjährigen Privatfrieden mit → Sparta. Das Stück sollte wohl durch Darstellung der Freuden und Segnungen des Friedens die Athener zum Frieden bestimmen. – 2. *Die Ritter*, 424: Der alte Demos, die Personifikation des athen. Volkes, ist ganz unter den schlechten Einfluss seines → Sklaven geraten (Karikatur des höchst einflussreichen Demagogen → Kleon), der aber schließlich von dem Oberdemagogen Agorakritos, einem Wursthändler, ausgestochen wird. – 3. *Die Wolken*, 423: Die metaphysischen Grübeleien und die für die allgemeine Moral so nachteilige Sophistik, als deren Vertreter dem A. irrigerweise → Sokrates erscheint, werden lächerlich gemacht. – 4. *Die Wespen*, 422, karikieren die Prozesswut der Athener. – 5. *Der Frieden*, 421: Der Bauer Trygaios fliegt auf einem riesenhaften Mistkäfer zum Olymp, um den Frieden zu holen. A. gibt in diesem Stück der Friedenssehnsucht der Athener im Jahre 421 Ausdruck. – 6. *Die Vögel*, 414, das längste Stück des A., parodieren in ihrer Darstellung des Idealstaates Wolkenkuckucksheim die durch die sizilische Expedition zu den abenteuerlichsten Hoffnungen angestachelte und verblendete Eigenliebe und Herrschsucht des athen. Volkes. – 7. *Lysistrate*, 411: Die → Frauen Griechenlands treten in einen Ehestreik, um die Männer zum Frieden zu zwingen. – 8. *Die Thesmophoriazusen*, 411, verspotten den → Euripides, den die das Fest der → Demeter feiernden Frauen wegen seines Weiberhasses (er bringe ihre Laster auf die Bühne und mache die Männer misstrauisch) vor Gericht fordern. – 9. *Die Frösche*, 405: eine geschliffene Literatursatire: Alle großen Tragiker sind gestorben; deshalb will der Theatergott → Dionysos selbst einen aus der Unterwelt zurückholen. → Aischylos und Euripides tragen vor ihm einen Wettstreit aus, den Ersterer gewinnt. Seinen Namen hat das Stück nach einem → Chor von Fröschen am Ufer des Unterweltsees. – 10. *Die Ekklesiazusen*, 389: Da die Frauen die unzulängliche Männerwirtschaft satt haben, halten sie eine Weibervolksversammlung ab, um selbst die Regierung zu übernehmen. Alle Not soll dadurch behoben werden, dass nunmehr allen alles gehört. – 11. *Plutos*, 388: Der heruntergekommene Gott des Reichtums wird durch einen ehrlichen Bürger von seiner Blindheit geheilt und sorgt nun für eine gerechte Verteilung der Lebensgüter.

Aristoteles aus Stageira in → Makedonien, 384–322 v. Chr., der größte Gelehrte und Philosoph seiner Zeit. A. kam mit 17 Jahren nach → Athen und war bis zu → Platons Tod (347) dessen bedeutendster Schüler. 342 wurde er Erzieher → Alexanders d. Gr. Zu Athen gründete er 335 im Lykeion, einem Hain des Apollon, die sog. »Peripatetische Schule«, nach der Wandelhalle (Peripatos), in der die Schüler studierten. Ähnlich wie andere Philosophenschulen war auch sie, was geselliges Leben und Forscherarbeit betraf, streng reglementiert. Nach Alexanders Tod musste er, wegen Gottlosigkeit (Asebie) angeklagt, nach Chalkis auf → Euböa fliehen, wo er 322 starb. Neben seiner intensiven Lehrtätigkeit verfasste er zahlreiche Schriften. Er wurde zum Schöpfer und Organisator der wissenschaftlichen Arbeitsteilung; denn in seiner Forscherarbeit ließ er sich von seinen Schülern unterstützen. Im Gegensatz zu seinem Lehrer Platon wandte er der Umwelt, die dieser als Schein verachtete, sein gesamtes Interesse zu. A. ist der Begründer der wissenschaftlichen Philosophie. Die inhaltlichen Disziplinen der Philosophie teilt A. ein in die theoretischen, die praktischen und in die poetischen.

Die wichtigsten Werke: Eine große Anzahl naturwissenschaftlicher Schriften behandelt alle Gebiete der Natur: z. B. 8 Bücher *Physik*, 4 Bücher *Vom Himmel*, 4 Bücher *Meteorologie*, 3 Bücher *Von der Seele*, 10 Bücher *Forschung über die Tiere*. In den 14 Büchern *Metaphysik* bekämpft er Platons Ideenlehre. Die *Nikomachische Ethik* (10 Bücher): Die Tugend ist die seelische Haltung in der Mitte zwischen den Extremen; Ziel des menschlichen Lebens ist die Glückseligkeit. – Aus einer großangelegten Sammlung von 158 Staatsverfassungen ist der *Staat der Athener* erhalten. In den 8 Büchern *Politik* geht A. davon aus, dass der Mensch ein von Natur aus auf Staatsgemeinschaft angewiesenes Wesen (*zóon politikón*) sei; nach einer Kritik des Bestehenden zeichnet er den besten Staat: die → Aristokratie des Mittelstandes, eine Staatsform zwischen Monarchie und extremer Demokratie. – Von der *Poetik* ist nur der erste Teil über Tragödie und → Epos erhalten. Hier steht der berühmte Satz, dass die Tragödie durch Erregung von Furcht und Mitleid zur Katharsis führe. Die 3 Bücher *Rhetorik* erhoben die Lehre von der Beredsamkeit von einer Technik auf eine höhere geistige Ebene. Dieses Werk war fortan maßgebend für die philosophische Schulung der Redner.

Im 1. Jh. v. Chr. wurden die Texte des A. durch Vermittlung des gr. Philologen Tyrannion neu herausgegeben. Es entstanden dazu umfangreiche Kommentare. A. wurde maßgebend für das christliche Mittelalter. Auch die Araber, die A. durch syrische Übersetzungen kennen lernten, bauten ihre Wissenschaft auf seinen Theorien auf.

Arkadien, gebirgige Landschaft der → Peloponnes, das einzige Gebiet Griechenlands, das nicht ans Meer grenzt, Karstgebirge bis 2376 m Höhe. Das raue Hochland konnte schon im Altertum die Bevölkerung kaum ernähren, viele Arkader waren einfache Hirten, andere gingen als Söldner ins Ausland. Wegen der einfachen, urwüchsigen Verhältnisse dort hat die hellenistische und röm. Schäferdichtung A. als Land guter ländlicher Sitte und stillen Friedens zum Schauplatz ihrer Dichtung gemacht, wo man arkadisch, d. h. idyllisch und sorgenfrei, lebt.

Arminius, Fürst des Germanenstammes der → Cherusker, stand zuerst in röm. Kriegsdiensten; nach seiner Rückkehr vermählte er sich gegen den Willen ihres Vaters, des Cheruskerfürsten Segestes, mit Thusnelda. Er vereinigte die Cherusker und andere Stämme zur Erhebung gegen die Römer und rieb 9 n. Chr. 3 röm. Legionen unter → Varus im Teutoburger Wald auf. Dadurch befreite er Nordgermanien. Die Feldzüge des → Germanicus 14–16 n. Chr. vermochten die röm. Herrschaft nicht wieder herzustellen. Nach siegreichem Kampf gegen den Markomannenkönig Marbod wurde A. 19 n. Chr. im Alter von 37 Jahren von Verwandten ermordet.

Arpinum, alte Volskerstadt in Mittelitalien, Geburtsort von → Marius und → Cicero.

Arrian aus Nikomedeia in → Bithynien, um 95–175 n. Chr., Grieche mit röm. Bürgerrecht, kaiserlicher Offizier, 130 → Konsul, später Statthalter von Kappadokien. Das Hauptwerk des Schriftstellers A. ist die *Anabasis*, die Geschichte des Perserfeldzugs → Alexanders d. Gr., eine nüchterne, bis auf zeitgenössische Quellen zurückgehende Darstellung; auch die als Ergänzung geschriebene Schilderung Indiens enthält wertvolle Angaben. Außerdem besitzen wir von A. Aufzeichnungen von Lehrgesprächen des Philosophen → Epiktet: bes. Epiktets *Handbüchlein der Moral*.

Artaxerxes, Name mehrerer Perserkönige. – **1.** A. I. Makrocheir, Sohn des → Xerxes I., 465–424 v. Chr., schlug einen Aufstand der Ägypter nieder, erkannte 449 im sog. Kimonischen Frieden mit → Athen die Unabhängigkeit der kleinasiatischen Griechenstädte an. – **2.** A. II. Mnemon, Sohn von Darius II., 404–358 v. Chr., besiegte seinen Bruder → Kyros, der ihm den Thron streitig machen wollte, 401 bei Kunaxa. Seine → Flotte, unter dem Kommando des Atheners → Konon, besiegte die Spartaner bei → Knidos. Durch den → Antalkidasfrieden bekam er ganz Kleinasien und → Zypern zurück. – **3.** A. III. Ochos, 358–338 v. Chr., Sohn A. II., eroberte 343 das abgefallene → Ägypten zurück. 338 wurde er ermordet.

Artemis, Tochter des → Zeus und der → Leto, Zwillingsschwester → Apollons, auf → Delos geboren, von den Römern der → Diana gleichgesetzt. Sie wurde als Herrin der freien Natur, Schützerin der Tiere, Göttin der Jagd und als Geburtsgöttin verehrt. Ein der A. geweihter Tempel heißt Artemision. Hochberühmt war das Artemision von → Ephesos, das ursprünglich die Kultstätte einer vorgr. Vegetationsgöttin war, im 6. Jh. v. Chr. erbaut, 356 v. Chr. von Herostratos niedergebrannt, der sich dadurch verewigen wollte; es wurde aber bald neu aufgebaut und als eines der → Sieben Weltwunder bestaunt.

Artemision, Vorgebirge und Stadt im Nordosten von → Euböa, benannt nach einem Heiligtum der → Artemis. Hier kämpfte 480 die gr. → Flotte erfolgreich gegen die persische.

Arvales (*fratres A.*), röm. Priesterkollegium von 12 Mitgliedern, die vor allem den Flurumgang im Mai (Ambarvalia) durchzuführen hatten, der die Felder vor feindlichen Mächten schützen sollte. Das inschriftlich erhaltene Kultlied der Priester (*carmen arvale*) gilt als ältestes Zeugnis lat. Dichtkunst.

As, als röm. Gewicht ein Pfund von etwa 327 g; als Münze ursprünglich ein gleichschweres Kupferstück; später kupferne Scheidemünze; vor der Einführung der Silbermünze Rechnungseinheit. → Geld.

Ascanius, auch Iulus genannt, Sohn des → Aeneas, der Erbauer → Alba Longas und mythischer Ahnherr des iulischen Geschlechts.

Asebie (gr. *asébeia* »Gottlosigkeit«). Die Griechen wollten zunächst nur Tempelraub, Tempelschändung, Zauberei u. Ä. als Gottesfrevel bestraft wissen. 432 v. Chr. trat in → Athen ein Gesetz in Kraft, wonach auch Anschauungen und philosophische Lehren in A.-Prozessen verfolgt wurden. Dieses Gesetz war hauptsächlich gegen die → Sophisten gerichtet, es stellte auch Leugnung und Vernachlässigung der Staatsgötter unter Strafe. Nach diesem Gesetz wurden z. B. → Anaxagoras, → Protagoras und → Sokrates verurteilt. – Bei den Römern häuften sich die Prozesse wegen Religionsfrevel, seitdem die Christen das Weihrauchopfer für den als Gott zu verehrenden röm. Kaiser nicht darbrachten.

Asianismus, neue Richtung in der antiken → Rhetorik des 3. Jh.s v. Chr., entwickelte sich in Kleinasien. Der A. löst sich von den klassischen Bindungen (Gemessenheit und Wohlproportioniertheit) und führt in den Redestil einerseits kurze, zerhackte Sätze mit stark rhythmischem Tonfall, andererseits schwülstige Wortfülle ein. Der A. wurde zum Modestil, durch kleinasiatische Rednerschulen über die ganze Welt verbreitet und herrschte bis ins 1. Jh. v. Chr. Selbst → Cicero ist in seinem Frühwerk noch vom A. beeinflusst. Die Gegenbewegung des → Attizismus konnte den A. nicht völlig überwinden.

Asklepios, lat. *Aesculapius*, Gott der Heilkunde, Sohn des → Apollon, Gott der Ärzte, die als seine Jünger »Asklepiaden« hießen. Symbol des A. ist die heilige Schlange oder der schlangenumwundene Äskulapstab, der noch jetzt das Zeichen des ärztlichen Standes ist. An die A.-Heiligtümer schlossen sich Ärzteschulen an. Die berühmtesten Asklepieia standen auf der Insel → Kos, in → Knidos, → Epidaurus und → Pergamon. In → Rom wurde der Kult des A. 293 v. Chr. eingeführt (Tempel auf der Tiberinsel).

Assyrien, das Land am oberen Tigris; später auch die von den Assyrern eroberten Länder Babylonien, Mesopotamien und Kleinasien umfassend. Die Stadt Assur, Mittelpunkt des assyrischen Reiches, ist um 2500 v. Chr. nachweisbar.

Atalante, in der gr. Sage eine wegen ihrer Schönheit und Schnelligkeit berühmte Arkadierin oder Böoterin, die alle Freier im Wettlauf besiegte und tötete, bis ein gewisser Melanion oder Hippomenes sie mit Hilfe der → Aphrodite besiegte.

Ataraxie (gr. *ataraxía*) Ruhe und Unberührtheit des Gemüts durch äußere Einflüsse, als Vorbedingung der Eudaimonie (»Glückseligkeit«) von → Epikur und → Demokrit gepriesen, der im gleichen Sinne von Euthymie spricht.

Ate, in der gr. Sage eine Tochter des → Zeus, die Geist und Gemüt verblendet und den Menschen ins Verderben stürzt.

Atellane, volkstümliches Lustspiel von derber Komik mit festen Figuren; der Name stammt von dem oskischen Städtchen Atella in → Kampanien, wo sie besonders gepflegt wurde. Anfang des 1. Jh.s n. Chr. kam sie nach → Rom, wo man sie als possenhaftes Nachspiel zu tragischen Aufführungen brachte.

Athen, Hauptstadt → Attikas, wohl nach der Göttin → Athene benannt. Der älteste Teil ist die auf einem Kalkfelsen gegründete Burg, die → Akropolis, um die sich im Süden, Westen und Norden allmählich die Unterstadt entfaltete. Ganz Attika wurde das Staatsgebiet der Stadt. Durch seine blühende keramische Industrie und durch den Export attischen Öls wurde A. sehr reich. Eine besonders starke Bautätigkeit entfaltete der Tyrann → Peisistratos. 480 v. Chr. zerstörten die → Perser die Stadt total. Unter → Themistokles wurde die wiederaufgebaute Stadt mit ei-

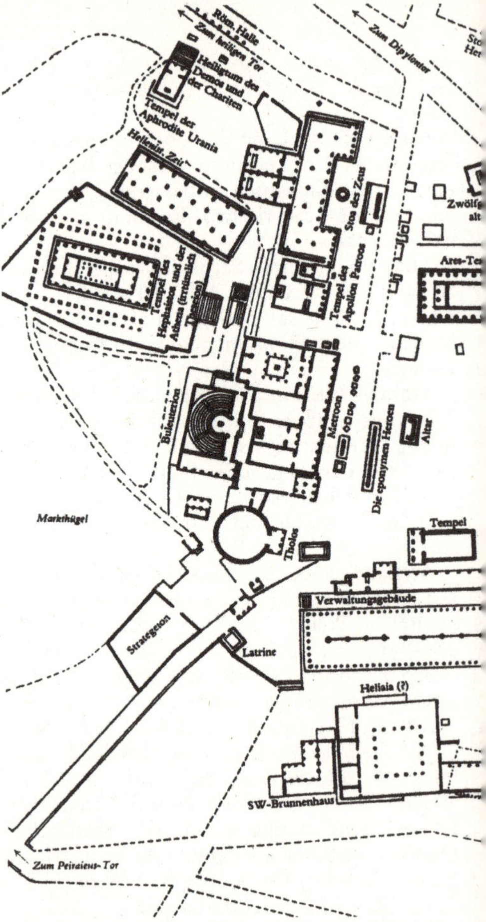

Athen. Lageplan der Agora (Nach E. Meyer, 1965)

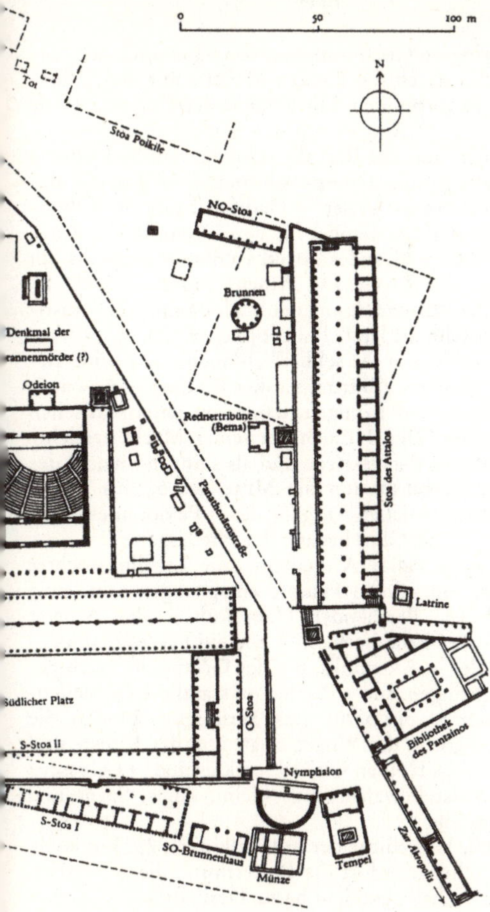

0
50
100 m
N
Tor
Stoa Poikile
NO-Stoa
Brunnen
Denkmal der
rannenmörder (?)
Odeion
Rednertribüne
(Bema)
Panathenäenstraße
Stoa des Attalos
Latrine
Südlicher Platz
O-Stoa
S-Stoa II
S-Stoa I
Bibliothek
des Pantainos
Nymphaion
SO-Brunnenhaus
Münze
Tempel
Zur Akropolis

nem Mauerring im Gesamtumfang von 6 km umgeben, unter → Perikles durch die Langen Mauern mit der Hafenstadt → Piräus verbunden. Mittelpunkt der Unterstadt war der Marktplatz (→ Agora), um den Säulenhallen, Tempel, Altäre, Statuen und das Rathaus standen. Am Südosthang der Akropolis lag das Dionysostheater, östlich davon das Odeion des Perikles. Kaiser → Hadrian baute das Olympieion, einen riesigen Tempel für den Olympischen Zeus, und der reiche → Herodes Attikus erbaute ebenfalls ein Odeion. Seit der Eroberung Athens durch → Sulla 86 v. Chr. war die Weltbedeutung der Stadt dahin. Als → Justinianus 529 n. Chr. die letzte Philosophenschule, die → Akademie, schloss, verlor A. schließlich auch noch seine Bedeutung als geistiges Zentrum antiker Bildung. – A. wurde in der Frühzeit von Königen, dann von demokratischen Gremien regiert. Den Höhepunkt seiner Macht erreichte es zur Zeit der → Perserkriege und als Führungsmacht des → Attischen Seebunds um die Mitte des 5. Jh.s v. Chr. Nach dem unglücklichen Ausgang des → Peloponnesischen Krieges (431–404 v. Chr.) begann der Niedergang.

Athene, auch Pallas A. genannt, die Lieblingstochter des → Zeus, soll seinem Haupte entsprungen sein, ewig jungfräulich (A. Parthenos). Hauptkultort der A. war → Athen. Am → Panathenäenfest zog ein Festzug zum A.-Tempel auf der → Akropolis, um der Göttin ein Prachtgewand darzubringen. Im → Parthenon stand die Goldelfenbeinstatue der A., ein berühmtes Werk des → Phidias. Sie ist die Schutzgöttin der Wissenschaft und der Künste und stand im Mythos Helden wie → Herakles und → Odysseus zur Seite. Meist bewaffnet mit Helm, Aigis, Speer und Schild dargestellt.

Athos, östl. Vorgebirge der → Chalkidike, 2033 m hoch. 492 v. Chr. scheiterte dort die Perserflotte, die → Dareios gegen die Griechen geschickt hatte. Deshalb ließ → Xerxes 480 v. Chr. durch die A.-Halbinsel einen Kanal ausheben. Im frühen MA gründeten Einsiedler zahlreiche Klöster, deren Bibliotheken wertvolle Handschriften enthalten. Heute umfasst die Mönchsrepublik A., die von keiner Frau betreten werden darf, 20 Klöster.

Atlantis, eine sagenhafte Insel, die nach → Platons mythischer Erzählung in seinen Dialogen *Kritias* und *Timaios* im Meer versank. Die Lage von A. ist sehr umstritten.

Atlas, Sohn des → Titanen Japetos, Bruder des → Prometheus und des Epimetheus. Er steht am Westrand der Welt und trägt mit seinen Schultern das Himmelsgewölbe. Zu dieser Strafe wurde er verurteilt, weil er sich am Kampf der Titanen gegen die Götter beteiligt hatte. Seine Töchter waren die Hyaden, → Pleiaden und → Hesperiden, deren Äpfel er dem → Herakles besorgte.

Atom (gr. *átomos* »unteilbar«). Die Philosophen → Leukipp und → Demokrit und nach ihnen → Epikur verstehen unter A.en die kleinsten Bausteine der Materie, aus denen alles zusammengesetzt sei, auch die Seele, die aus den feinsten A.en bestehe. Die A.e sind ewig, ungeworden und unzerstörbar, von Ewigkeit her in Bewegung, nur nach Gestalt und Größe, Anordnung und Lage verschieden.

Atreus, König von → Mykene, Vater des → Agamemnon und → Menelaos, die nach ihm Atriden hießen. Nachdem Thyestes, der Bruder des A., die Gattin des A. verführt hatte, tötete A. die aus dem Ehebruch hervorgegangenen Kinder und setzte Thyestes deren Fleisch als Speise vor. Wegen dieses Frevels kehrte der Sonnengott seinen Lauf um. Später wurde A. von Thyestes' Sohn → Aigisthos erschlagen. Seitdem lastete ein Fluch auf dem Geschlecht der Atriden.

Atrium, der Hauptraum des röm. Hauses, um den herum die anderen Zimmer angeordnet sind; mit Dachöffnung und Becken zum Auffangen des Regenwassers, seit dem 2. Jh. v. Chr. der mit Säulen geschmückte Empfangsraum, an dessen Wänden die Schreine mit den Ahnenbildern standen.

Atticus. Titus Pomponius A., 110–32 v. Chr., hochgebildeter, reicher Römer und Freund → Ciceros, wovon dessen Briefe *Ad Atticum* zeugen. Sein Leben hat Cornelius → Nepos in einer Biographie geschildert. A. schrieb historische Werke; besonders sein *Liber annalis* ist hier zu nennen, eine chronologische Übersicht zur röm. Geschichte. Von viel größerer Bedeutung aber ist seine Tätigkeit als Verleger. Er brachte die Werke der hervorragendsten Autoren seiner Zeit auf den Markt.

Attika, die südöstliche Halbinsel Mittelgriechenlands, auf der → Athen liegt. Im Norden bilden die Gebirgszüge des Kithairon die natürliche Grenze. Der Boden ist steinig, so dass die Ernteergebnisse an Getreide, Öl und Wein nie für die Einwohner ausreichten. Bodenschätze waren Marmor, Silber und Töpfererde. A. wurde um 2000 v. Chr. von → Joniern besiedelt. Seit Anfang des 1. Jt.s v. Chr. entwickelte sich Athen zur Hauptstadt des Gebietes. Nachdem die Bewohner zunächst in 4 Stammesverbände eingeteilt waren, traf → Kleisthenes eine neue Einteilung in 10 Amtsbezirke (Phylen) und in 174 Gemeinden (Demoi).

Attis, phrygischer Vegetationsgott, Geliebter der Göttin → Kybele; als er ihr untreu wurde, schlug sie ihn mit Wahnsinn, so dass er sich entmannte. In → Rom, wo er mit Kybele 204 offiziell eingeführt worden war, versahen deren Kult immer orientalische Priester.

Attischer Seebund, die 478 v. Chr. von → Kimon und → Aristeides begründete Vereinigung der Insel- und Küstenstädte des Ägäischen Meeres unter der Führung → Athens zur Verteidigung gegen eventuelle Übergriffe der → Perser. Später entwickelte sich die Organisation zu einem Instrument der Machtausübung Athens in der Ägäis. Während des → Peloponnesischen Krieges brach der Bund zusammen.

Attizismus, Strömung in der antiken → Rhetorik seit dem 2. Jh. v. Chr., fordert als Reaktion auf den → Asianismus die Rückkehr zum reinen und klaren Stil der attischen Schriftsteller des 5. und 4. Jh.s v. Chr.; als Stilmuster galten → Lysias und → Demosthenes. Breitet sich gleichzeitig mit dem Asianismus aus. Am Ende des 1. Jh.s v. Chr. vertraten den A. vor allem die Rhetoren Caecilius von Katalakte und → Dionysios von Halikarnass. Auch die Römer wendeten sich vom Asianismus ab. Besonders pflegten → Caesar und Licinius Calvus den A.

Augur → Mantik.

Augusta. – 1. Seit Domitian offizieller Titel der Gemahlin des regierenden Kaisers, nachdem er vorher schon einigen Frauen des Kaiserhauses verliehen worden war, als erster → Livia, der Witwe des Kaisers → Augustus. – **2.** Name zahlreicher von Augustus oder späteren Kaisern gegründeter Städte: Spuren davon z. B. in den Ortsnamen Augsburg, Augst (Schweiz), Aosta.

Augustinus. Aurelius A., aus Thagaste in → Numidien, 354–430 n. Chr. Angeregt durch → Ciceros Dialog *Hortensius*, begeisterte er sich für Philosophie. Als Lehrer der Beredsamkeit wandte er sich erst den Manichäern und dem Neuplatonismus zu, wurde aber 387 von Bischof Ambrosius in Mailand getauft. Seit 396 war er Bischof von Hippo Regius in Numidien. Seine zahlreichen Schriften waren von größtem Einfluss auf die ganze abendländische Theologie und Philosophie. In seiner Lehre von Sünde und Gnade bekämpfte er rücksichtslos Abweichungen von der offiziellen kirchlichen Lehre. Von seinen Schriften sind besonders hervorzuheben: *Confessiones* (»Bekenntnisse«, die Schilderung seines Lebens bis 387, die älteste erhaltene Autobiographie der europäischen Literatur); *De civitate Dei* (»Der Gottesstaat«, eine Verteidigung des Christentums, ausgelöst durch die Eroberung → Roms durch den Westgotenkönig Alarich 410, worin die Gegner des Christentums die Rache der vernachlässigten alten Götter sahen); *Soliloquia* (»Selbstgespräche«, über das Verhältnis der Seele zu Gott, in der Form eines Dialogs des A. mit seiner Ratio). In seinem Stil zeigt sich der Einfluss der antiken → Rhetorik. Seine Predigten und Briefe dagegen streben nach volkstümlicher Ausdrucksweise.

Augustus, eigentlich Gaius Octavius (63 v. Chr. – 14 n. Chr.). Er stammte aus dem alten plebeischen Geschlecht der Octavier. Nach dem frühen Tod seines Vaters im Jahre 58 v. Chr. kümmerte sich sein Großonkel C. Julius → Caesar um seine Erziehung, adoptierte den 18-Jährigen und setzte ihn zum Erben ein. Seitdem nannte er sich C. Iulius Caesar Octavianus. Gegenüber dem M. → Antonius musste er sich die Erbschaft nach Caesars Ermordung zwar erkämpfen, 43 aber schloss er mit diesem und → Lepidus das sog. 2. Triumvirat. Nach dem Untergang der Caesarmörder → Brutus und → Cassius im Jahre 42 v. Chr. bei → Philippi in → Makedonien teilten die Triumvirn die Welt auf; Octavian erhielt den Westen, Antonius den Osten, während Lepidus mit Afrika abgefunden wurde. Octavian siedelte seine Soldaten in Norditalien an, wobei die bisherigen Besitzer vertrieben wurden. Den Zwist zwischen Antonius und Octavian beendete die Schlacht bei → Actium (31 v. Chr.): Octavian war Alleinherrscher, der Bürgerkrieg beendet. An die Neuordnung des → Imperiums machte er sich unter Wahrung der republikanischen Tradition → Roms. Für die Rückgabe der Staatsgewalt an → Senat und Volk (27 v. Chr.) verlieh ihm der Senat den Ehrennamen Augustus. Zwar schienen die Aufgaben des Senats und der Beamten wenigstens äußerlich unangetastet, doch blieb er als Princeps und → Prokonsul aller → Provinzen, in denen Heere standen, und als → Volkstribun auf Lebenszeit der unumschränkte Herrscher des Reiches.

Die innere Kraft Roms, die in den Wirren der letzten Jahrzehnte stark abgenommen hatte, wollte er durch die Pflege alter Römertugenden, wie Sittenstrenge, Hingabe an den Staat und soldatische Zucht, wiederaufbauen. Kulte und Tempel der Götter wurden erneuert. Die bedeu-

Augustus von Prima Porta.
Römische Marmorstatue. Beginn des 1. Jh.s n. Chr.

tendsten Männer seiner Zeit, Künstler, Dichter und Historiker zog er an sich und hieß sie die Größe alten Römertums künden. Außerdem wurde Rom unter seiner Herrschaft durch prachtvolle Bauten aus einer Ziegelstadt zu einer Marmorstadt. Auch außenpolitisch war Augustus sehr erfolgreich, wobei seine Sorge hauptsächlich der Grenzsicherung galt. Im Jahre 20 v. Chr. gab ihm der Partherkönig die durch die Niederlage des → Crassus bei Carrhae 53 v. Chr. verlorenen Feldadler kampflos zurück. Seine Stiefsöhne → Drusus und → Tiberius konnten im Kampf gegen die → Germanen zunächst die Grenzen bis an die Elbe vorschieben; doch mussten sich die Römer nach der Varusschlacht im Teutoburger Wald 9 n. Chr. auf die Rheinlinie zurückziehen. Da ihm seine Gattin → Livia keine Erben schenkte, musste er den Stiefsohn → Tiberius adoptieren und damit zum Nachfolger bestimmen. Seine Tochter → Julia aus erster Ehe schickte er wegen ihres leichtsinnigen Lebenswandels in die Verbannung. Testamentarisch gab er seiner Gemahlin den Titel Augusta und bestimmte sie zur Mitregentin des Tiberius. Eine von ihm verfasste Übersicht über seine Taten ist erhalten, bekannt als → *Monumentum Ancyranum.*

Aulis, Hafenstadt an der Ostküste von → Böotien, Sammelplatz der griech. Flotte gegen → Troja. Schauplatz der Sage von → Iphigenie.

Aulos, gr. Blasinstrument, eine Schalmei mit doppeltem Rohrblatt, meist paarweise verwendet (Diaulos).

Aurelian. Lucius Domitius Aurelianus, 270–275 n. Chr. röm Kaiser. Wurde von seinen Truppen zum Kaiser ausgerufen. 270 vertrieb er die → Goten und Vandalen an der Donaugrenze, 271 die → Alemannen und → Markomannen in Italien. Das war der Anlass für die Errichtung der letzten großen Befestigungsmauer → Roms (Aurelianische Mauer). 271–273 unterwarf er das Reich von Palmyra, das Zenobia zu einem großen oström. Reich ausbauen wollte. Den orientalischen Sonnengott (Sol invictus) erhob er zum obersten Staatsgott; auch sich selbst ließ er als Gott verehren. A., mit dem die Reihe der Herrscher illyrischer Abstammung begann, wurde auf einem Zug gegen die → Perser ermordet.

Ausonius. Decimus Magnus A. aus Burdigala (Bordeaux), um 310–395 n. Chr., Professor der Grammatik und → Rhetorik in seiner Vaterstadt, später Prinzenerzieher in Trier, Konsul 379. Von seinen zahlreichen Gedichten ist am bekanntesten die *Mosella*, die Schilderung einer Rhein- und Moselfahrt.

Auspicium → Mantik.

Autarkie (gr. *autárkeia* »Selbstgenügsamkeit«), Unabhängigkeit von äußeren, materiellen Dingen und anderen Menschen, das Lebensideal der → Kyniker und Stoiker (→ Stoa). Im wirtschaftlichen Sinne bedeutet A. Unabhängigkeit eines Landes von lebenswichtigen Einfuhrgütern.

Avernus lacus, der Averner See: Kratersee in den Phlegräischen Feldern westlich von → Neapel; seine Dünste töteten angeblich die Vögel. → Vergil lässt hier → Aeneas in die Unterwelt hinabsteigen.

Avien(us). Rufius Festus A., hoher Staatsbeamter in → Rom, verfasste Ende des 4. Jh.s n. Chr. Nachdichtungen von gr. Lehrgedichten, z. B. der *Phainomena* des → Aratos.

B

Bacchanalia, ekstatische Kultfeiern zu Ehren des → Bacchus. 186 v. Chr. verbot der röm. Senat den Kult für das ganze Reich.

Bacchus → Dionysos.

Bäder → Thermen.

Baiae, mondäner Badeort in → Kampanien am Golf von → Neapel. Dort hatten viele reiche Römer herrliche Landhäuser. → Seneca nennt B. ein *deversorium voluptatum* (»ein Absteigequartier für Vergnügungen«).

Bakchai (gr. *Mainades* oder *Thyiades*), Bacchantinnen, die Frauen im Gefolge (Thiasos) des Gottes → Dionysos (Bakchos), in langen Gewändern mit Rehfellen darüber, mit aufgelöstem Haar, in den Händen Thyrsosstäbe, tanzten sie nachts bei Fackelschein unter rhythmischen Klängen durch die Berge und gaben sich ganz der Ekstase hin. Männern war die Anwesenheit bei solchen Feiern verboten (s. Abb. S. 59).

Bakchylides aus Keos, 505–450 v. Chr., Neffe des → Simonides, Chorlyriker, lebte zunächst am Hofe → Hierons I. in → Syrakus, später vermutlich als Verbannter auf der → Peloponnes. Von seinem Werk sind einige Siegeslieder und Dithyramben erhalten, in denen er z. T. dieselben festlichen Anlässe wie → Pindar besingt.

Barbaren nannten die Griechen alle Nichtgriechen, besonders die Orientalen, deren Sprache ihnen unverständlich war. Seine Sprache empfand der Grieche als Kennzeichen seiner kulturellen Überlegenheit. Die Römer verstanden später unter B. die Völker, die nicht an der gr.-röm. Kultur teilhatten.

Basilika, in → Athen das Amtsgebäude des *árchon basileús*, des obersten Richters, in hellenist.-röm. Zeit Halle am → Forum für Geschäfts- und Gerichtsverkehr, bei den

Bacchantin. Schale des Brygosmalers. Um 490 v. Chr.

Römern meist mit flachem Holzdach und 3 Langschiffen, von denen das mittlere überhöht war. Der Name B. wurde später auf den christl. Kirchenbau übertragen.

Bẹlgae, nordgallische Stämme, die → Caesar wegen ihrer großen Tapferkeit erst nach schweren Kämpfen unterwerfen konnte. Zu der im Jahre 16 v. Chr. eingerichteten kaiserlichen → Provinz gehörte das Gebiet zwischen Rhein, Nordsee, Saone und Seine. 410 n. Chr. musste dieses Gebiet den → Germanen überlassen werden.

Berenike, Frauenname, der besonders am Hofe der → Ptolemäer beliebt war. Die berühmteste Trägerin dieses Namens war B. II., die Gattin Ptolemaios' III., die für die Heimkehr ihres Mannes ihr Haupthaar den Göttern opferte; danach ist ein Sternbild benannt. Dieses Ereignis verherrlichte → Kallimachos in einem Gedicht, wovon → Catull eine lat. Übersetzung angefertigt hat.

Bibliothek. Die bedeutendste Bibliothek des Altertums war die des → Museions von → Alexandria, von Ptolemaios I. gegründet, für die alle erreichbare Literatur aufgekauft wurde. Ein großer Teil der 700 000 Papyrusrollen verbrannte 48 v. Chr. während der Kämpfe → Caesars in der Stadt. Der Rest ging in den christl. Jh.en zugrunde. Sehr bedeutend war auch die Bibliothek zu → Pergamon, für deren reichhaltige Ausstattung besonders Eumenes II. sorgte. – In → Rom errichtete der Politiker und Literat Asinius → Pollio 39 v. Chr. die erste öffentliche B. In der Kaiserzeit gab es in Rom und in den meisten großen Städten Italiens öffentliche B.en.

Bithynia, Landschaft im nordwestl. Kleinasien (an der Südküste des Schwarzen Meeres) mit thrakischer Bevölkerung. Lange Zeit zu → Lydien und Persien gehörig, stiftete erst Nikomedes I. 264 v. Chr. ein selbständiges Reich (Hauptstadt Nikomedia), bis es 74 v. Chr. röm. Einflussgebiet wurde.

Böotien, mittelgr. Landschaft, rings von hohen Bergen umgeben, mit weiten Sumpfgebieten und ungesundem Klima. Wichtigster Ort war → Theben. Den Böotern sagte man Plumpheit und Unbildung nach.

Boëthius. Anicius Manlius Severinus B., 480–524 n. Chr., aus vornehmer röm. Familie, kam als Ratgeber des Ostgotenkönigs Theoderich d. Gr. zu höchsten Staatsämtern; 510 → Konsul. Wegen Hochverrats angeklagt, wurde er hingerichtet. Während der Haft schrieb er sein berühmtestes Werk *De consolatione philosophiae* (»Vom Trost der Philosophie«), das im MA viel gelesen wurde: Die personifizierte Philosophie diskutiert mit B. über die Glückseligkeit und die Vorsehung. Außerdem vermittelte er dem MA gr. Philosophie und Wissenschaft, indem er philosophische und mathematische Werke (z. B. → Aristoteles, → Platon, → Euklid) übersetzte und kommentierte. B., der letzte röm. Philosoph, hat die mittelalterliche Scholastik stark beeinflusst.

Brasidas, Feldherr Spartas im ersten Jahrzehnt des → Peloponnesischen Krieges. In einer Expedition stieß er 424 v. Chr. in kürzester Zeit durch ganz Griechenland zur → Chalkidike vor, wo er u. a. Amphipolis gewann. Im siegreichen Kampf gegen das Entsatzheer der Athener unter → Kleon fiel er 422.

Brennus, gallischer Heerführer, der 387 v. Chr. die Römer an der Allia besiegte und → Rom bis auf das → Kapitol zerstörte. Ihm wird das Wort *vae victis* (»Wehe den Besiegten«) zugeschrieben, das er ausgerufen haben soll, als er das Lösegeld, 1000 Pfund Gold, mit falschen Gewichten habe abwägen lassen und die Römer dagegen protestieren wollten.

Britannia. England war wegen seines Zinnreichtums seit der ältesten Bronzezeit den seefahrenden Mittelmeervölkern bekannt. Die Römer kamen erst durch → Caesars Eroberungsversuche (55/54 v. Chr.) im Zusammenhang mit dem Gallischen Krieg in nähere Berührung mit der kelt. Bevölkerung. 43 n. Chr. begann unter Kaiser → Claudius die Eroberung von Süden bis zum Pictenwall in Schottland. 407 mussten die röm. Heere B. verlassen, so dass es den Caledoniern, Picten und Scoten des Nordens und den von der See her einfallenden Saxonen offenstand.

Britannicus. Tiberius Caesar Claudius B., Sohn des Kaisers → Claudius und der → Messalina, war der legitime Thronfolger. Nach der Ermordung Messalinas setzte die Stiefmutter → Agrippina bei Claudius durch, dass er ihren Sohn → Nero adoptierte. Bald nach der Ermordung des

Claudius (54) wurde B. von dem inzwischen zum Kaiser ausgerufenen Nero vergiftet (55).

Brundisium, jetzt Brindisi, in → Kalabrien, der wichtigste Umschlagplatz für Handel und Verkehr nach Griechenland und → Ägypten. Im 3. Jh. v. Chr. wurde die über Benevent führende → Via Appia bis B. verlängert.

Bruttii, Volksstamm in → Kalabrien (daher auch *ager Bruttius*); oskische Bevölkerung im Inneren, gr. Kolonien (Rhegion, Lokroi, Thurioi) an der Küste. Die B. standen im 2. → Punischen Krieg auf Seiten → Hannibals.

Brutus. – **1.** Lucius Junius B., der sagenhafte Stammvater des berühmten patrizischen Geschlechts der Junier, der Befreier → Roms von der Herrschaft der Tarquinier, verwaltete zusammen mit Tarquinius Collatinus das erste Konsulat (509 v. Chr.). Bekannt ist auch seine unbeugsame Strenge. – **2.** Marcus Junius B., 85–42 v. Chr., übernahm nach dem Tod seines Schwiegervaters → Cato dessen politisches Vermächtnis und wurde so Anfang 44 neben → Cassius das Haupt der Verschwörung gegen → Caesar, der ihm sehr zugetan war und ihm hohe Ämter anvertraute (Statthalter von → Gallia Cisalpina 46, → Prätor 44). Als nach der Ermordung Caesars die alte republikanische Ordnung dennoch nicht wiederhergestellt werden konnte, ging er Ende August 44 nach Kleinasien, um ein Heer zu rüsten. Im Kampf gegen → Antonius und → Octavian in der Schlacht von → Philippi im Oktober 42 geschlagen, stürzte er sich ins Schwert.

Buch. Die Ägypter, Griechen und Römer verwendeten als Schreibmaterial den → Papyros, der in → Ägypten seit 3000 v. Chr. hergestellt wurde. Der zu einem langen Streifen zusammengerollte Papyros war um einen Stab aus Holz oder Elfenbein gerollt, an dessen einem Ende auf einem Etikett der Titel des Buches stand. Wegen der ständigen Auseinandersetzungen zwischen den Königen in → Ägypten und → Pergamon sperrte Ptolemaios die Papyroslieferung nach Pergamon, so dass die → Seleukiden gezwungen waren, einen eigenen Beschreibstoff herzustellen, und zwar aus Tierhäuten. Nach seinem Herstellungsort Pergamon bekam das Schreibmaterial später den Namen *Charta Pergamena* (Pergament). Da sich das Pergament nicht wie der Papyros zu langen Streifen zusammenbinden ließ, ging man zur Codexform über, die unserer heutigen Buchform entspricht.

Bukolische Poesie (Hirtendichtung). Als erster Vertreter der B. P. gilt Stesichorus aus → Sizilien (um 600 v. Chr.), der die später vielbesungene Gestalt des schönen Schäfers → Daphnis in die Literatur einführte. Als sich viele gr. Städte zu Großstädten entwickelten, sehnten sich die Gr. nach einem friedvollen, naturnahen Hirtenleben. Dieser Sehnsucht entsprachen die zeitgenössischen Bukoliker, indem sie ein idealisiertes Hirtenland, angesiedelt in → Arkadien oder auf Sizilien, besangen. Der bedeutendste Vertreter dieser Poesie war → Theokrit; ihm folgen Bion und Moschos. – In → Rom war erst die Zeit des → Vergil aufnahmebereit für die B. P.; ihm gelang es mit seinen *Eclogae*, Hirtendichtung den Römern nahezubringen. Im 3. Jh. n. Chr. entstand der berühmte gr. Hirtenroman *Daphnis und Chloe* von → Longos.

Bundesgenossen (lat. *socii*) wurden die italischen Stämme genannt, die zwar autonom waren, aber Kriegsdienst leisten mussten, indem sie Hilfstruppen und Reiterei zur Verfügung stellten. Im sog. Bundesgenossenkrieg (91–89 v. Chr.) erzwangen die → Italiker das bisher verweigerte Bürgerrecht.

Byzanz (Byzantion), heute Istanbul, eine von → Megara um 660 v. Chr. gegründete Kolonie, von großer wirtschaftlicher Bedeutung durch seine Lage am Bosporus, denn es beherrschte die Getreideeinfuhr aus den Schwarzmeerländern nach Griechenland. Unter → Dareios I. wurde B. pers., wegen seiner Beteiligung am jonischen Aufstand von den → Persern zerstört. 477 bis 405 gehörte B. zum ersten → Attischen Seebund, 378–355 auch zum zweiten Seebund. 330 n. Chr. wurde es von → Konstantin d. Gr. als → Konstantinopel zur Hauptstadt des oström. Reiches erhoben. Nachdem der von → Justinianus (527–565) nochmals zurückeroberte Westen endgültig verloren war, mussten in der byzantinischen Zeit (bis 1453) die oström. Kaiser ihr Reich gegen Perser, Araber und Bulgaren verteidigen. Die Verwaltung stützte sich auf einen streng hierarchisch aufgebauten Beamtenapparat, an dessen Spitze der Kaiser als absoluter Monarch stand. 1453 wurde Konstantinopel durch die Türken erobert – das Ende des Byzantinischen Reiches.

C

Siehe auch unter K und Z

Caere (heute Cerveteri), eine der 12 alten etr. Bundesstädte, nordwestl. von → Rom, berühmt für seine große → Nekropole.

Caesar. Gaius Julius C., geb. am 13. Juli 100 v. Chr., aus dem patrizischen Geschlecht der → Julier, als dessen Stammvater der → Aeneas-Sohn Julus (→ Ascanius) galt. Die Unnachgiebigkeit gegenüber der Forderung → Sullas, sich von der Tochter des → Cinna zu trennen, trug ihm die → Proskription ein (82), aus deren Gefahr ihn nur die Fürsprache von Verwandten rettete. Daraufhin verließ C. → Rom und diente als Offizier im Osten. Nach Sullas Tod (78) trat er als Ankläger zweier berüchtigter Statthalter auf. 76–73 Studium in → Rhodos. 73 wurde C. ins Collegium der Pontifices gewählt, der Auftakt für die → Ämterlaufbahn: 68 Quästor in Spanien, 65 Ädil, 63 Pontifex Maximus, 62 Prätor urbanus. 60 schloss er das Triumvirat mit → Pompeius und → Crassus. Gegen die Opposition der Senatsmehrheit unter Führung des M. → Cato setzte er als Konsul (59) ein neues Agrargesetz durch. Durch Volksbeschluss erhielt er als → Provinz → Gallia Cisalpina, durch Senatsbeschluss auch → Gallia Transalpina auf zunächst 5 Jahre. Im April 59 sicherte er die Verbindung zu Pompeius ab, indem er ihm seine Tochter → Julia zur Frau gab. In den Jahren 58–51 eroberte er als → Prokonsul → Gallien, wozu ihm 54 das Kommando auf weitere 5 Jahre verlängert wurde. Gewaltsame Rücksiedlung der → Helvetier in die Schweiz, Sieg über → Ariovist im Elsass; Unterwerfung Belgiens und der Meeresküste. Zweimaliger Übergang über den Rhein und nach → Britannien. Niederwerfung der Erhebung der Gallier unter Vercingetorix. 51 ist Gallien schließlich befriedet und wird als Provinz organi-

Gaius Julius Caesar. Porträtbüste, Schiefer. 1. Jh. n. Chr.

siert. 56 hatte er mit Pompeius und Crassus das Triumvirat erneuert. Doch 53 fiel Crassus im Kampf gegen die → Parther, schon 54 hatte mit dem Tode der Julia die Entfremdung zwischen Caesar und Pompeius begonnen. Seit 51 wurde in Rom Caesars Abberufung offen betrieben. Man wollte ihn bei seiner Rückkehr vor Gericht stellen. Der Forderung des → Senats, sein Heer zu entlassen, kam C. nicht nach, sondern überschritt am 11. Januar 49 den Rubico, die Grenze seiner Provinz; damit kam es zum Bürgerkrieg. Sein Widersacher Pompeius begab sich mit dem Gros des Heeres nach Griechenland. C. eroberte nun zuerst → Spanien. 48 setzte er nach Griechenland über, wo Pompeius schließlich im Juli 48 bei Pharsalos in Thessalien die entscheidende Niederlage erlitt. Nach → Ägypten geflohen, wurde Pompeius schließlich ermordet. C. machte die Ptolemäerprinzessin → Kleopatra zur Königin von Ägypten, unterdrückte eine Erhebung in → Alexandria (Brand der Bibliothek). Auf dem Rückweg nach Italien siegte C. (*veni, vidi, vici*) über → Mithridates' Sohn Pharnakes II. bei Zela in Kleinasien und ordnete daraufhin die asiatischen Verhältnisse. Die in Afrika wieder gesammelten Pompeianer schlug C. am 6. April 46 bei Thapsos, daraufhin gab sich → Cato in → Utica den Tod. Im November 46 zog C. dann noch einmal nach Spanien gegen die Pompeiussöhne, die dort ein starkes Heer zusammengestellt hatten. Am 17. März 45 kam es durch den Sieg bei Munda zur Beendigung des Bürgerkriegs.

Seit 48 war er faktisch Alleinherrscher, seit Februar 44 offiziell *dictator perpetuus* (→ Diktator). Es wurden ihm göttliche Ehren erwiesen, der Monat Quintilis nach seinem Namen in Julius umbenannt. Gegenüber seinen Gegnern ließ er Milde walten. Er verlieh freigebig das Bürgerrecht, minderte das städtische Proletariat durch Ansiedlung von 80 000 Proletariern in den Provinzen und Landversorgung der Veteranen. Als er immer offener den Königstitel anstrebte, kam es unter C. → Cassius zu einer Verschwörung der Republikaner, der auch der Caesarianer Marcus Junius → Brutus beitrat. Am 15. März 44 wurde C. von den Verschwörern ermordet. Neben seiner militärischen und politischen Begabung war er nicht nur ein Mann von literarischer Bildung, sondern ist auch selbst als Redner und Schriftsteller hervorgetreten. Erhalten sind die 7 Bücher über den *Gallischen Krieg*, das 8. Buch fügte sein Feldherr Hirtius dazu: Sie umfassen die Jahre 58–52. Die *Commentarii* enthalten die ältesten zusammenhängenden Nachrichten über die → Germanen. Ferner sind erhalten die 3 Bücher *De bello civili* (die Jahre 49–48 umfassend, unvollendet). Die Fortsetzungen, das *Bellum Alexandrinum*, *Bellum Africanum* und *Bellum Hispaniense* stammen offensichtlich jeweils von verschiedenen Verfassern.

Caligula. Gaius Caesar Germanicus C., Sohn des → Germanicus und der älteren → Agrippina, röm. Kaiser 37–41 n. Chr., wozu ihn der → Senat wählte. Nach kurzer Zeit maßvoller Regierung verlangte er zu Lebzeiten göttliche Ehren und führte damit den Bruch mit der Senatsaristokratie herbei. C. ging rücksichtslos gegen unbequeme Zeitgenossen vor und bereicherte sich an fremdem Eigentum. Ob er aber tatsächlich an Größenwahn litt, ist infolge der einseitigen, caligulafeindlichen Quellenlage umstritten; aus demselben Grund lassen sich seine Regierungsmaßnahmen schwer beurteilen, namentlich sein Britannienfeldzug scheint aber ohne Erfolg verlaufen zu sein. Bald nach seiner Rückkehr aus Britannien fiel er einer Verschwörung der Prätorianeroffiziere zum Opfer.

Camillus. M. Furius C., eroberte 396 v. Chr. als → Diktator nach 10-jähriger Belagerung → Veji. Wegen angeblicher Unterschlagung eines Teils der dort gemachten Beute verurteilt, musste er 391 ins Exil gehen. Nach der Zerstörung → Roms durch den Gallierfürsten → Brennus (387) soll der zurückkehrende C. den Feinden das Lösegeld abgenommen und sie aufgerieben haben.

Cannae, Dorf in Apulien am Fluss Aufidus nahe dem Meer, wo → Hannibal am 2. August 216 v. Chr. den beiden röm. Konsuln Aemilius Paullus und Terentius Varro eine vernichtende Niederlage beibrachte. An die 50 000 Römer fielen, 20 000 gerieten in Gefangenschaft.

Capri, im Golf von → Neapel, war zu allen Zeiten ein beliebter Erholungsplatz. → Augustus und insbesondere → Tiberius hielten sich gerne hier auf.

Capua, Hauptstadt → Kampaniens, um 600 v. Chr. von den → Etruskern angelegt. Von hier übernahmen die Römer die etr. Sitte der → Gladiatorenkämpfe. 340 schloss sich C. an → Rom an. 216 zu → Hannibal abgefallen, wurde die Stadt 211 von den Römern zurückerobert. 73

v. Chr. brach in der Gladiatorenschule der Sklavenaufstand des → Spartacus aus.

Caracạlla. Eigentlich Marcus Aurelius Severus Antoninus, Sohn des → Septimius Severus und der Julia Domna, 176 n. Chr. in Lyon geboren, Kaiser 211–217. Er stützte seine Herrschaft hauptsächlich auf das Heer. Durch die *Constitutio Antoniniana* von 212 verlieh C. allen Freigeborenen des ganzen → Imperiums das röm. Bürgerrecht, so dass dadurch die → Provinzen mit Rom gleichgestellt waren. 217 wurde er auf einem Partherfeldzug in Carrhae ermordet.

Carnụntum, ursprünglich norische Siedlung an der Donau (bei Petronell in Niederösterreich), Hauptstadt von Ober-Pannonien, in augusteischer Zeit röm. Militärstützpunkt, 14 n. Chr. zum Legionslager ausgebaut; heute der bedeutendste Ausgrabungsplatz aus der Römerzeit in Österreich.

Carthạgo nọva (heute Cartagena), 225 v. Chr. von → Hasdrubal als Hauptstützpunkt in dem von ihm eroberten → Spanien angelegt, wurde 209 von den Römern erobert und zur Hauptstadt der Provinz Hispania citerior gemacht.

Cạssius, Gaius C. Longinus, aus plebeischem Geschlecht, 83–42 v. Chr. Er begleitete → Crassus nach Syrien, entkam jedoch 53. v. Chr. dem Blutbad der Schlacht bei Carrhae und rettete die Reste des Heeres. 49 v. Chr. stand er auf Seiten des → Pompeius, versöhnte sich aber nach der Schlacht bei → Pharsalos mit → Caesar, der ihn 44 zum → Prätor machte. Dennoch beteiligte er sich führend an der Verschwörung gegen Caesar und an dessen Ermordung. Auf dem Schlachtfeld von → Philippi gab er sich selbst den Tod.

Cạssius Di̱o, auch Dio Cassius genannt, um 150–235 n. Chr. aus Nikaia in → Bithynien, kam frühzeitig nach → Rom und war dort unter verschiedenen Kaisern als hoher Beamter tätig. 230 zog er sich aus dem öffentlichen

Leben in die Heimat zurück. In gr. Sprache schrieb er eine röm. Geschichte in 80 Büchern von → Aeneas bis 229, dem Jahr seines 2. Konsulats unter der Regierung des Severus Alexander. Vollständig sind nur noch die Bücher 36–60 erhalten (69 v. bis 46 n. Chr.).

Catilina. Lucius Sergius C., um 108–62 v. Chr., aus alter patrizischer Familie stammend. Um sein Lotterleben finanzieren zu können, beutete er 67/66 als Proprätor die → Provinz Africa aus. Nachdem es ihm zweimal misslungen war, → Konsul zu werden (65 und 62), zettelte er unter verschuldeten Adeligen und Sullanischen Veteranen eine Verschwörung an in der Absicht, durch einen Staatsumsturz sich und den Mitläufern Besitz und Macht zu verschaffen. Dieser Putsch wurde 63 von dem Konsul → Cicero aufgedeckt und vereitelt. C. gelang die Flucht zu einem bereitstehenden Heer in Etrurien, in der bald darauf folgenden Schlacht gegen staatliche Truppen fand er den Tod.

Cato. – 1. Marcus Porcius C., 234–149 v. Chr., mit dem Beinamen Censorius, auch Cato maior genannt, aus Tusculum. 205 → Quästor, 199 → Ädil, 198 → Prätor, 195 → Konsul, 184 → Zensor. C. war ein eifriger Verfechter der nationalen, antigriechischen Haltung in Literatur und Leben. Er verfasste viele Werke und Reden. Von seinem Hauptwerk, den *Origines*, einer Frühgeschichte Roms und der italischen Stämme, ist nur wenig erhalten. Sein Werk »Über den Ackerbau« (*De agri cultura*) ist die älteste vollständig erhaltene Prosaschrift der lat. Literatur. – **2.** Marcus Porcius C. Uticensis, 95–46 v. Chr., Urenkel des älteren Cato. 65 Quästor, 63 → Volkstribun. Als fanatischer Gegner → Caesars stand er im Bürgerkrieg auf Seiten des → Pompeius, nach dem Sieg Caesars bei Thapsos (46 v. Chr.) beging er Selbstmord bei der Verteidigung von → Utica.

Catull(us). Gaius Valerius C., etwa 84–54 v. Chr., stammte aus der Aristokratie Veronas. Als Jüngling ging er nach → Rom, wo er mit Freunden ein ungebundenes Künstlerleben führte. Er war Liebhaber der → Clodia, einer Schwester von → Ciceros Feind, dem Tribunen → Clodius Pulcher, er besang sie unter dem Namen Lesbia. In seinen Jamben (Schmähgedichten) wandte sich sein Hohn selbst gegen → Caesar und dessen Günstling Mamurra. Mit seinen Übersetzungen und freien Nachbildungen gelehrter und kunstvoller alexandrinischer Gedichte (bes. des → Kallimachos) stand er in einer geistigen Bewegung, die gegen den bisherigen Einfluss der großen Epen homerischer Art auf die röm. Dichtung aufbegehrte (→ Neoteriker). Der Vers- und Sprachkunst des C. ist es gelungen, die spröde lat. Sprache den verschiedensten gr. Metren zu erschließen.

Ceres, die Göttin der Fruchtbarkeit, der gr. → Demeter gleichgesetzt. Unter ihrem Schutz stand auch der Getreidehandel. Ihr Tempel, 493 v. Chr. geweiht, stand zu Füßen des Aventin. Ihr Fest, die Cerialia, wurde am 19. April gefeiert.

Chaironeia, böotisches Städtchen, berühmt durch den Sieg → Philipps von Makedonien 338 v. Chr. über die Thebaner und Athener. Dieser Sieg beendete die einzelstaatliche Freiheit in Griechenland, begründete aber die gr. Einheit unter makedonischer Herrschaft. 86 v. Chr. siegte hier → Sulla über → Mithridates.

Chalkidike, gebirgige Halbinsel → Makedoniens, die in 3 schmalen Halbinseln ins Ägäische Meer vorspringt. An der Küste lagen gr. Städte: Olynthos, Poteidaia, Stageira.

Charon, der Fährmann, der die Schatten der Verstorbenen auf einem Kahn über die Styx in die → Unterwelt fuhr. Er erhielt als Fährlohn einen → Obolos, den man dem Toten vor der Bestattung in den Mund legte.

Cheiron, weiser, heilkundiger → Kentaur, der → Achilleus, → Jason u. a. erzog.

Cherusker, Germanenstamm zwischen Weser und Elbe, mächtig unter → Arminius, unter dessen Führung sie, ge-

Chimäre von Arezzo. Bronze. 4. Jh. v. Chr.

meinsam mit anderen Völkern, 9 n. Chr. die Römer besiegten. Gegen 100 n. Chr. wurden sie von den Chatten verdrängt.

Chimäre, Chimaira, feuerspeiendes Fabeltier, vorn Löwe, in der Mitte Ziege, hinten Schlange.

Chios, gr. Insel im Ägäischen Meer, der Westküste Kleinasiens gegenüber, Smyrna vorgelagert; hier soll nach einer Legende lange → Homer gelebt haben. Die von → Joniern besiedelte Insel geriet 494 v. Chr. unter Perserherrschaft, gehörte aber nach den → Perserkriegen bis zum Jahr 357 v. Chr. zum → Attischen Seebund, später wurde sie makedonisch. 133 v. Chr. kam Ch. unter die Botmäßigkeit der Römer.

Chor (gr. *chorós*), urspr. Tanzplatz, dann die Gruppe der Tänzer sowie deren Tanz, der meist an Götterfesten von den Choreuten (Chortänzern) in langsamem, feierlichem Rhythmus, begleitet von → Kithara oder → Aulos, zum Lied des Chorführers aufgeführt wurde; später das gemeinschaftlich gesungene Lied des Ch.s. Bedeutende Chorlyriker waren Stesichoros (um 640–555 v. Chr.),

→ Ibykos sowie → Arion. Den Höhepunkt erreichte die Chorlyrik mit → Simonides, → Pindar und → Bakchylides. Die wichtigsten Gattungen der Chorlyrik waren → Hymnos, Epinikion (Siegeslied, z. B. Pindar), Threnos (Klagelied, z. B. Simonides) und Dithyrambus (Kultlied zu Ehren des → Dionysos). – Aus dem Ch., der an den Großen → Dionysien aufgeführt wurde, entwickelte sich das gr. Drama. → Thespis stellte dem Ch. einen Einzelsprecher gegenüber, → Aischylos führte den zweiten, → Sophokles den dritten Schauspieler ein.

Chrysipp(os), um 280 v. Chr. in Soloi in → Kilikien geb., Theoretiker der → Stoa. Er hat die von → Zenon geschaffene stoische Lehre durch logische Beweise gestützt. Er gilt dadurch geradezu als Neugründer der alten Stoa. Bruchstücke von seinen 705 Büchern sind erhalten.

Cicero. Marcus Tullius C. wurde am 3. Jan. 106 v. Chr. in der kleinen Provinzstadt Arpinum südöstlich von → Rom als Sohn einer wohlhabenden Ritterfamilie geboren. Sein Vater zog bald mit ihm und dem jüngeren Bruder Quintus nach Rom, wo sie unter der Aufsicht des Redners L. Crassus von gr. Lehrern unterrichtet wurden. Sobald er die *toga virilis* erhalten hatte (90), widmete er sich neben rhetorischen Übungen zur Vorbereitung auf die Rednerlaufbahn dem Studium des Rechts. Ebenso beschäftigte er sich mit Philosophie. 80 trat er zum ersten Mal als Anwalt hervor, als er in einem Prozess als Verteidiger des Roscius aus Ameria auftrat. 79 begab er sich nach Griechenland, wo er seine philosophische und rhetorische Ausbildung vollendete. In → Athen schloss er Freundschaft mit → Atticus, seinem späteren Verleger und Berater, und hörte den Akademiker Antiochos von Askalon und epikureische Philosophen. Auf → Rhodos holte er sich bei dem berühmten Redner Apollonios → Molon den letzten Schliff in der → Rhetorik. Nach seiner Rückkehr im Jahre 77 begann er die höchsten Ämter zu bekleiden: 75 war er → Quästor auf → Sizilien, dessen Bewohner er (70) in ei-

Marcus Tullius Cicero.
Marmorbüste. 1. Jh. v. Chr.

ner Anklage wegen Ausbeutung gegen den Prätor Verres unterstützte; wegen seines Sieges über den gegnerischen Anwalt → Hortensius, dem damals berühmtesten Redner Roms, galt er von nun an als Roms erster Redner. 69 → Ädil, 66 Prätor, 63 → Konsul. In diesem Amt zerschlug er die Verschwörung des → Catilina. Doch wegen der durch ihn veranlassten gesetzwidrigen Hinrichtung von Catilinariern ohne Gerichtsverfahren musste er 58 in die Verbannung gehen, aus der er 57 ehrenvoll zurückberufen wurde. 53 wurde er zum → Augur gewählt, 51 als Statthalter nach → Kilikien geschickt. Nach Ausbruch des Bürgerkriegs zwischen → Caesar und → Pompeius (49) nahm er Partei für Pompeius. Der Sieger Caesar behandelte C. sehr großmütig, der sich nun jeglicher politischer Betätigung enthielt. In diese Zeit fiel auch der Tod seiner Tochter Tullia (45). Nach den Iden des März glaubte er, der weiterhin dem Ideal der → Republik anhing, seine Zeit für gekommen und arbeitete auf die Wiederherstellung der Senatsherrschaft hin. C. unterstützte → Octavian gegen → Antonius, den er sich durch die *Orationes Philippicae*, hasserfüllte Schmähreden, zum unversöhnlichen Feind gemacht hatte; doch Octavian verbündete sich mit seinem Rivalen im 2. Triumvirat und gab C. auf. Während der → Proskriptionen von 43 wurde er von Antonius auf die Liste gesetzt und auf der Flucht von Soldaten am 7. Dezember bei Formiae ermordet. – Neben seiner politischen Tätigkeit entwickelte er eine fruchtbare schriftstellerische Wirksamkeit, was ihn zum Vollender der lat. Prosa und zum Schöpfer ihrer klassischen Form machte. Sein fast vollständig erhaltenes Werk lässt sich folgendermaßen einteilen:

a) Gerichts-, Senats- und Volksreden (58 davon erhalten); am berühmtesten sind die gegen Verres, → Catilina und → Antonius.

b) Die rhetorischen Schriften stellen den Entwicklungsgang der röm. Redekunst dar und zeichnen das Ideal des Redners; am wichtigsten sind hier *De oratore*, *Brutus*, *Orator*.

c) Die philosophischen Schriften zeigen C. als Vermittler der gr. nacharistotelischen Philosophie; er hat das Verdienst, die Philosophie in Rom eingebürgert zu haben; es gab vor ihm keine philosophische Fachsprache. Die bedeutendsten Schriften sind: *De re publica*, *De legibus*, *De finibus bonorum et malorum*, *Tusculanae disputationes*, *De natura deorum*, *De officiis*, *Cato maior de senectute*, *Laelius de amicitia*.

d) Die Briefe (etwa 1000), die in 4 Sammlungen erhalten sind (16 Bücher *Ad familiares*, 16 Bücher *Ad Atticum*, 3 Bücher *Ad fratrem*, 2 Bücher *Ad Brutum*), machen C. zum bestbekannten Menschen des Altertums, weil sie Einblicke in sein Seelenleben gestatten, wie er es nur vertrauten Freunden offenbarte.

Cincinnatus. Lucius Quinctius C. wurde von den späteren Römern als Muster altrömischer Tugend gefeiert. Nachdem er 460 v. Chr. → Konsul war, wurde er 458 vom Pflug weg zum → Diktator gemacht, um das von den Aequern eingeschlossene Heer zu befreien. 439 wurde er nochmals Diktator und verhinderte einen Staatsstreich.

Cinna. – **1.** Lucius Cornelius C., um 130–84 v. Chr. Als Anhänger der Volkspartei erhielt er 87 das Konsulat. Vor seinem Weggang in den Orient verpflichtete → Sulla den C. durch Eid, die sullanischen Einrichtungen (Schmälerung der Rechte der → Volkstribunen und der → Volksversammlung) nicht anzutasten. Infolge seines Eidbruchs musste er aus → Rom fliehen; aber mit Hilfe von bei Nola lagernden Truppen nahm er Rom ein, rief → Marius zurück und richtete ein Blutbad unter seinen Gegnern an. Er blieb → Konsul bis 84, gleichzeitig rüstete er mit aller Kraft gegen den aus Syrien zurückkehrenden Sulla. Schließlich wurde er von meuternden Soldaten erschlagen. – **2.** Gaius Helvius C., → Volkstribun 44 v. Chr., röm. Dichter; als Mitglied des → Neoteriker-Kreises mit → Catull befreundet. Bei → Caesars Leichenbegängnis wurde er 44 v. Chr. vom Pöbel erschlagen, der ihn mit dem Caesargegner Cinna verwechselte. In seinem Epos *Smyrna* behandelte er das Inzestmotiv zwischen Vater und Tochter. Bekannt ist auch ein Geleitgedicht für den Politiker und Literaten Asinius → Pollio; vollständig erhalten ist ein dem → Kallimachos nachgedichtetes Epigramm.

Circus Maximus, der größte Zirkus → Roms, im Tal (*Vallis Murcia*) zwischen Aventin und → Palatin. Sein Ursprung wurde dem → Tarquinius Priscus zugeschrieben. Von → Caesar wiederhergestellt, von → Nero und → Trajan erweitert, wies er eine Kampfbahn von etwa 1500 m Länge auf. Seit Caesar hatten fast 50 000 Besucher Platz, zur Zeit Trajans an die 300 000.

Claudius. Tiberius C. Nero Germanicus, in Lugdunum (Lyon) 10 v. Chr. als Sohn des → Drusus, Bruder des → Germanicus geboren. Wegen seiner Gebrechen wurde er durch → Augustus und → Tiberius lange vom politischen Leben ferngehalten; erst → Caligula machte ihn zum → Konsul. Nach der Ermordung Caligulas 41 n. Chr. riefen ihn die Prätorianer zum Kaiser aus. Trotz seiner Weltfremdheit war seine Regierung erfolgreich, die Freigelassenen Narcissus und Pallas fungierten als mächtige Minister. 42 wurde die römische → Provinz → Mauretania eingerichtet, 43 Südengland erobert, 46 Thrakien Provinz. Auch innenpolitisch entwickelte er eine rege Tätigkeit: Reformierung des Ehe-, Erb- und Sklavenrechts. Durch eine ausgezeichnete Finanzverwaltung konnten wichtige Bauvorhaben durchgeführt werden, z. B.: die *aqua Claudia*, Neuanlage des Hafens von → Ostia, Bau von Straßen und Ausbau von Alpenpässen. 48 ließ C. seine zügellose Gemahlin → Messalina hinrichten, um im Jahre 50 dann → Agrippina d. J. zu heiraten, deren Sohn → Nero er adoptierte. 54 wurde C. von Agrippina ermordet, und Nero bestieg unter Ausschaltung von C.' leiblichem Sohn → Britannicus den Thron.

Cloaca maxima, die Hauptkanalisation von → Rom. Dieser größte unterirdische Kanal Roms, der bis in die Königszeit zurückgeht und durch den die ehedem sumpfige Ebene des späteren → Forum Romanum entwässert wurde, der auch die Abwässer der Stadt aufnahm und in den Tiber führte, wurde im 2. Jh. v. Chr. überbaut und ist heute in Teilen noch in Betrieb.

Clodia, Schwester des → Clodius, verheiratet mit Q. Metellus Celer, wurde von → Catull in seinen Liedern als Lesbia verherrlicht.

Clodius. Publius C. Pulcher gehörte dem patrizischen Geschlecht der Claudier an, erreichte seine Aufnahme in die → Plebs, um → Volkstribun werden zu können; deshalb nannte er sich volkstümlich Clodius. In dieser

Funktion veranlasste er 58 die Verbannung → Ciceros und terrorisierte durch Gladiatorenbanden die Hauptstadt, bis er 52 durch die Banden des → Milo, der auf Seiten des → Senats stand, in einer Straßenschlacht erschlagen wurde.

Comitia → Volksversammlung.

Commodus. Lucius Aelius Aurelius C. (161–192 n. Chr.), Sohn des Kaisers → Marc Aurel und der Faustina, wurde 176 Mitregent des Vaters: C. führte nach dem Tod des Vaters (180) ein Willkürregiment. Er glaubte, eine Inkarnation des → Mithras und des → Herkules zu sein, als welcher er auch im Kampf mit → Gladiatoren und Tieren auftrat. Bei einer Palastverschwörung wurde er ermordet.

Constantius. – **1.** Flavius Valerius C. Chlorus, Illyrer von niederer Herkunft, brachte es schnell zum Gardepräfekten des → Maximian und wurde nach Maximians Rücktritt 305 Augustus, starb aber bereits 306 in Britannien, so dass sein Sohn → Konstantin d. Gr. die Nachfolge antreten konnte. – **2.** Flavius Julius C. (C. II.), der mittlere der 3 Söhne → Konstantins d. Gr., wurde 337 n. Chr. Kaiser des Ostreiches. Magnentius, den Mörder seines Bruders Constans, des Westkaisers, schlug er 351, so dass er Alleinherrscher des Römischen Reiches war. 355 ernannte er seinen Neffen → Julianus zum Caesar, der 361 zum Augustus ausgerufen wurde.

Consulares → Konsulare.

Coriolanus. Gnaeus Marcius C., sagenhafter röm. Held, der 493 v. Chr. die Volskerstadt Corioli eroberte, wonach er den Namen bekam. Wegen seiner extrem aristokratischen Einstellung wurde er verbannt, rückte aber an der Spitze eines Volskerheeres gegen → Rom an. Nachdem er auf die eindringlichen Bitten seiner Frau und seiner Mutter hin die Belagerung aufgegeben hatte, brachten ihn die Volsker um. C. soll der einzige Römer sein, der jemals gegen die Heimatstadt Krieg führte.

Cornelier, altröm. Patriziergeschlecht, das sich in zahlreiche Familien verzweigte, darunter auch etliche Plebejer. Am bekanntesten sind die → Scipionen, neben → Sulla und → Cinna.

Cornelius Nepos → Nepos.

Crassus. Marcus Licinius Cr. Dives, 115–53 v. Chr. Während des Bürgerkriegs stand er auf Seiten des → Sulla. 72 v. Chr. wurde er mit der Niederwerfung des Sklavenaufstands unter → Spartacus beauftragt, den er dann 71 besiegte. 70 verwaltete er mit → Pompeius das Konsulat. 65 war er → Zensor. Als Geldgeber war er vermutlich in die Verschwörung des → Catilina verwickelt. 60 schloss → Caesar mit ihm und → Pompeius das sog. erste Triumvirat. 55 trat er im Anschluss an das Konsulat die Verwaltung der → Provinz Syrien für 5 Jahre an. Nachdem er Mesopotamien erobert hatte, wurde er bei einem Eroberungszug gegen die → Parther 53 nach der Schlacht bei Carrhae von den Parthern getötet. Seinen sagenhaften Reichtum hatte er während der → Proskriptionen Sullas erworben.

Cumae, gr. Kyme, älteste gr. Kolonie in Süditalien (→ Kampanien), im 8. Jh. v. Chr. von Chalkis auf → Euböa aus gegründet; Ausgangspunkt der Verbreitung gr. Kultur über Italien. Lange Zeit beherrschte C. einen großen Teil Kampaniens und widerstand den → Etruskern. Mit der Eroberung durch die → Samniten 420 v. Chr. begann der Niedergang. Seit 338 v. Chr. hatte es röm. Munizipialrecht (röm. Bürgerrecht ohne Stimmrecht). In der Kaiserzeit verlor C. seine Bedeutung. Es ist bekannt durch die Sibylle, die in einer Grotte des Burgberges ihre Orakelsprüche gegeben hatte.

Curia. – **1.** In alter Zeit war die röm. Bürgerschaft in Geschlechterverbände (*curiae*) eingeteilt; daher die *comitia curiata* (Volksversammlung). – **2.** Versammlungslokal, Rathaus. Das erste Rathaus → Roms, von König → Tullus Hostilius erbaut und daher C. Hostilia genannt, ersetzte

→ Caesar durch ein neues Gebäude am → Forum Romanum, das deshalb C. Julia genannt wurde. Dieses Rathaus, 303 n. Chr. von → Diokletian renoviert, steht heute noch und dient seit dem 7. Jh. als Kirche S. Adriano.

Curtius. Quintus C. Rufus, röm. Rhetor, schrieb um 50 n. Chr. ein Werk über → Alexander d. Gr. in 10 Büchern (*Historiae Alexandri Magni Macedonis*).

D

Daedalus (gr. *Daídalos*), sagenhafter Erfinder und Künstler aus → Athen. Wegen der Ermordung seines Neffen Talos floh er zu König → Minos nach → Kreta, dem er u. a. das Labyrinth erbaute, wurde vom König aber gefangen gehalten. Mit Flügeln, die er für sich und seinen Sohn Ikaros aus Federn und Wachs angefertigt hatte, entfloh er nach → Sizilien. Da Ikaros der Sonne zu nahe kam, schmolz das Wachs, so dass er abstürzte.

Daktylos (lat. *dactylus*), Versfuß [–UU] aus einer langen (betonten) und 2 kurzen (unbetonten) Silben. Die häufigsten daktylischen Versformen sind der Hexameter zu 6 Daktylen und der Pentameter zu zweimal zweieinhalb Daktylen (→ Versbau).

Damokles, ein Höfling des jüngeren → Dionysius von → Syrakus. Der Tyrann ließ den D. unter einem Schwert, das an einem Pferdehaar hing, in allen Genüssen einer fürstlichen Tafel schwelgen, um ihm zu demonstrieren, wie gefährdet und gefährlich sein Glück sei. Daher wurde das Damoklesschwert sprichwörtlich.

Danaë → Perseus.

Danaër, bei → Homer und → Vergil alle Griechen, eigentlich nur die Argiver. Ein Danaergeschenk ist ein Geschenk, dessen Annahme gefährlich ist; sprichwörtlich geworden nach Vergils Erzählung vom Trojanischen Pferd in der *Aeneis.*

Danaiden, in der gr. Sage die 50 Töchter des Danaos, die die 50 Söhne seines Zwillingsbruders Aigyptos heiraten mussten. In der Brautnacht aber ermordeten sie auf Veranlassung des Danaos ihre Männer; nur eine, Hypermnestra, verschonte ihren Bräutigam Lynkeus. Zur Strafe müssen sie in der Unterwelt fortwährend Wasser in ein durchlöchertes Fass schöpfen; daher wurde »Danaidenarbeit« sprichwörtlich für mühsame und dazu noch erfolglose Arbeit. Die Sage ist von → Aischylos in den *Schutzflehenden* behandelt.

Daphne, in der gr. Sage eine → Nymphe, die von → Apollon geliebt wurde und vor ihm floh. Um ihm zu entgehen, ließ sie sich von ihrem Vater, dem Flussgott Peneios, in einen Lorbeerbaum verwandeln.

Daphnis, in der gr. Sage ein Sohn des → Hermes und einer → Nymphe, Hirt auf → Sizilien. Er wurde von einer Nymphe geliebt, die ihn jedoch blendete, entweder weil er ihr untreu wurde oder weil er sie zurückwies. Er soll das Hirtenlied erfunden haben, indem er den Rest seines Lebens kummervolle Lieder über sein unglückliches Schicksal sang.

Daphnis und Chloe → Longos.

Dareios I., 550–485 v. Chr., Sohn des Hystaspes aus einer Nebenlinie des pers. Königshauses der Achaimeniden, stürzte den Usurpator Gaumata, der sich für Smerdis, den jüngeren Sohn des → Kyros und den Bruder des → Kambyses ausgegeben hatte; von 521–485 saß er dann als erster Achaimenide auf dem pers. Thron. Er ordnete das vom Indus bis zur Kyrenaika sich erstreckende Reich neu durch Einteilung in 20 Statthalterschaften (Satrapien) und baute Straßen. Als erster König der Welt ließ er sein Bild auf die Goldstücke der von ihm eingerichteten Reichswährung prägen: daher die Bezeichnung *Dareikoi*. Er begründete eine absolute Monarchie mit orientalischem Zeremoniell. Mit straffer Zentralisierung verband er jedoch Toleranz gegenüber der nationalen und religiösen Eigenart der unterworfenen Völker. Hauptstädte: Susa, → Persepolis, Ekbatana und Babylon. Außenpolitisch erstrebte er die Unterwerfung Europas. Doch sind seine Kriegszüge gegen die Skythen 514 und gegen die Griechen 492–490 misslungen; 490 erlitt er die Niederlage von → Marathon, nachdem ihm die Niederwerfung des jonischen Aufstandes von 499–494 gelungen war. Während der Vorbereitungen zu einem neuen Zug gegen die Griechen starb D.

Decemviri, Kommission von 10 Männern, die in → Rom für besondere Anlässe, mit Sondervollmachten ausgestattet, gewählt wurden, z. B. für Ackerverteilung. Am bekanntesten sind die *decemviri consulari imperio legibus scribundis*, wozu 451 v. Chr. 10 → Patrizier gewählt wurden, die das Zwölftafelgesetz kodifizierten.

Deianeira, Gattin des → Herakles.

Delos, Kykladeninsel, der Sage nach eine schwimmende Insel, die erst zu dem Zeitpunkt am Meeresgrund befestigt wurde, als sie der herumirrenden → Leto eine Bleibe zum Gebären ihrer Kinder → Apollon und → Artemis gewährte. Deshalb genoss die Insel höchste Verehrung, sie war neben → Delphi die bedeutendste Stätte des Apollonkults. Mit der Heiligkeit der Insel war weder Geburt noch Tod auf ihr zu vereinbaren. Deshalb ließ → Peisistratos um 535 v. Chr. den vom Tempel aus überschaubaren Bezirk von Gräbern reinigen; 427 erfolgte nochmals eine solche Reinigung, diesmal für die ganze Insel. 478 wurde D. der Mittelpunkt des → Attischen Seebundes, Sitz des Bundesrates und Depot des Bundesschatzes, bis dieser 454 nach → Athen verlegt wurde. Auch nach der Niederlage Athens im → Peloponnesischen Krieg (404) behielt D. seine kultische Bedeutung. Nachdem es in hellenistischer Zeit selbständig gewesen war, gaben es die Römer 166 v. Chr. nach der Schlacht bei → Pydna (168) an Athen und erklärten es zugleich zum Freihafen, wodurch es zu einer wirtschaftlichen Blüte kam (größter Sklavenmarkt des Altertums).

Delphi, griech. *Délphoi*, die bedeutendste gr. Orakelstätte in der Landschaft Phokis am → Parnass, seit dem 8. Jh. v. Chr. ein Heiligtum des → Apollon, der von dem Ort Besitz nahm, nachdem er den Drachen Python getötet hatte, und durch die auf dem Dreifuß sitzende Priesterin → Pythia Orakelsprüche erteilte, die ein Priesterkollegium in Verse kleidete. Es kam vor, dass die delphischen Priester durch ihre → Orakel die politischen Vorgänge beeinflussten. Mittelpunkt des Heiligtums war ein im 7. Jh. v. Chr. erbauter Apollon-Tempel, der 548 abbrannte. Zum Wiederaufbau, der 513 begann, trug ganz Griechenland und auch das Ausland bei. Wegen des Omphalos (Nabel), eines heiligen Schreins, den der Tempel barg, sah man in ihm den Mittelpunkt der Welt. Dieser Tempel, 373 v. Chr. durch Erdbeben zerstört, wurde wiederaufgebaut; seine Überreste sind erhalten. Zu diesem Tempel hinauf führte die Heilige Straße, an der die Schatzhäuser der bedeutenderen Staaten lagen, die zur Aufbewahrung ihrer Weihgeschenke dienten. Im Stadion wurden die athletischen und musischen Wettkämpfe der → Pythischen Spiele (seit 582 v. Chr. alle 4 Jahre) durchgeführt. Für Schutz und Verwaltung des Heiligtums waren die Amphiktyonen (»Umwohner«), ein Bund mittelgriechischer Stämme, zuständig. Seit 450 v. Chr. ging die Bedeutung D.s zurück; mehrfach wurde es geplündert (→ Sulla, → Nero). → Strabon kannte D. nur noch als »ärmliches Heiligtum«. Lange bevor Theodosius d. Gr. (um 390 n. Chr.) die Orakelstätte aufhob, war ihre Kraft erloschen.

Demeter, gr. Göttin der Fruchtbarkeit, besonders des Ackerbaus, Mutter der → Persephone. Nach der Sage entführt → Hades die Tochter in die Unterwelt. Aus Trauer und Zorn hierüber schlägt D. die Erde mit Unfruchtbarkeit, so dass selbst die olympischen Götter um ihre Gaben kommen, bis → Zeus entscheidet, dass Persephone zwei Drittel des Jahres bei ihrer Mutter, ein Drittel bei Hades als dessen Gattin leben soll. Durch die Eleusinischen → Mysterien wurde D. mit ihrer Tochter zu einer der größten religiösen Figuren. Der Demeterkult hatte als Hauptfeste die Thesmophorien, ein weibliches Fruchtbarkeitsfest, von dem die Männer ausgeschlossen waren, und das Erntedankfest der Thalysien.

Demokratie (gr. »Volksherrschaft«), in der gr. Staatslehre die Verfassungsform, in der das Gesamtvolk Träger der

Demeter mit Ährenkranz und Schleier. Delphische Amphiktyonenmünze (Stater). 2. Hälfte 4. Jh. v. Chr.

staatlichen Gewalt ist: die Beteiligung aller an der Regierung, in ihrer reinsten Form in → Athen im 5. Jh. verwirklicht.

Demọkritos (Dẹmokrit), aus der jonischen Stadt → Abdera in Thrakien, um 460–371 v. Chr., Schüler des → Leukippos, der erste Systembildner der Philosophie und der umfassendste Forscher vor → Aristoteles, der sich mit fast allen Gebieten der damaligen Wissenschaft beschäftigt hat. Von seinen Schriften sind nur wenige Bruchstücke erhalten. Doch berichten → Aristoteles, → Diogenes Laërtios u. a. über seine Philosophie. Er begründete die Atomistik: Alles Geschehen ist Mechanik der → Atome, die, unterschiedlich an Gestalt und Größe, Lage und Anordnung, im leeren Raum in ewiger Bewegung sind und durch ihre Verbindung oder Trennung die Dinge der Welt entstehen oder vergehen lassen. Mit der ethischen Lehre, dass die durch maßvolle und gleichmütige Haltung zu erlangende Glückseligkeit, die in der Ruhe und Heiterkeit der Seele besteht, das höchste Gut sei, wurde D. zum Urheber des Eudämonismus.

Demos, seit der Reform des → Kleisthenes die kleinste Selbstverwaltungseinheit → Attikas.

Demosthenes, 384–322 v. Chr., aus → Athen, der berühmteste attische Redner. Trotz körperlicher Mängel, die er durch Zungen- und Atemgymnastik bekämpfte, bildete er sich zum Rhetor aus. Zunächst betätigte er sich als Logograph (Redenschreiber), ging aber seit 355 v. Chr. zur Politik über, in der er für die Wiederherstellung der Vormacht Athens und für die Erhaltung der gr. Freiheit gegenüber dem Großmachtstreben des Königs → Philipp von → Makedonien kämpfte. In den *Philippischen Reden* versuchte er ganz Griechenland zum Freiheitskampf gegen Philipp aufzurütteln. 340 v. Chr. wurde er von den Athenern in Anerkennung seiner Verdienste mit einem goldenen Kranz geehrt, worum es noch zu einem Prozess durch seinen Gegner → Aischines kam, der erst 330 mit der berühmten *Kranz-Rede* des D. seinen für D. positiven Abschluss fand. Der von ihm 339 ins Leben gerufene hellenische Bund gegen Philipp schlug 338 in der Schlacht bei → Chaironeia endgültig fehl, die athen. Unabhängigkeit ging verloren. Nach Philipps Tod versuchte D. die Athener zum Aufstand gegen → Alexander d. Gr. zu bewegen. 324 wurde er wegen Bestechung durch Harpalos zu 50 → Talenten Strafe verurteilt, entzog sich aber der Strafe durch Flucht; nach Alexanders Tod triumphale Heimkehr. Bald darauf floh er aber, von dem Diadochen Antipatros, der Athen eingenommen hatte, zum Tode verurteilt, auf die Insel Kalaureia, wo er im Tempel des → Poseidon, von den Verfolgern gegen das Asylrecht umstellt, Gift nahm.

Denar (lat. *denarius*), röm. Silbermünze, 268 v. Chr. eingeführt, ursprünglich je 10 → As wert. → Geld.

Deukalion, in der gr. Sage Sohn des → Prometheus, entrann zusammen mit seiner Frau Pyrrha der Sintflut, durch die → Zeus das Menschengeschlecht vernichtete; mit dem hölzernen Kasten, den D. auf Anraten seines Vaters Prometheus gebaut hatte, landeten sie nach 9 Tagen auf dem

→ Parnass. Um die Erde wieder zu bevölkern, erhielten sie vom → Orakel der → Themis oder durch eine besondere Botschaft des Zeus die Weisung, »die Gebeine ihrer Mutter« über die Schulter zu werfen. D. bezog das auf die Steine der Mutter Erde, und in der Tat wurden die von Deukalion geworfenen Steine zu Männern, die von Pyrrha geworfenen zu Frauen. Durch seinen Sohn → Hellen wurde D. zum Stammvater der Hellenen.

Deus ex machina (lat. »Gott aus der Maschine«), in der gr. Tragödie der durch eine Maschine in einem Korb vom Dach des Bühnengebäudes herabgelassene Gott, der die unlösbaren Konflikte durch sein Eingreifen löste.

Diadochen (gr. »Nachfolger«), die Feldherrn → Alexanders d. Gr., die nach dessen Tod (323 v. Chr.) in wechselvollen Kämpfen sein Reich aufteilten. Nach langen Kämpfen untereinander entstanden seit etwa 280 v. Chr. 4 große hellenistische Reiche: → Ägypten unter den → Ptolemäern, Syrien unter den → Seleukiden, → Makedonien unter den Antigoniden und → Pergamon unter den Attaliden.

Diana, altitalische Mondgöttin. Mancherorts wurde D. als Frauen- und Geburtsgöttin, mit → Lucina gleichgesetzt, verehrt. In der Kaiserzeit wurde D., identisch mit → Artemis, als Jägerin verehrt.

Dido, in der gr. Sage Königstochter aus → Tyros und Gründerin → Karthagos. Sie floh nach der Ermordung ihres Mannes durch ihren Bruder Pygmalion nach Libyen, wo sie von König Jarbas so viel Land erwarb, wie eine Rinderhaut bedecken könne. Nach der Sage hat sie die Haut in dünne Streifen geschnitten und damit das Gebiet der späteren Burg von Karthago abgesteckt. Nach der röm. Überlieferung (→ Naevius, → Vergil) tötete sie sich, nachdem → Aeneas, der auf seiner Fahrt nach Karthago verschlagen wurde, sie verlassen hatte.

Didyma, berühmtes Orakelheiligtum → Apollons, südlich von → Milet. Nach der Niederlage Milets im jonischen Aufstand 494 v. Chr. wurde der Tempel von den

→ Persern zerstört. → Alexander d. Gr. begann den Bau eines großen jonischen Tempels, der aber nie vollendet wurde.

Dike, die Göttin der Gerechtigkeit, bei → Hesiod Tochter des → Zeus und der → Themis; sie genoss nie kultische Verehrung.

Diktator, Beamter in Rom mit außerordentlichen Vollmachten. In Zeiten großer Gefahr wurde auf Veranlassung des → Senats durch die → Konsuln aus den Reihen der → Konsularen ein D. bestimmt, der für die Dauer von höchstens 6 Monaten mit uneingeschränkter Macht ausgestattet war und nicht zur Verantwortung gezogen werden konnte. Zu seiner Unterstützung bestimmte er seinerseits einen *Magister equitum.* → Sulla und → Caesar verwendeten den alten Titel zur Bemäntelung einer völlig andersartigen Machtstellung.

Diogenes von Sinope, 400/390–328/323 v. Chr., der Begründer der kynischen Philosophie. Als Schüler des → Antisthenes predigte er als Wanderlehrer ein Leben der Bedürfnislosigkeit und verachtete die geltenden Sittengesetze, wodurch er zum Urbild der kynischen Schamlosigkeit wurde. Bereits zu seinen Lebzeiten rankten sich zahlreiche Anekdoten um ihn.

Diogenes Laërtios, aus → Kilikien, gr. Schriftsteller des 3. Jh.s n. Chr. Seine Philosophengeschichte in 10 Büchern *Über Leben und Ansichten der Philosophen* ist wegen des wertvollen Materials, das D. aus den verschiedensten Quellen zusammengetragen hat, von großer Bedeutung; besonders das Buch über → Epikur ist für unsere Kenntnis der epikureischen Philosophie wichtig.

Diokletian. Gaius Aurelius Valerius Diocletianus, röm. Kaiser 284–305 n. Chr., aus Diokleia in Illyrien, Sohn eines Freigelassenen. Diente sich vom einfachen Soldaten zum Befehlshaber der kaiserlichen Leibgarde empor und wurde 284 n. Chr. nach der Ermordung Numerians in Nikomedeia von der Orientarmee zum Kaiser ausgerufen.

Das → Imperium ordnete er neu nach 3 Gesichtspunkten: a) Teilung der Regierungsgewalt: D. ernannte seinen Freund → Maximian zum gleichberechtigten Mitkaiser (Augustus) im Westen; b) Sicherung der Thronfolge: Beide Augusti ernannten je einen Unterkaiser (Caesar), D. den → Galerius, Maximian den → Constantius Chlorus. Die Caesares sollten Nachfolger der Augusti werden und dann ihrerseits Caesares ernennen. So entstand die als Tetrarchie (»Vierherrschaft«) bekannte Regierungsform; c) Stärkung der kaiserlichen Macht: Durch die Verlagerung der Regierung auf 4 Männer sollte das kaiserliche Regiment mehr Festigkeit und Dauer erhalten. D. behielt sich allerdings die oberste Leitung der Reichspolitik vor und übernahm den Osten, während Maximian den Westen regierte.

Auf einer Konferenz in Mailand wurde 288 n. Chr. die Trennung von militärischer und ziviler Gewalt vollzogen. 294 stabilisierte er die Währung durch eine Höchstpreisverordnung. Mit der Provinzreform von 297 wurde das Reich in 4 Präfekturen eingeteilt: Gallien, Italien, Illyrien, Orient. Mit seinen Edikten der Jahre 303 und 304 leitete er eine allgemeine Christenverfolgung ein. Unter seiner Regierung mussten zahlreiche Aufstände in den → Provinzen des Reiches niedergeworfen werden. Als D. ernsthaft erkrankte, beschloss er, zusammen mit Maximian abzudanken, und zog sich in seinen Palast in Spalatum (heute Split) in Dalmatien zurück, wo er nach einem Leben in ländlicher Muße 313 (oder 316) starb.

Diomedes, sagenhafter König von → Argos, zeichnete sich im → Trojanischen Krieg durch seine stürmische, auch vor → Ares und → Aphrodite nicht zurückschreckende Kampfwut aus; davon kündet vor allem das 5. Buch der *Ilias*.

Dion von → Syrakus, Schwager → Dionysios' d. Ä., 409–354 v. Chr.; 388 v. Chr. lernte er in Syrakus → Platon kennen, dessen Schüler er wurde und den er zu mehreren

Reisen nach Syrakus veranlasste, um hier eventuell seine politischen Vorstellungen in die Praxis umzusetzen. Durch die Verbannung D.s wurden diese Bemühungen allerdings vereitelt. Da ein Vermittlungsversuch Platons scheiterte, ging er 357 mit einem Söldnerheer gegen Syrakus vor, das er 355 endgültig in seine Hand brachte. Bestrebt, einen platonischen Staat zu begründen, scheiterte D. am Zwiespalt von Ideal und Wirklichkeit. 354 v. Chr. endete D. durch Meuchelmord.

Dion Cocceianus aus Prusa in → Bithynien, genannt Chrysostomos (»Goldmund«), um 40–120 n. Chr., berühmter gr. Redner und kynisch-stoischer Popularphilosoph, von Musonius Rufus, dem Lehrer → Epiktets, für die stoische Philosophie gewonnen. Nach langen Wanderjahren aufgrund der Verbannung durch → Domitian lebte er, unter → Nerva und → Trajan wieder in hohen Ehren, in → Rom; er kämpfte gegen die dekadente Zivilisation der röm. Kaiserzeit und predigte die Rückkehr zur Natur.

Dionysien, Fest des Gottes → Dionysos, im März/April gefeiert.

Dionysios. – **1.** D. der Ältere (I.), 405–367 v. Chr. Tyrann von → Syrakus. Unterwarf auch die anderen Städte Ostsiziliens. Seit 392 v. Chr. beherrschte er zwei Drittel der Insel. Auch Süditalien konnte er in sein Herrschaftsgebiet einbeziehen. – **2.** D. der Jüngere (II.), Sohn und Nachfolger → Dionysios' d. Ä.; Bewunderer → Platons, den er zweimal (366 und 361) einlud. – **3.** D. aus → Halikarnassos, gr. Rhetor und Geschichtsschreiber des 1. Jh.s v. Chr.; lebte seit 30 v. Chr. in → Rom und schrieb bis 7 v. Chr. eine *Römische Altertumskunde* in 20 Büchern (erhalten 1–10), die bis zum Beginn des 1. → Punischen Krieges reichte.

Dionysos, auch Bakchos genannt, lat. Bacchus (altlat. Liber), Gott der Fruchtbarkeit, bes. des Weinbaus, Sohn des → Zeus und der thebanischen Prinzessin → Semele, die sterben musste, als ihr Zeus – entsprechend ihrem Wunsch

Dionysos. Ausschnitt aus einer attischen Amphora des Berliner Malers. Um 470 v. Chr.

– in göttlicher Gestalt, und zwar im Blitz, erschien. Zeus trug das noch ungeborene D.-Kind in seinem eigenen Schenkel aus. Der D.-Kult zeichnete sich durch Ausgelassenheit und Zügellosigkeit aus. Seine Gottesgewalt überkam zunächst die → Frauen. In ekstatischer Raserei durchschwärmten sie Berg und Wald. Man nannte diese rasenden Frauen Mänaden. Als Begleiter des D. traten → Silene und → Satyrn auf. Kennzeichen des D. und der Mänaden war der Thyrsos, ein Stab mit einem Pinienzapfen. Außer dem Weinstock war ihm der Efeu heilig. → Ariadne war die Gemahlin des D. Sein Hauptfest waren in

→ Athen die Großen Dionysien, deren Höhepunkt die Aufführungen von Tragödien und Komödien waren. Dargestellt wurde D. bis Ende des 5. Jh.s v. Chr. als bärtiger Mann mit Efeukranz um das Haupt und einem Trinkgefäß in der Hand.

Dioskuren (»Söhne des Zeus«), die Zwillinge Kastor und Polydeukes, lat. Pollux; Söhne der → Leda, Brüder der → Helena. Sie zeichneten sich durch viele Heldentaten aus, Kastor besonders als Rossebändiger, Polydeukes als Faustkämpfer. Sie wurden als Sternbilder, Helfer in der Schlacht und Retter in Seenot verehrt. Aus dem gr. Unteritalien kam ihr Kult nach → Rom.

Diptychon, doppelte Schreibtafel; 2 durch Gelenke oder Bänder verbundene Täfelchen aus Holz, Elfenbein oder Metall, die innen mit einer Wachsschicht überzogen waren, in die man mit dem Griffel Aufzeichnungen machte.

Dipylon, Doppeltor, Haupttor in der Mauer des alten → Athen, mit 2 Durchgängen, am → Kerameikos; davor lag der Hauptfriedhof Athens, wo bis zu 2 m hohe Tongefäße (Dipylonvasen) mit Bemalung in → geometrischem Stil ausgegraben wurden.

Dodona, gr. Orakel, dem → Zeus heilig, in einem Gebirgstal von → Epirus gelegen, schon von → Homer erwähnt, bestand es bis zum Ausgang der Antike. In D. wurde ein Theater mit 63 Sitzreihen für 18 000 Zuschauer ausgegraben; in der Nähe von D., am Zusammenfluss des → Acheron und des → Kokytos, wurden die Tore zu den unterirdischen Höhlen, die als Eingang zur Unterwelt galten, freigelegt.

Domitian. Titus Flavius Domitianus, röm. Kaiser 81–96 n. Chr., der jüngere Sohn → Vespasians, Bruder des → Titus, dessen Nachfolge er 81 n. Chr. antrat. Im Innern regierte er streng, ordnete besonders die Rechtspflege. Er versuchte, die Überproduktion einzuschränken, welche die Preise der landwirtschaftlichen Erzeugnisse drückte. Auch begünstigte er die Städtebildung in den → Provinzen und den Handel, der sich im Osten mit China und vor allem mit Indien entwickelte. Als leidenschaftlicher Bauherr vollendete er das von seinem Vater begonnene → Forum und errichtete auf dem → Palatin den riesigen Flavischen Palast, flankiert von den unter dem Namen Hippodrom bekannten Gärten. Nach außen war er erfolgreich in → Britannien, nach den Kämpfen von 89 gegen die Germanen richtete er die Gebiete des linken Rheinufers als Provinzen (Germania superior, inferior) ein; die oberrheinischen Gebiete sicherte er durch den Grenzwall (→ Limes). Nach vielen fehlgeschlagenen, mit größter Grausamkeit geahndeten Verschwörungen wurde er 96 ermordet.

Dorier, gr. Volksstamm, der zuletzt, am Ende des 2. Jt.s v. Chr., in Griechenland eingewandert ist. Die D. waren ursprünglich im Norden Griechenlands, in der Landschaft Doris, südlich von Thessalien, ansässig. Im Verlauf der Dorischen Wanderung besetzten sie seit etwa 1150 v. Chr. in der → Peloponnes die Landschaften Argolis, Lakonien und → Messenien, die Südwestküste von Kleinasien (→ Halikarnassos, → Knidos, → Kos, → Rhodos) und einige Inseln des Ägäischen Meeres (→ Kythera, → Rhodos, → Kreta). Von → Korinth und Lakonien aus gründeten die D. Niederlassungen in Westgriechenland, auf → Sizilien und in Unteritalien.

Dorische Säulenordnung → Säulenordnung.

Drachme, Gewicht (4,3 g) und Währungseinheit im alten Griechenland. Alle gr. Währungen bauten auf der D. auf. 6000 D.n ergaben ein → Talent. Die Kaufkraft der D. schwankte. Zu → Solons Zeiten kostete ein Stier z. B. 5 D.n. → Geld.

Drakon, athen. Aristokrat, den 621 v. Chr. der Adel mit der Aufzeichnung des Gewohnheitsrechts beauftragte; die Strenge seiner Gesetze wurde sprichwörtlich: drakonisch = sehr streng. Auf D. geht die Unterscheidung zwischen vorsätzlichem Mord, Totschlag und nicht strafbarer Tötung zurück.

Dreißig Tyrannen, die oligarchische Regierung, die in → Athen nach der Niederlage im → Peloponnesischen Krieg 404 v. Chr. durch → Lysander eingesetzt wurde und ein Gewaltregiment führte, bis sie 403 bereits wieder durch Thrasybulos gestürzt wurde.

Drusus. Nero Claudius D., Sohn des Tiberius Claudius Nero und der → Livia Drusilla, geboren 3 Monate nach deren 2. Ehe mit → Augustus (38 v. Chr.). Mit seinem Bruder → Tiberius, dem späteren Kaiser, unterwarf er 15 v. Chr. die Räter. Als Statthalter der gallischen Provinzen (seit 13 v. Chr.) führte er dauernd Krieg gegen die → Germanen, 12–9 stand er am Rhein. Im Auftrag des Augustus, die Grenze bis an die Elbe vorzuschieben, gelangte D. bis dorthin. Vor einem weiteren Vorrücken soll er durch eine german. Seherin gewarnt worden sein. Ein Sturz vom Pferd während des Rückmarsches machte seinem Leben ein Ende (9 v. Chr.). Tief betrauert vom Volk, hinterließ er 3 Kinder: → Germanicus, den späteren Kaiser → Claudius und → Livia Julia. Durch die Errichtung von Kastellen am Rhein und im freien Germanien hatte D. die Voraussetzung für künftige Aktionen gegen die Germanen geschaffen.

Duumviri (*iuri dicundo*) hießen in den röm. Landstädten und Kolonien die beiden höchsten Beamten, die ähnlich wie die → Konsuln in Rom regierten und jährlich wechselten. Sie waren die obersten Stadtrichter, Präsidenten des städtischen → Senats und Aufseher über die ganze städtische Verwaltung.

E

Eirene (gr. »Frieden«, Friedensgöttin), im Mythos eine Tochter des → Zeus und der → Themis.

Elegie, in der Antike jedes Gedicht in Distichen mit Ausnahme des → Epigramms. Bei den Griechen ein ursprünglich zur Flöte beim Symposion vorgetragenes, später rezitiertes Lied mit vielfältiger Thematik: Klage, Morallehre, Kampfruf, Politik, Betrachtung, Lebensgenuss, Widmung an einen Gott, Liebe. Die E. entstand im 7. Jh. v. Chr. in → Jonien. Hauptvertreter sind: → Tyrtaios, Mimnermos, → Solon, Theognis, in hellenistischer Zeit → Kallimachos. – Bei den Römern, die die E. gegen Ende der → Republik übernahmen, wird sie zunächst als Ausdruck der Liebessehnsucht, dann als Klagelied entwickelt. Neben Mythologie und Trauergesängen steht nunmehr an beherrschender Stelle die Liebessehnsucht nach der Geliebten. Hauptvertreter: Cornelius → Gallus, → Catull, → Tibull, → Properz, → Ovid.

Elektra, in der gr. Sage Tochter des → Agamemnon und der → Klytaimnestra, Schwester von → Iphigenie und → Orest; unterstützte ihren Bruder bei der Blutrache an → Aigisthos und Klytaimnestra. Tragödien von → Aischylos (*Choephoren*), → Sophokles (*E.*) und → Euripides (*E.*) sind erhalten.

Elis, Küstenlandschaft in der westlichen → Peloponnes, in der → Olympia liegt.

Elysion, lat. Elysium, bei den Griechen das Land der Seligen, ein paradiesischer Ort, am Westrand der Erde, jenseits des Ozeans, wohin die Lieblinge der Götter versetzt werden, ohne den Tod zu erleiden; gleichbedeutend mit den Inseln der Seligen. Später bildete sich der Glaube, dass die Frommen und Gerechten nach ihrem Tod in das E. entrückt werden, das z. T. in der Unterwelt angesiedelt wurde.

Empedokles von → Akragas, um 500–430 v. Chr., Naturphilosoph und Arzt; nach einer Legende soll er sich in den Krater des → Aetna gestürzt haben. Er sammelte eine große Jüngerschar um sich, die ihn von Stadt zu Stadt begleitete und als Gott verehrte. Reste seiner epischen Lehrgedichte *Perí phýseos* (»Über die Natur«) und *Katharmoí* (»Reinigungen«) sind erhalten. Er sah in den 4 Elementen Erde, Feuer, Wasser, Luft den Urgrund aller Dinge und erklärte Werden und Vergehen in der Welt als durch die Grundkräfte »Liebe und Streit«, d. h. durch Anziehung und Abstoßung, bewirkte Mischung dieser Elemente. Die *Reinigungen* behandeln das Schicksal der menschlichen Seele: Sie hat Schuld auf sich geladen und wurde aus der Nähe Gottes in die Irrsal dieser Welt geworfen; Erlösung ist durch z. T. orphische Reinheitsvorschriften möglich. Der Einfluss des E. war sehr stark: auf → Platon, → Aristoteles, → Zenon, die Epikureer, → Poseidonios, → Lukrez.

Ennius. Quintus E., 239–169 v. Chr., aus Rudiae bei Tarent in → Kalabrien. 216 v. Chr. erlebte er → Roms Erniedrigung bei → Cannae und dessen Erneuerung. 204 diente er selbst im kalabrischen Hilfskorps auf Sardinien, wo ihn der ältere → Cato kennen lernte und nach Rom brachte. Hier lebte E. als Griechisch-Lehrer und Dichter, gefördert vom Scipionenkreis. 184 erhielt er das röm. Bürgerrecht. E., der sich mit freien Übertragungen und Nachdichtungen des → Aischylos und des → Euripides um die Vermittlung gr. Literatur verdient machte, gilt als der eigentliche Begründer der lat. Dichtersprache; sein bedeutendstes Werk, zugleich das erste der röm. Literatur, war das → Epos *Annales* (in 18 Büchern), eine Geschichte Roms von → Aeneas bis zum 1. → Punischen Krieg. Die Römer sahen in dem Werk ihr Nationalepos, bis → Vergils *Aeneis* erschien. Durch die *Annales* führte er, in Anlehnung an → Homer, statt des altertümlichen → Saturniers den daktylischen → Hexameter in Rom ein.

Epameinondas, 420–362 v. Chr., aus → Theben; nach

der Befreiung Thebens von der durch → Sparta gestützten Oligarchenregierung 379 v. Chr. wurde E. zusammen mit Pelopidas zum Führer des böotischen Bundes gewählt. 371 begründete er durch seinen Sieg über Sparta bei Leuktra die Vormachtstellung Thebens in Griechenland. 362 besiegte er in einer letzten Schlacht nochmals die Spartaner, fand aber dabei den Tod. Die von ihm eingeführte Kampftaktik, die sog. schiefe Schlachtordnung, übernahmen die Makedonier → Philipp und → Alexander d. Gr.

Ephẹben, die Jünglinge zwischen 18 und 20 Jahren in → Athen. Mit 18 Jahren wurden die jungen Männer durch Eintragung in die Bürgerliste für volljährig und bürgerlich selbständig erklärt und erhielten vom Staat eine einjährige militärische Ausbildung. Dann leisteten sie den Waffeneid und dienten ein Jahr als Grenzwächter. Mit 20 Jahren erhielt der E. das Recht, an der → Volksversammlung teilzunehmen.

Ẹphesos, um 1100 v. Chr. von den Griechen besiedelt, eine der bedeutendsten Städte der Antike an der Westküste Kleinasiens. Neben → Milet die früheste gr. Münzstätte (7. Jh. v. Chr.). Nach dem Fall Milets (494 v. Chr.) stieg E. zur reichsten und mächtigsten unter allen jonischen Städten auf. Nach Jahrzehnten der Unabhängigkeit wurde E. durch den Frieden des → Antalkidas (386 v. Chr.) den → Persern wieder tributpflichtig. Der berühmte Tempel der → Artemis brannte 356 v. Chr. ab, aber die kleinasiatischen Griechen bauten ihn in solcher Pracht und Größe wieder auf, dass er unter die → sieben Weltwunder gerechnet wurde. → Alexander d. Gr. stellte nach seinem Sieg am Granikos (334) die → Demokratie in E. wieder her. Gegen → Rom mit → Antiochos III. verbündet, fiel E. nach dessen Niederlage 190 v. Chr. an den König von → Pergamon, Eumenes II.; nach dem Tode Attalos' III. wurde E. Hauptstadt der röm. → Provinz Asia; 88 v. Chr. wurden in E. und in der → Provinz Asia an einem einzigen Tag auf Befehl des → Mithridates alle Römer ermordet; es sollen an die 80 000 gewesen sein. 56–58 hielt sich hier der Apostel Paulus auf.

Ephoren, in → Sparta eine auf 1 Jahr gewählte Aufsichtsbehörde von 5 Beamten über die Könige, über die Gesetze, die Knabenerziehung und die Lebensführung. Sie selbst waren nur ihren Nachfolgern Rechenschaft schuldig.

Epidauros, Kurort in der nordöstl. → Peloponnes am Saronischen Golf gelegen, Kultstätte des → Asklepios. In dessen Tempel, 10 km von E. entfernt, suchten die Kranken Heilung durch Schlaf. Weihinschriften berichten von Heilungen. In E. steht das am besten erhaltene antike Theater (für 30 000 Zuschauer).

Epigramm (gr. *epígramma* »Inschrift, Aufschrift«), urspr. Aufschrift auf Gebäuden, Kunstwerken, Weihgeschenken, Grab- und Denkmälern in der metrischen Form des elegischen Distichons, von prägnantester Kürze des Ausdrucks. Seit Ende des 6. Jh.s verlor es seine ursprüngliche Funktion und wurde im Buch-E. zu einer eigenen literarischen Gattung mit einer unbegrenzten Vielfalt in der Thematik: Gefühle, Stimmungen, geistreiche Gedanken, Geselligkeit, Liebe, Kunstkritik, Politik, Spott, Verherrlichung von Göttern und Helden. Als Begründer des E.s gilt → Simonides von Keos (556–468 v. Chr.) mit der Grabschrift für die Thermopylenkämpfer. Von der Beliebtheit des E.s in Griechenland zeugt die Sammlung von über 3600 E.en, die sich in der berühmten Palatinischen Sammlung erhalten haben. – Die Römer übernahmen von den Alexandrinern das E., das ja in seiner Prägnanz zum röm. Wesen passte: → Ennius als Erster, dann → Catull und schließlich → Martial, der dem E. den straffen satirischen Charakter gab, den wir bis heute im E. beobachten.

Epiktet(os), stoischer Philosoph, um 50–130 n. Chr., aus Hierapolis in → Phrygien, lehrte bis 89 n. Chr. in → Rom Philosophie, gründete daraufhin in Nikopolis (→ Epirus) eine Philosophenschule. Seine Vorlesungen wurden von seinem Schüler → Arrian als »Unterredungen« aufgezeichnet, woraus Arrian auch die Grundzüge der Lehre E.s in dem »Handbüchlein der Moral« (*Encheirídion*) zusammenstellte.

Epikur(os), 341–270 v. Chr., Sohn eines athen. Kolonisten auf → Samos, 323 Militärdienst in → Athen, wo er sich 306 dauerhaft niederließ, um eine eigene Schule zu gründen. Im Mittelpunkt seiner Lehre steht die *eudaimonía*, die individuelle Glückseligkeit des Menschen, deren Wesen die Lust, nicht die rohe Sinnesbefriedigung ist; Lust besteht in der Freiheit der Seele von Schmerz. Durch Vernunft, das Geschenk der Götter, müssen die Triebe in eine lustgemäße Übereinstimmung (*symmetría*) gebracht werden, wodurch zugleich Leidenschaftslosigkeit, Gemütsruhe (*ataraxía*) erzielt wird. Deshalb hält sich der Weise fern von der Politik. Insbesondere strebte E. in seiner Philosophie danach, die Ursachen jeglicher Furcht aufzuheben. So hat die Naturerkenntnis die Funktion, die Menschen von den Schrecknissen des Aberglaubens, der Religion und der Furcht vor dem Tode zu befreien. Denn nach seiner Naturlehre, die im Wesentlichen die Atomlehre des → Demokrit ist, entstehen und vergehen die Lebewesen wie die Seele, die aus feinsten, leichtesten und beweglichsten → Atomen besteht. Mit dem Tod zerstreuen sich die Seelenatome, und die individuelle Existenz hört auf, ein Fortleben in der → Unterwelt gibt es nicht; deshalb ist Todesfurcht grundlos. Ebenso ist Gottesfurcht unnötig, denn die Götter leben in den Zwischenräumen zwischen den Welten ewig und selig, ohne sich um die Welt und die Menschen zu kümmern. Die Pflege wahrer Freundschaft war besonderes Kennzeichen der Schule Epikurs. Von dem starken Einfluss auf die gebildeten Griechen und Römer zeugt noch die Dichtung des Römers T. → Lucretius Carus. Schon früh erhielt das Wort »Epikureer« bei den Römern den Beigeschmack des Genussmenschen, da der Epikureismus eine immer stärkere Vergröberung erfuhr.

Epirus, die westlichste Landschaft Nordgriechenlands,

gegenüber der Insel → Kerkyra. Von illyrischen Stämmen bewohnt, seit dem 4. Jh. v. Chr. vom molossischen Königshaus regiert, dessen hervorragendster Herrscher → Pyrrhos war. 230 v. Chr. wurde es → Republik und 148 v. Chr. röm. → Provinz.

Epos, Großform der erzählenden Dichtung, meist Darstellung von Stoffen der Götter- und Heldensage, aber auch Lehrhaftes, Lehrgedichte; in Versform, bei den Griechen meist im daktylischen → Hexameter. Jedes längere Gedicht in Hexametern galt in der Antike als E. → Homers Epen *Ilias* und *Odyssee* sind die ältesten erhaltenen europäischen Epen, sie wurden von Rhapsoden rezitiert, wobei der Vortrag durch das Versmaß, feste Redewendungen und wiederkehrende Beiwörter, durch feste Halb- und Ganzverse erleichtert wurde. Seit → Peisistratos trug man an den staatlichen Festen die homerischen Epen vor, die auch im Schulunterricht bis zur Zeit des → Augustinus von Bedeutung waren. Im Gegensatz zu diesen Volksepen, an denen viele Dichter gearbeitet und gefeilt haben, sind die späteren Epen (in hellenistischer Zeit) Kunstepen, die von Gelehrten-Dichtern nach gründlichem Studium der Mythen und der homerischen Sprach- und Versform verfasst wurden: z. B. die *Argonautika* des → Apollonios von Rhodos, die *Dionysiaka* des → Nonnos, *Hero und Leander* von Musaios. – Die röm. Ependichtung, die von Anfang an unter gr. Einfluss stand, begann mit der Übersetzung der *Odyssee* durch → Livius Andronicus um 240 v. Chr. im Versmaß des → Saturniers. → Naevius (1. → Punischer Krieg) und → Ennius bearbeiteten dagegen bereits nationale Stoffe; Ennius führte mit seinen *Annalen* den daktylischen Hexameter in Rom ein, der künftig allein geltend blieb. Dann entwickelte → Lukrez diese Gattung weiter durch sein Lehrgedicht *De rerum natura*, bis schließlich → Vergil in seiner *Aeneis* das Nationalepos der Römer schuf.

Epyllion, Kleinform des Epos, in → daktylischen Hexa-

Athen. Akropolis. Korenhalle am Erechtheion

metern, oft mythologischen Inhalts, für ein gelehrtes Publikum, vollendet in Form und Versbau. In Anlehnung an das Muster, das → Kallimachos mit seiner *Hekale* aufstellte, verfassten Euphorion und → Catull Epyllien.

Erato, → Muse, Schutzherrin der erotischen und hymnischen Dichtung.

Eratosthenes von → Kyrene, um 285–205 v. Chr., Schüler des → Kallimachos, 235 Leiter der Bibliothek in → Alexandria, gr. Schriftsteller und Gelehrter (Mathematiker, Geograph, Astronom). Er wies die Möglichkeit der Erdumseglung nach, errechnete einen Erdumfang von 45 000 km. Als Dichter behandelte er Sternsagen in den *Katasterismoi* und verfasste Kleinepen.

Erechtheion, neben dem → Parthenon der wichtigste Bau der → Akropolis in → Athen, Musterbau des jonischen Stils, Tempel des sagenhaften Königs Erechtheus, 421–406 v. Chr. erbaut. Die ungewöhnliche Grundrissform erklärt sich aus der Notwendigkeit, verschiedene alte Kultstätten in einem Bau unterzubringen: in der Ost-Cella ein angeblich vom Himmel gefallenes, hölzernes Kultbild der → Athene, die Nordhalle mit der Stelle, an der → Poseidon einen Salzquell hervorsprudeln ließ; im Süden die Karyatiden- oder Korenhalle, benannt nach den Mädchenfiguren, die das jonische Gebälk tragen.

Erinyen, gr. *Erinýes*, lat. *Furiae*, gr. Rachegöttinnen, die, in der Unterwelt wohnend, unerbittlich jeglichen Frevel unter Verwandten bestrafen. Die E. waren vermutlich ursprünglich Personifizierungen der Rache suchenden Seelen Ermordeter. Namentlich sind 3 bekannt: Alekto, Megaira und Tisiphone. Unter dem besänftigenden Namen *Eumenides* (»die Wohlgesinnten«) wurden sie unterhalb des → Areopags kultisch verehrt.

Eris, Schwester des → Ares, Göttin des Streites, Tochter der Nacht (Nyx); bei der Hochzeit des Peleus mit der → Thetis warf E. einen goldenen Apfel mit der Aufschrift »Der Schönsten« unter die Gäste, um den sich unter den Göttinnen → Hera, → Athene und → Aphrodite ein Streit entfesselte. Der zum Schiedsrichter bestellte troische Prinz → Paris sprach ihn der Aphrodite zu, weil sie ihm die schönste Frau der Welt versprochen hatte; mit Hilfe der Aphrodite entführte er → Helena, die Frau des Königs von → Sparta, → Menelaos. Das war der Anlass zum → Trojanischen Krieg.

Eros, lat. *Amor*, *Cupido*, der gr. Gott der Liebe, Sohn der → Aphrodite und des → Ares; nackt, geflügelt, meist kindlich dargestellt, mit Pfeil und Bogen, schießt er den Menschen ins Herz und zwingt sie zur Liebe. Für → Platon war er nicht Gott, sondern Dämon, der zur Schau des Schönen an sich führt.

Etrusker, gr. *Tyrrhenoí*, lat. *Tusci*, in Etrurien (Toskana) wohnendes Volk, dessen Herkunft umstritten ist. Wahrscheinlich sind sie im 9. Jh. v. Chr. von Kleinasien her zur See in Italien eingewandert. Im 8. Jh. v. Chr. haben sie vermutlich das Innere Etruriens besiedelt. Seit dem 6. Jh. v. Chr. dehnten sie ihre Macht bis in die Po-Ebene und nach → Kampanien aus. Zeitweise beherrschten die E. als Piraten das westliche Mittelmeer, auch unterhielten sie intensive Handelsbeziehungen zu den Griechen und Karthagern. Den wirtschaftlichen Reichtum ihres Landes verdankten die E. den Bodenschätzen und der Fruchtbarkeit. Ende des 6. Jh.s setzte der Niedergang der E. ein. Bei Aricia erlitten sie eine Niederlage durch die mit → Cumae verbündeten → Latiner; 474 wurden sie durch → Hieron I. von → Syrakus besiegt; 424 Verlust von → Capua. 396 Verlust der Königsstadt → Veji und durch den Galliereinbruch 390 Verfall der etr. Macht in der Po-Ebene. Im 3. Jh. v. Chr. gerieten die Stadtstaaten nach und nach unter röm. Oberhoheit. Weiterhin fortschreitende Romanisierung des Landes, bis zur endgültigen Okkupation im Bundesgenossenkrieg (91–89), in dem → Sulla die Bürgerschaften der letzten etr. Städte ausrottete, um dort seine Veteranen anzusiedeln. – Die etr. Kunst, von der besonders die Reste der Baudenkmäler und die Funde in den Gräbern zeugen, übernahm zunächst die bodenständigen Formen der Terramare- und Villanova-Kultur. Eine große Zahl von herrlichen Wandgemälden ist in den Grabanlagen der Nekropolen erhalten. Charakteristisch ist auch die etr. Religion: Opferdeutung, Eingeweideschau, Ausdeutung von Wetterzeichen und Vogelflug. Der Glaube an ein Weiterleben der Seele nach dem Tode erforderte die Herstellung von Urnen und den Bau von Grabstätten in Häuserform, Opferfeiern und Leichenspiele (→ Gladiatoren).

Die Römer übernahmen von den E.n viele Kulturgüter: Häuserbau (gedeckter Hof mit Öffnung in der Decke), den Bau der sorgfältig gepflasterten Heerstraßen, der Tempel und Abwasseranlagen, darüber hinaus politische und religiöse Einrichtungen: → Liktoren, elfenbeinerne

Sessel (*sella curulis*), Purpurstreifen als Amtsabzeichen, Eingeweide- und Vogelschau.

Es gibt etwa 10 000 Funde in etr. Schrift, wovon bisher nur einzelne Namen und Wörter als sicher gelten dürfen; alles Übrige, Weih- und Eigentümerinschriften auf Votivgaben und Geräten, ist noch nicht entschlüsselt. Die etr. Schrift geht auf ein westgr. Alphabet zurück.

Euböa, nach → Kreta zweitgrößte Insel Griechenlands, der gr. Ostküste vorgelagert, durch einen schmalen Meeresarm vom Festland getrennt, durchwegs gebirgig. Die bedeutendsten Städte waren Eretria und Chalkis, die als erste Griechenstädte im 8. und 7. Jh. in → Sizilien und Unteritalien (→ Cumae) und auf der → Chalkidike Kolonien gründeten. Nachdem die Athener 506 auf der Insel Fuß gefasst hatten, gehörte sie dem → Attischen Seebund an; 446 fiel sie ab, 445 unterwarf sie → Perikles. 338 fiel sie an → Makedonien; 146 v. Chr. wurde sie röm. → Provinz.

Euklid, um 300 v. Chr., gr. Mathematiker in → Alexandria. Sein Lehrbuch *Elemente* (in 13 Büchern) behandelt die Planimetrie, die Arithmetik, die irrationalen Zahlen und die Stereometrie.

Eumeniden → Erinyen.

Eupolis aus → Athen, um 450–410 v. Chr., neben → Kratinos und → Aristophanes der bedeutendste Vertreter der Älteren Komödie. Erste Aufführung 429 v. Chr. Mit 14 Komödien, wovon nur Bruchstücke erhalten sind, errang er 7 Siege.

Euripides, um 480–406 v. Chr., dritter und letzter der 3 großen gr. Tragiker. Als Sohn eines Gutsbesitzers auf → Salamis geboren, in → Athen lebend, gestorben in → Makedonien am Hofe des Königs → Archelaos. Er war wohl Schüler der → Sophisten, die in seiner Zeit nach Athen gekommen waren und ihn stark beeinflussten. Im Gegensatz zu → Aischylos und → Sophokles zog E. Folgerungen aus der ethischen und religiösen Erschütterung seiner Zeit. Er brachte neue Probleme auf die Bühne, wozu er auch viele Sagen abgeändert hat. Seine Tragödien sind beherrscht von den Konflikten der Menschen mit sich selbst und anderen, ihrer Klage und Anklage der Weltordnung, von der Frage nach dem Wesen der Götter und nach der Stellung des Menschen in der Welt. Er vertrat dabei stets moderne Ansichten, die seine Zeitgenossen zu heftigen Diskussionen anregten. E. ist ein Meister der Darstellung des Seelenlebens seiner Helden, insbesondere zeigte er die Tiefen der weiblichen Seele in ihrer Leidenschaftlichkeit; so stehen erstmalig bei E. Frauen im Mittelpunkt einer Tragödie. Unter dem Einfluss der → Rhetorik bediente er sich einer geschliffenen, klaren Sprache, die sich andererseits immer mehr der des Alltags näherte. Bei einer Produktion von 92 Stücken siegte er nur fünfmal. 1 Satyrspiel und 17 Tragödien sind erhalten: das Satyrspiel *Kyklops* (Blendung des → Polyphem), → *Alkestis* (438), → *Medeia* (431), *Herakliden* (um 430), → *Hippolytos* (428), → *Andromache*, → *Hekabe* (424?), *Hiketiden*, → *Herakles*, → *Ion*, *Troerinnen* (415), → *Elektra* (413), → *Iphigenie in Tauris*, → *Helena*, *Phönissen*, → *Orestes* (408), → *Bakchen*, → *Iphigenie in Aulis*.

Eurydike → Orpheus.

Euterpe, → Muse, Schutzherrin des Flötenspiels und der tragischen Chöre.

F

Fabier, altes röm. Patriziergeschlecht. – **1.** Quintus Fabius Maximus Cunctator, 233 v. Chr. zum ersten Mal → Konsul; nach der Niederlage am Trasimenischen See 217 v. Chr. zum → Diktator ernannt, führte er den Krieg gegen → Hannibal zögerlich und unter Vermeidung einer Entscheidungsschlacht; die Schlacht bei → Cannae (216) zeigte denn auch die Richtigkeit seiner Taktik. – **2.** Quintus Fabius Pictor, 2. Hälfte des 3. Jh.s v. Chr., Verfasser der ältesten Geschichte → Roms (von → Aeneas bis zum 2. → Punischen Krieg) in gr. Sprache.

Fabricius. Gaius F. Luscinus, → Konsul 282 und 278 v. Chr., 275 → Zensor; gilt als Muster altrömischer Tugend und Vaterlandsliebe. Eine Überlieferung berichtet von ihm, dass er einen Verräter zurückgewiesen haben soll, der sich erbot, König → Pyrrhos zu vergiften.

Falerner, ein Wein vom *Ager Falernus* in → Kampanien, den → Horaz sehr rühmt.

Fasces → Liktoren.

Fasti, der röm. Fest- und Amtskalender, ein Verzeichnis der *dies fasti* und *nefasti*, die Tage, die von den Pontifices zur Verhandlung staatlicher und gerichtlicher Angelegenheiten zugelassen oder verboten waren.

Faunus, altröm. Fruchtbarkeitsgott, Schirmherr der Herden, des Ackerbaus und des Waldes, später wurde er mit → Pan identifiziert. Sein Fest, die → Lupercalia am 15. Februar, war ein Sühne- und Reinigungsfest (von bösen Mächten). Sein Tempel stand auf der Tiberinsel. Später werden ihm noch eine Frau, Fauna, und viele Söhne, Fauni, beigegeben. Allmählich wurde er jedoch durch → Silvanus verdrängt.

Feldzeichen. Vor → Marius hatte jede → Legion ihr eigenes Feldzeichen in Form eines Tieres: Wolf, Pferd, Eber,

Adler. Um 100 v. Chr. führte Marius als gemeinsames F. den silbernen Adler ein, der mit ausgebreiteten Flügeln auf einer Stange sitzt und einen Blitz in den Klauen hält. Außerdem besitzt jeder → Manipel (*manipulus* = 3. Teil einer → Kohorte) ein F., in ältester Zeit ein auf eine Lanzenspitze aufgestecktes Heubüschel, das später durch Metallzeichen (ausgestreckte Hand, Tierfiguren) ersetzt wurde. Die F. galten als heilig und ihr Verlust bedeutete eine schwere Schande.

Fetiales, Kollegium von 20 Priestern in → Rom, die die religiösen Formalia im völkerrechtlichen Verkehr überwachten und die Kriegserklärungen überbrachten.

Fibula, Fibel, eine unserer Sicherheitsnadel ähnliche Gewandnadel (mit Bügel), die in Ermangelung von Knöpfen dem Zusammenhalten des Gewandes diente.

Fiscus, seit Kaiser → Claudius das Vermögen der Kaiser als Krongut im Gegensatz zum Reichsvermögen (→ *aerarium*), das zwar weiterhin dem → Senat unterstand, aber immer mehr an Bedeutung und Einnahmen verlor.

Flamen, in → Rom Einzelpriester einer bestimmten Gottheit. Eine besondere Stellung nahm der F. Dialis ein, der Opferpriester des → Jupiter.

Flaminius. Gaius F., → Konsul 223 und 217 v. Chr., aus plebeischem Geschlecht. 220 legte er als → Zensor die Via Flaminia von Rom nach Ariminum an. 217 fiel er in der Schlacht am Trasimenischen See.

Flora, altitalische Göttin der blühenden Pflanzenwelt. Die Spiele (*Floralia*), mit denen 238 v. Chr. ihr Tempel in → Rom eingeweiht wurde, wurden seit 175 v. Chr. regelmäßig von Ende April bis Anfang Mai mit großer Ausgelassenheit gefeiert.

Flotte. – **1.** In der Antike galten die → Phönizier als das älteste seefahrende Volk. Die vielen Seefahrten mythologischer Helden zeigen eine früh entwickelte Schifffahrt auch bei den Griechen. In der Entwicklung des gr. Seewesens hatten die Athener gegenüber der Landmacht → Sparta die

Vorrangstellung. Die Zeit der → Perserkriege brachte ihrer Flotte einen großen Aufschwung: → Themistokles; → Salamis; → Attischer Seebund. Der gängige Schiffstyp der klassischen Zeit war die → Triëre; während diese, schlank und mit geringem Tiefgang, vorwiegend durch Ruderer bewegt wurde, fuhren die Handelsschiffe, schwer und langsam, hauptsächlich unter Segel. Die athenische Flotte war zu Beginn des → Peloponnesischen Krieges 300–400 Triëren stark. Der → Piräus war im 5. Jh. v. Chr. der stärkste Kriegshafen der Welt. – **2.** Im Gegensatz zu den Griechen hatten die Römer nie eine große Neigung zu Seefahrt und Seekrieg. Vor dem 1. → Punischen Krieg gab es keine nennenswerte röm. Flotte. Später beherrschten die Römer jedoch mit ihrer Handels- und Kriegsflotte das ganze Mittelmeer. Die großen Stützpunkte der röm. Marine waren → Misenum und Ravenna. – Über einen Kompass verfügten die antiken Seefahrer noch nicht. Gefährlich für die Schifffahrt waren Stürme und Seeräuber (→ Pompeius). Im Winter wurde der Verkehr zur See eingestellt.

Fortuna, alte latinische Göttin des Glücks, seit dem 1. Jh. v. Chr. der gr. → Tyche gleichgestellt. Zum Kennzeichen ihrer Wandelbarkeit wurde sie auf schwebender Kugel dargestellt, meist auch mit Füllhorn oder Pokal.

Forum, der gr. → *Agora* entsprechend, der Marktplatz der röm. Städte, Zentrum des politischen, kultischen und privaten Lebens. Das Forum in → Rom (F. Romanum) liegt in der Talsenke zwischen → Kapitol, → Palatin und Esquilin. Nachdem dieses Gebiet, ursprünglich sumpfig, durch die → *Cloaca maxima* entwässert worden war, wurde es in den Stadtbereich einbezogen und mit vielen öffentlichen Gebäuden und Tempeln bebaut. Auch der goldene Meilenstein stand hier, der die Entfernungen nach den italischen Städten angab. Da das F. Romanum zu eng wurde, legten die Kaiser seit → Caesar die sogenannten Kaiserforen an.

Franken, rechtsrheinische Germanenstämme, die seit der Mitte des 3. Jh.s n. Chr. nach → Gallien vordrangen, ohne dass es den Römern gelang, sie mit dauerhaftem Erfolg zurückzuschlagen. So konnten sie um 500 n. Chr. das Merowingerreich gründen.

Frauen. – 1. Bei → Homer erscheint die vornehme Frau als Herrin des Hauses, die selbständig wirtschaftet, hohe Achtung genießt, aber sonst ihrem Mann völlig untertan ist. In der klassischen Zeit wurden die F. in → Athen, die in ihrer Jugend keinerlei Unterricht genossen, ohne Kontakte zum gesellschaftlichen Leben im Haus gehalten. Sie hatten keinerlei politische Rechte. In der hellenistischen Zeit hatten die F. größere Bewegungsfreiheit und eine bessere Erziehung, aber politische Rechte erhielten sie nach wie vor nicht. Außereheliche Vergnügungen und Unterhaltung suchte der Grieche vielfach bei den → Hetären, die meist gebildet und künstlerisch veranlagt waren. Der Athener → Perikles sagte in Bezug auf die F.: »Ihr höchster Ruhm ist, ihre natürliche Eigenart zu wahren und weder in lobendem noch in tadelndem Sinn im Kreise der Männer erwähnt zu werden« (→ Thukydides 2,45). – **2.** In der röm. Frühzeit standen die F. privatrechtlich unter der Vormundschaft eines Mannes: des Vaters, des Ehemannes oder eines sonstigen Bevollmächtigten. Gegen Ende der → Republik wurde der rechtliche Status der F. zunehmend freier. Von politischer Tätigkeit waren sie freilich nach wie vor ausgeschlossen. Als *mater familias* hatte die Römerin jedoch eine geachtetere und freiere Stellung inne als die Athenerin. Sie konnte mit ihrem Mann gesellschaftlich auftreten (Theater, Gastmahl) und als Zeugin vor Gericht aussagen. Dazu befähigte sie eine je nach Vermögen erfolgte Bildung.

Frigidarium, das Kaltwasserbad in → Thermen.

Frontinus. Sextus Julius F., um 30–104 n. Chr., röm. Fachschriftsteller. Im Jahre 70 → Prätor urbanus, dreimal → Konsul, 74–78 Statthalter von → Britannien, 97 Direktor der Wasserversorgung (*curator aquarum*). Von seinen Werken sind erhalten *Strategemata* (»Kriegslisten«), ein Lehrbuch für röm. Offiziere, und *De aquis urbis Romae* (»Über die Wasserversorgung Roms«).

Fronto. Marcus Cornelius F., um 100–170 n. Chr., aus Cirta in → Numidien, röm. Rhetor, → Konsul 143, Erzieher des → Marcus Aurelius. Sein Briefwechsel mit Angehörigen des Hofs und einige Abhandlungen z. B. gegen die Christen wurden 1815 auf einem → Palimpsest entdeckt. Seine Zeit sah in ihm den größten Redner nach → Cicero.

Furien → Erinyen.

G

Gaia, die als Göttin personifizierte Erde, nach → Hesiod aus dem Chaos entstanden; Mutter des → Uranos.

Gaius. – **1.** Röm. Vorname. – **2.** Großer röm. Jurist, der zwischen 140 und 180 n. Chr. u. a. die noch erhaltenen 4 Bücher *Institutiones* (Lehrbuch zum röm. Zivilrecht) schrieb.

Galatea, gr. Galateía, schöne → Nereide, deren Geliebter Akis von dem Kyklopen → Polyphem aus Eifersucht ermordet wurde.

Galater, Gallierstämme, die 278/277 v. Chr. in Kleinasien einfielen und sich in → Phrygien niederließen. Das Königreich → Pergamon verhinderte ein weiteres Vordringen, bis sie um 235 v. Chr. in der nach ihnen benannten kleinasiatischen Landschaft Galatien durch Attalos I. angesiedelt wurden. 188 v. Chr. wurden sie von den Römern unterworfen, 25 v. Chr. wurde Galatien röm. → Provinz.

Galba. Servius Sulpicius G., geb. 3 v. Chr., aus altpatrizischem Geschlecht, Senator und erfolgreicher Feldherr. 33 n. Chr. → Konsul, 44–47 Prokonsul der → Provinz Africa, 60–68 Statthalter in Ostspanien. Er schloss sich einem Aufstand gegen → Nero an, die spanischen Legionen riefen ihn am 9. Juni 68 zum Kaiser aus. Wegen seiner Sparsamkeit entzogen ihm die Prätorianer ihre Unterstützung, so konnte er am 15. Januar 69 von den Soldaten → Othos, den er nicht zum Nachfolger bestimmen wollte, ermordet werden.

Galen(os) aus → Pergamon, 129 – um 200 n. Chr., studierte in → Alexandria, lebte den größten Teil seines Lebens in → Rom als Leibarzt des → Commodus. In seinen zahlreichen Schriften (etwa 250), von denen rund ein Drittel erhalten ist, wollte er eine Gesamtdarstellung der medizinischen Wissenschaft geben. Bis zu Paracelsus galt G. als unumstößliche Autorität.

Galerius Maximianus, von → Diokletian 293 n. Chr. zum Caesar ernannt, 305–311 röm. Kaiser (Augustus) des Ostreichs; er setzte die von Diokletian eingeleitete Christenverfolgung fort.

Gallien. – **1.** *Gallia cisalpina*, die Po-Ebene, in der sich die → Gallier seit dem 4. Jh. v. Chr. niedergelassen hatten und die seit etwa 200 v. Chr. röm. → Provinz war, bis → Caesar 48 v. Chr. den Bewohnern das Bürgerrecht verlieh. – **2.** *Gallia transalpina*, Gebiet zwischen Rhein, Alpen und Pyrenäen, das seit dem 6. Jh. v. Chr. von den → Kelten besiedelt wurde, das heutige Frankreich. Die Römer besetzten zuerst die spätere *Gallia Narbonensis* (den südlichen Streifen von Frankreich), wobei sie 122 v. Chr. *Aquae Sextiae* (Aix) und 118 v. Chr. *Narbo* (Narbonne) gründeten. Diese Provinz sollte den Landweg nach → Spanien ermöglichen. Das übrige Gallien eroberte → Caesar in den Jahren 58–51. Seit dem 3. Jh. n. Chr. drängten immer stärkere Germanen-Stämme nach Gallien, im 5. Jh. n. Chr. bildeten sich in G. die Reiche der Burgunder (Rhônetal), Franken und Westgoten.

Gallier → Kelten.

Gallus. Cornelius G., 69–26 v. Chr., aus *Forum Iulii* (heute Fréjus), Jugendfreund → Vergils. 30 v. Chr. wurde er der erste Präfekt der neuen → Provinz → Ägypten; beging, nachdem er in Ungnade gefallen war, Selbstmord. G. gilt als Schöpfer der röm. → Elegie.

Ganymed, als Sohn des Königs Tros Ururenkel des → Zeus, schöner Knabe, den Zeus von einem Adler auf den → Olymp entführen ließ, wo er ihn zu seinem Mundschenk machte.

Geld. – **1.** Die Griechen hatten für die Gewichtseinheiten die gleichen Wörter wie für die Geldeinheiten, da diese das Gewicht von Metall angaben. Die Münzen entwickelten sich aus kleinen Stücken gewogenen Rohmetalls, die zunächst noch ohne Bild und Schrift waren: der → Obolos mit 0,72 g, die → Drachme mit 4,36 g, die

Silberne athenische Tetradrachme. Mitte 5. Jh. v. Chr.

→ Mine mit 436 g, das → Talent mit 26,19 kg. Das Münzmetall ist Kupfer oder Silber, Gold ist seltener. Um 600 v. Chr. finden sich erste Münzprägungen in → Ägina, → Athen und → Korinth. Die Münzen sind in der Regel rund. Die Münzbilder stellen zunächst Tiere und Pflanzen dar, später Götter auf der Vorderseite (z. B. → Athene) und deren Symbol (Eule) auf der Rückseite. Seit hellenistischer Zeit ersetzt das Bild des Herrschers (z. B. → Alexander d. Gr.) das der Gottheit. Fast jede gr. Polis besaß urspr. eine eigene Währung. Im 5. Jh. v. Chr. war die athenische Währung am weitesten verbreitet. Das Schema der gegenseitigen Wertverhältnisse stellte sich folgendermaßen dar: 1 Talent = 60 Minen, 1 Mine = 50 Statere (Gold), 1 → Stater = 2 Drachmen (Silber), 1 Drachme = 6 Obolen (Kupfer), 1 Obolos = 8 Chalkus (Kupfer). Die Rechnungseinheiten Talent und Mine wurden nicht geprägt. – **2.** Die gr. Städte in Unteritalien brachten im 6. Jh. v. Chr. Silbermünzen in Umlauf, die → Etrusker im 5. Jh. v. Chr. Im übrigen Italien bestand zu dieser Zeit Münzgeld aus groben Bronzebrocken von ungleichmäßigem Gewicht.

Das lat. Wort für Geld (*pecunia*) beweist, dass bei den Römern ursprünglich Vieh (*pecus*) als Zahlungsmittel diente. An seine Stelle trat später das Kupfer (*aes*), das mit Blei und Zinn legiert vom Staat in Barren und Münzen mit Tierbildern und Götterköpfen geprägt wurde (*aes signatum*). Die älteste Münzeinheit ist der → *as* mit dem Gewicht eines röm. Pfundes (327 g). Seit der Mitte des 3. Jh.s v. Chr. gab es in → Rom Silbergeld, das im Tempel der → Juno geprägt wurde. Zur Rechnungseinheit wurde der *sestertius* (→ Sesterz). Seit Beginn der Kaiserzeit standen Silber- und Goldwährung nebeneinander. Das Münzrecht für beide Währungen ging auf den Kaiser über, das für die Kupfermünzen blieb beim → Senat. In der Kaiserzeit entsprach das gegenseitige Wertverhältnis etwa folgendem Schema: 1 *aureus* (Gold) = 25 *denarii* (Silber), 1 *denarius* (→ Denar) = 4 *sestertii* (Silber), 1 *sestertius* = 2 *dupondii* (Kupfer), 1 *dupondius* = 2 *asses* (Kupfer).

Gẹllius. Aulus G., gab um 175 n. Chr. ein Sammelwerk *Noctes Atticae* (»Attische Nächte«) heraus. Es umfasst 20 Bücher Exzerpte und Abhandlungen aus der Grammatik, Philosophie, Mathematik, Rechtswissenschaft, Geschichte und Altertumskunde.

Gẹlon, Tyrann von Gela auf → Sizilien seit 491 v. Chr.; 485 v. Chr. brachte er, von den Aristokraten gerufen, → Syrakus in seine Gewalt und beherrschte von dort aus bis 478 auch das östliche Sizilien. Durch seinen Sieg bei Himera (480) vereitelte er für lange Zeit ein weiteres Vordringen der → Phönizier.

Gẹmmen, Edelsteine oder meist Halbedelsteine mit (vertieft) eingeschnittenen Bildern als Siegelringe. Geschnittene Steine mit erhaben gearbeitetem Bild, in hellenistischer Zeit aufgekommen, heißen Kameen und wurden als Schmuckstücke verwendet. Die antiken Gemmen, in großer Zahl erhalten, sind über ihren künstlerischen Wert hinaus von unschätzbarer kulturkundlicher Bedeutung wegen der mannigfachen Inhalte der

Bilder (Mythologie, tägliches Leben, berühmte Persönlichkeiten).

Genius, röm. Gottheit, Schutzmacht der männlichen Zeugungskraft, im Gegensatz zur → Juno als Inbegriff der weiblichen Gebärkraft. Jeder Mann hatte seinen eigenen Schutzgeist; später entwickelte sich dann auch der G. von Orten, Truppenteilen, Familien.

Geometrischer Stil, Stilstufe der griech. Kunst des 11.–8. Jh.s v. Chr. Die Bezeichnung leitet sich her von der Ornamentik der Vasenmalerei (Zickzacklinien, Kreise, Quadrate u. Ä.), wobei auch die dargestellten Menschen und Tiere linear vereinfacht sind. Diese Epoche brachte nicht nur Tongefäße, sondern auch Schmuckstücke, Geräte und Kleinplastiken aus Metall, Elfenbein und Ton im gleichen Stil hervor.

Germanen, die Herkunft des Namens G. ist unsicher; zum ersten Mal taucht er bei → Poseidonios auf (um 80 v. Chr.), der sie allerdings nicht von den → Kelten unterschied. Die älteste Heimat der G. war Südschweden, Dänemark, Schleswig-Holstein und Norddeutschland zwischen Weser und Oder. Während der großen kelt. Wanderung setzten sich auch die G. im 4. Jh. v. Chr. in Bewegung. → Rom lernte sie anlässlich der Kimbern- und Teutoneneinfälle (→ Marius) kennen und fürchten. → Caesar stieß in → Gallien auf die Sueben unter → Ariovist (58 v. Chr.); trotz einiger Feldzüge nach Germanien (55 und 53) gelang es ihm nicht, sich dort festzusetzen. In seinem *Bellum Gallicum* (6,21–28) findet sich der erste genauere Bericht über die G., er unterscheidet sie erstmals von den Galliern. Ein weiteres Vordringen der G. nach Westen verhinderte die röm. → Provinz → Gallien. Die Offensivpolitik des → Augustus mit Stoßrichtung bis zur Elbe erlitt Rückschläge durch den Tod des → Drusus (9 v. Chr.) und die Niederlage des → Varus im Teutoburger Wald gegen die → Cherusker unter → Arminius (9 n. Chr.). → Tiberius berief den → Germanicus von seinen Angriffsoperationen (14–16 n. Chr.)

zurück und begnügte sich mit der Sicherung der Rheingrenze; lediglich das jenseits des Rheins gelegene, von Kelten bewohnte Decumatland wurde dem → Imperium angegliedert. Am Ende des 1. Jh.s n. Chr. verfasste → Tacitus seine Monographie *Germania*, in der er uns ein detailliertes Bild der G. vermittelt. Zahlreiche Städte wurden gegründet, darunter *Augusta Treverorum* (Trier) und *Colonia Agrippinensis* (Köln). Seit 20 n. Chr. begannen die großen Germaneneinfälle, unter denen das Imperium im 4./5. Jh. schließlich zusammenbrach.

Germanicus. Julius Caesar G., 15 v. – 19 n. Chr., Sohn des älteren → Drusus und der jüngeren → Antonia, 4 n. Chr. von → Tiberius adoptiert. → Konsul des Jahres 12. Als Feldherr führte er 3 erfolgreiche Feldzüge gegen die → Germanen (14–16 n. Chr.). 16 besiegte er → Arminius bei Idistaviso an der Weser, ohne ihn allerdings entscheidend zu treffen. Tiberius rief ihn 16 aus Germanien nach → Rom zurück, wo er 17 durch einen → Triumph gefeiert wurde. Im gleichen Jahr bekam G. ein Kommando über die → Provinzen im Osten, wo er in Antiocheia starb. G. war unter den Soldaten und im Volk sehr beliebt.

Giganten, wildes Riesengeschlecht der gr. Sage, Söhne der → Gaia. Sie wollten den → Olymp stürmen, wurden aber von den Olympiern mit Unterstützung des → Herakles zurückgeschlagen. Diese Gigantomachie ist häufig Thema künstlerischer Darstellung, z. B. auf dem Fries des Altars von → Pergamon.

Gladiatoren, Schwertkämpfer (zu lat. *gladius* »Schwert«), die gegeneinander und mit Tieren kämpften (meist Kriegsgefangene, Verbrecher, → Sklaven, Christen). Gladiatorenkämpfe wurden seit 264 v. Chr. zur Volksbelustigung, gegen Ende der → Republik wegen zu hoher Kosten eingeschränkt, in der Kaiserzeit dagegen wieder unter hohem Aufwand tagelang in den → Amphitheatern veranstaltet. Die Griechen verabscheuten diese Massenschlächtereien. – Die Tiere (Elefanten, Löwen, Auerochsen usw.) wurden aus Afrika und den Wäldern Germaniens beschafft.

Gordischer Knoten. In Gordion, der Hauptstadt → Phrygiens, stand der alte königliche Streitwagen, dessen Joch mit einem kunstvoll verschnürten Knoten an der Deichsel befestigt war. Nach der Sage sollte derjenige König von Asien werden, der diesen Knoten auflöste. → Alexander d. Gr. zerhieb ihn 334 v. Chr. mit seinem Schwert.

Gorgias aus Leontinoi in → Sizilien, um 483–385, Hauptvertreter der sophistischen → Rhetorik. 427 v. Chr. kam er als Gesandter seiner Vaterstadt zum ersten Mal nach → Athen, wo er berühmte Prunkreden (→ Panegyrikos) hielt. Dadurch machte er die in Sizilien entwickelte Rhetorik in Griechenland heimisch. Obwohl er nicht als → Sophist angesehen werden wollte, ist er es in seinen Inhalten und wollte als solcher ebenfalls die »schwächere Sache zur stärkeren machen«. Ihm hat → Platon einen Dialog gewidmet, in dem die Frage nach dem Wesen der Rhetorik zum Ausgangspunkt für eine scharfe Bekämpfung der Sophistik gemacht wird.

Sein erkenntnistheoretisches Hauptwerk *Über die Natur oder Über das Nichtseiende* ist verloren; dagegen sind 2 seiner Musterreden erhalten: Im *Lob der Helena* weist er deren Schuld am → Trojanischen Krieg zurück, bei der anderen handelt es sich um eine *Verteidigungsrede für Palamedes.*

Gorgo. Nach → Hesiod gab es 3 Gorgonen: Stheno, Euryale und Medusa. Medusa, die als einzige von ihnen sterblich war, galt als ein Ungetüm mit Schlangenhaaren, dessen Blick jeden versteinerte, den er traf. → Perseus trennte ihr mit einer Sichel das Haupt vom Rumpf, das → Athene nun als *Gorgoneion* in die Ägis übernahm. Das Medusenhaupt wurde, losgelöst von der Perseussage, oft dargestellt, in älterer Zeit als Übel abwehrende und Schre-

Hockende Gorgo. Vase. Ende 7. Jh. v. Chr.

cken verbreitende Fratze mit breitem Maul, riesigen Zähnen, Schlangenhaar.

Gọrtyn, Stadt im südlichen → Kreta, deren Gesetze (teilweise aus dem 7./6. Jh. v. Chr.) inschriftlich erhalten sind.

Goten, das Hauptvolk der Ostgermanen, ursprünglich in Südschweden, dann an der Weichselmündung lebend. Um 150 n. Chr. drangen sie bis an die Küste des Schwarzen Meeres vor. Sie gliederten sich in Ost- und Westgoten.

Die Westgoten fielen vom 3. Jh. n. Chr. an immer wieder ins Römische Reich ein, bis sie schließlich → Konstantin 332 als Verbündete Roms nördlich der Donau ansiedelte; um 350 bekehrte sie Bischof Ulfilas (Wulfila) zum arianischen Christentum. Immer wieder fielen sie in das Ostreich ein; 376 überschritten sie die Donau, 378 fiel Valens gegen sie bei Adrianopel. 395 begannen sie unter ihrem König Alarich den Zug nach Italien, 410 plünderten sie → Rom. 415 gründeten sie in → Spanien und Südgallien das Westgotenreich, das 711 den Arabern anheim fiel. – Die Ostgoten, die in Russland geblieben waren und um 350 n. Chr. nördlich des Schwarzen Meeres ein großes Reich gründeten, wurden 375 von den Hunnen unterworfen, denen sie nach Westen Heerfolge leisteten. Nach dem Tode Attilas und dem dadurch bewirkten Untergang des Hunnenreichs (453) ließen sich die Ostgoten unter röm. Oberhoheit in → Pannonien nieder. 488 gründeten sie schließlich unter Theoderich d. Gr. in Italien das Ostgotenreich, in dem die röm. Kultur noch einmal aufblühte. 552 vernichtete der oström. Feldherr Narses dieses Reich.

Gracchen. – **1.** Tiberius Sempronius Gracchus, 162–133 v. Chr., Sohn des Ti. Sempronius G., der 169 → Zensor war, und der Cornelia, der Tochter des → Scipio Africanus. Er nahm 147 an der Belagerung → Karthagos teil, 137 wurde er → Quästor. Als → Volkstribun des Jahres 133 beantragte er die Erneuerung der Lex Licinia, wonach kein Römer mehr als 500 Joch, bei 2 Söhnen noch zusätzlich je 250 Joch, vom Gemeindeland (→ *ager publicus*) in Nutzung haben sollte. Der Rest sollte an arme Bürger als unveräußerliches Eigentum gegen eine geringe Pacht aufgeteilt werden. Gegen den Widerstand der Mehrheit des → Senats ließ G. sich, seinen Bruder → Gaius und seinen Schwiegervater Appius Claudius vom Volk in eine 3-Männer-Kommission für Ackerverteilung wählen. Als er sich gesetzwidrig um ein 2. Tribunat für das folgende Jahr bewarb, wurde er mit 300 seiner Anhänger unter maßgeblicher Beteiligung von Senatoren und des Pontifex Scipio

Nasica Serapio erschlagen. Es gelang den → Optimaten, die Tätigkeit der Kommission für Landverteilung lahmzulegen. – **2.** Gaius Sempronius Gracchus, 153–121 v. Chr., 126–124 Quästor in Sardinien, 123 und 122 Volkstribun; er konnte mehrere Maßnahmen durchsetzen: ein Getreidegesetz, durch das der Bevölkerung verbilligtes Getreide zugewiesen wurde, Gründungen von Kolonien römischer Bürger (in Tarent und → Karthago). Zwei andere Gesetze stärkten die Position der → Ritter durch Übertragung der Geschworenengerichte an sie und dadurch, dass ihnen die Steuereinnahme in der neuen Provinz Asia überlassen wurde. Sein Vorschlag, allen → Bundesgenossen das Bürgerrecht zuzuerkennen, machte ihn unpopulär, so dass er 121 nicht mehr gewählt wurde. Daraufhin kam es zu Gewalttätigkeiten, es wurden 3000 seiner Anhänger erschlagen, er selbst ließ sich auf der Flucht von einem Sklaven töten. Das Wirken der beiden Gracchen löste ein Jahrhundert politisch-sozialer Kämpfe aus.

Großgriechenland, lat. *Magna Graecia*, die Gebiete Süditaliens und → Siziliens, in denen die Griechen seit dem 8. Jh. v. Chr. Kolonien gegründet hatten, die sich meist zu wichtigen Handels- und Kulturzentren entwickelten und großen Einfluss auf die Völker Italiens ausübten, z. B. Tarent, → Cumae, → Neapel, → Paestum, → Syrakus und → Agrigent. Obwohl die Römer am Ende des 2. → Punischen Krieges das Gebiet eroberten, blieb der gr. Charakter der Städte noch bis in die Kaiserzeit erhalten.

Gyges, König von → Lydien etwa 685–657 v. Chr., nachdem er den König Kandaules auf Betreiben der von ihrem Mann in ihrer Ehre verletzten Königin ermordet hatte. Der Reichtum des G. war im Altertum sprichwörtlich. Als die Kimmerier die Hauptstadt → Sardes eroberten, fand G. den Tod.

Gymnasion, bei den Griechen urspr. Stätte für Leibesübungen, wo die Jugend hauptsächlich für den Militärdienst körperlich vorbereitet wurde. Um den geräumigen

Hof befanden sich Säulengänge, Übungssäle und Bäder. Seit dem Ende der allgemeinen Wehrpflicht (seit etwa 400 v. Chr.) diente das G. vor allem der geistigen Ausbildung und als Treffpunkt der Philosophen. – Bei den Römern wurde das G. nicht heimisch, sie trafen sich in den → Thermen zu Gespräch und Körperpflege.

H

Hades bekam die Unterwelt, als die 3 Söhne des → Kronos, → Zeus, → Poseidon und H. die Welt aufteilten. Seit dem 5. Jh. mit Pluton (der »Reiche«) gleichgesetzt, weil er auch der Herr der Gaben des Erdschoßes ist, des Getreides und der Metalle. Mit seiner Gattin → Persephone (→ Demeter) herrscht er über die Schatten der Toten. – Im übertragenen Sinne die Unterwelt selbst, ein (schauriger) Ort unter der Erde, wo die Seelen der Verstorbenen freudlos und ohne Erinnerung an ihre irdische Zeit dahinvegetieren. Am Eingang wacht der dreiköpfige Höllenhund → Kerberos. → Hermes geleitet die Seelen in den H., der vom → Acheron umflossen wird. Der Fährmann → Charon setzt sie gegen einen → Obolos über. Weitere Unterweltsflüsse sind die Styx, die → Lethe, der Periphlegeton und der Kokytos. Zugänge zum Hades dachte man sich am → Acheron, in Hermione, bei → Cumae und Herakleia am Pontos Euxeinos. Lat. *Orcus.*

Hadrian. P. Aelius Hadrianus, 76–138 n. Chr., aus der Kolonie Italica (→ Spanien), von seinem Verwandten → Trajan erzogen, 100 n. Chr. mit dessen Großnichte Sabina vermählt, schließlich adoptiert. Als Statthalter von Syrien erreichte ihn die Nachricht vom Tod des Kaisers, dessen Nachfolge er 117 n. Chr. im Alter von 41 Jahren antrat. Anders als sein Adoptivvater betrieb er eine defensive Politik, indem er das → Imperium auf die strategischen Grenzen beschränkte und die Eroberungen Trajans jenseits des Euphrat, nicht aber → Arabien und Dakien aufgab. Er musste nur einen einzigen Krieg führen, nämlich den gegen die Juden unter Bar-Kochba von 132–135. In großen Reisen inspizierte er das ganze Imperium, 121–125 den Westen (→ Gallien, → Spanien, → Britannien und Germanien), 128–132 Afrika und den Osten (Griechenland, Asien, → Ägypten). In Germanien ließ er den → Limes verstärken und in → Britannien den Hadrianswall errichten. Die kaiserliche Macht festigte H. durch Erweiterung des Beamtenapparats, in den er neben Freigelassenen auch → Ritter aufnahm. An die Spitze stellte er einen geheimen Staatsrat. Italien gliederte er in 4 Distrikte mit 4 Konsularen an der Spitze, die er streng überwachte; damit wurde dem → Senat die Verwaltung Italiens entzogen. Die Gesetze vereinigte er in einem *edictum perpetuum*, das für das ganze Reich galt und nur vom Kaiser geändert werden konnte. H. entwickelte eine bedeutende Bautätigkeit, bes. in → Rom, Kleinasien, Syrien und in → Athen, das er als Freund gr. Bildung liebte. Seine bekanntesten Bauten: → Pantheon, das Olympieion in Athen, die prächtige Villenanlage unterhalb von Tibur (Tivoli) und sein Grab, das → Mausoleum Hadriani (Engelsburg). Er begünstigte einen gr. beeinflussten Klassizismus. So entstanden die meisten der röm. Kopien nach gr. Originalen unter H. und seinem Nachfolger → Antoninus, den er kurz vor seinem Tod noch adoptiert hatte.

Haeduer, Volksstamm in Mittelgallien mit der Hauptstadt Bibracte.

Halikarnassos, Hauptstadt von → Karien an der Südwestküste Kleinasiens, als dorische Kolonie von Troizen aus gegründet; Heimatstadt → Herodots. → Mausolos schmückte H. im 4. Jh. durch prächtige Bauten; sein monumentales Grabmal, das → Mausoleum, hat seine Witwe Artemisia II. um 350 v. Chr. vollenden lassen (→ Sieben Weltwunder). 334 v. Chr. wurde H. von → Alexander d. Gr. zerstört.

Hamilkar Barkas, karthagischer Feldherr im 1. → Punischen Krieg, Vater → Hannibals. Nach dem röm. Sieg bei den Ägatischen Inseln leitete er die Friedensverhandlungen mit → Rom und schlug den Aufstand der libyschen Söldner nieder (241–238 v. Chr.). 237 setzte er nach → Spanien über, um es zu erobern und für den Verlust → Siziliens Ersatz zu schaffen. 229 kam er bei der Belagerung von Helike ums Leben.

Hannibal, Sohn des → Hamilkar Barkas, 247/246–182 v. Chr., von seinem Vater im Hass gegen → Rom erzogen und von ihm 237 nach → Spanien mitgenommen. 221 nach dem Tode seines Schwagers → Hasdrubal Oberbefehlshaber des karthagischen Heeres in Spanien, vollendete er die Eroberung Spaniens. Durch die Eroberung → Sagunts im Jahre 219 v. Chr. löste er den 2. → Punischen Krieg (218–201) aus. Durch seinen kühnen Zug über Pyrenäen und Alpen gelang es ihm, die Römer davon abzuhalten, ihre Heere nach Afrika überzusetzen. Auf seinem Vormarsch nach Unteritalien besiegte er die Römer am Ticinus, an der Trebia, am Trasumenischen See, bei → Cannae. Obwohl mehrere der röm. Bundesgenossen zu ihm abfielen, gelang es ihm nicht, sich ganz Italiens zu bemächtigen. Er konnte auch den röm. Feldherrn → Fabius Cunctator nicht zu einer Entscheidungsschlacht zwingen. In Sizilien und Spanien dagegen gingen die Römer offensiv vor. 211 stand H. zwar vor Rom, aber es kam dabei nicht zu einem Kampf um die Stadt. Nach der Niederlage seines Bruders → Hasdrubal am Metaurus (207) zog sich H. in die Südwestspitze Italiens zurück. 203 wurde H. nach Afrika zurückgerufen, um → Karthago gegen das röm. Heer unter → Scipio zu verteidigen. Hier erlitt er bei Zama seine erste und entscheidende Niederlage. Damit war es mit der Großmachtstellung Karthagos vorbei. Nach dem Friedensschluss (201) organisierte er als Suffet den Neuaufbau Karthagos. 195 erzwangen die Römer seine Verbannung. Er kam als Berater zu König → Antiochos d. Gr. von Syrien. Nachdem dieser von den Römern bei Magnesia am Sipylos 190 v. Chr. geschlagen worden war, musste H. über → Kreta nach → Bithynien zu König Prusias fliehen. Als die Römer von diesem H.s Auslieferung verlangten, nahm der Karthager Gift (182).

Harmodios, adliger Athener, erdolchte 514 v. Chr. zusammen mit seinem Freund Aristogeiton aus privatem Motiv → Hipparchos, den Sohn des Tyrannen → Peisistratos. Dafür büßten sie mit ihrem Leben. Später wurden sie als »Tyrannenmörder« hoch geehrt.

Harpyien, weibliche Schreckensdämonen mit Flügeln und Vogelkrallen.

Haruspex, bei den → Etruskern und Römern Priester, der aus den Eingeweiden der Opfertiere, aber auch aus Blitz und Donner die Zukunft weissagte. Die *haruspices* wurden von Staats wegen bis ins 4. Jh. n. Chr. konsultiert.

Hasdrubal, karthagische Feldherren. – **1.** Schwiegersohn des → Hamilkar Barkas, dessen Eroberungswerk er nach seinem Tod 229 v. Chr. in → Spanien weiterführte. 226 sicherte er durch einen Vertrag mit → Rom den karthagischen Herrschaftsbereich bis zum Ebro. 221 wurde er ermordet. – **2.** → Hannibals Bruder, hatte nach dem Abzug Hannibals aus Spanien 218 über die dortigen Truppen → Karthagos das Oberkommando. 211 schlug er in 2 Schlachten röm. Heere. Nachdem Spanien an die Römer verloren war, wollte H. seinem Bruder in Italien zu Hilfe kommen, wurde aber vorher am Metaurus in Mittelitalien 207 vernichtend geschlagen und fiel.

Hebe, Tochter des → Zeus und der → Hera, Göttin der jugendlichen Schönheit, bei den Römern Juventus, neben → Ganymed Mundschenkin der Götter.

Heerwesen. – **1.** Bei den Griechen dauerte die militärische Dienstpflicht vom 18. bis 60. Lebensjahr. Seit dem 7. Jh. v. Chr. wurden dicht geschlossene Schlachtreihen (*phálanges*) von → Hopliten eingesetzt, sie bildeten den Kern der gr. Heere. Ihre Ausrüstung bestand aus Helm, Brustpanzer, Beinschienen, Schild; als Stoßwaffe diente die Lanze; zu Angriff und Verteidigung verfügte jeder Hoplit außerdem über ein kurzes Schwert. Diese Hoplitenausrüstung konnte sich nur die begüterte Mittelklasse leisten. Die Reiterei wurde wegen der hohen Kosten von

Hoplitenschlacht. Detail der Chigi-Kanne. Um 630 v. Chr.

den vermögenden Schichten gestellt. Die Leichtbewaffneten (Wurfspieße, Bogen) spielten wie die Reiterei eine eher unbedeutende Rolle. Den Oberbefehl führte ein Stratege. Ab dem späten 5. Jh. v. Chr. gingen die gr. Staaten dazu über, Söldner anzuwerben. – **2.** Das röm. Heer setzte sich in alter Zeit ebenfalls aus den Bürgern zusammen, die bis zum 60. Lebensjahr zum Kriegsdienst verpflichtet waren; nur die Besitzlosen waren von der Wehrpflicht freigestellt. Allmählich entwickelte sich ein bürgerliches Söldnerheer: die Besitzenden entzogen sich dem Militärdienst, während die → Proletarier ihn als willkommene Erwerbsquelle betrachteten. Diese Umgestaltung des Heeres vollzog sich unter → Marius. In der Kaiserzeit wurde das erste stehende Heer geschaffen. Die größte Truppeneinheit war die → Legion mit 3600–6000 Mann; sie setzte sich zusammen aus → Kohorten, → Manipeln und → Zenturien. Zur Legi-

Römische Legionäre. Kalksandstein. Rheinisches Sockelrelief der späten Kaiserzeit

on gehörten auch noch die Leichtbewaffneten (*velites*), die für Sonderaufgaben eingesetzt wurden. Die Standardausrüstung des röm. Heeres ab dem 2. Jh. v. Chr.: Helm aus Leder oder Bronze, Leder- oder Kettenpanzer, ein Wurfspeer (*pilum*), ein kurzes Schwert (*gladius*) und ein großer Schild (*scutum*). Nach der Heeresreform des Marius wurden die Reiterei, die nie eine bedeutende Rolle spielte, und die Leichtbewaffneten von den nichtrömischen Hilfstruppen (*auxilia*) gestellt.

Hẹkabe (lat. *Hẹcuba*), Gattin des Königs von → Troja, → Priamos, Mutter von → Hektor, → Paris, → Kassandra u. a.

Hẹkate, uralte Göttin, aus → Karien stammend. Vielfältige Funktionen: sie hilft den Königen in der Rechtsprechung, den Menschen in Beratung und Krieg, den → Frauen bei der Geburt; später war H. hauptsächlich Göttin der Wegkreuzungen, Patronin des Zauberwesens. Sie trug Fackeln, und heulende Hunde kündeten von ihrem nächtlichen Nahen.

Hekatǫmbe, ein Opfer von 100 Rindern; im übertragenen Sinne großes, festliches Opfer.

Hẹktor, ältester Sohn des → Priamos und der → Hekabe, Gatte der → Andromache, Vater des Astyanax, Bruder des → Paris, der tapferste Trojaner im Krieg gegen die Griechen, fiel schließlich durch → Achilleus, nachdem er dessen Freund → Patroklos getötet hatte.

Hẹlena, Tochter des → Zeus und der → Leda, Schwester der → Dioskuren und der → Klytaimnestra, Gattin des → Menelaos, Königs von → Sparta, die schönste Frau der damaligen Welt, wurde zum Urbild weiblicher Schönheit. Sie wurde von → Paris entführt, wodurch der → Trojanische Krieg ausgelöst wurde. Nach der Eroberung der Stadt nahm sie ihr Mann wieder mit nach Sparta.

Heliodǫr(os) aus Emesa in Syrien, gr. Autor, der im 3. Jh. n. Chr. einen Roman in 10 Büchern mit dem Titel *Aithiopika* schrieb, worin die Liebesabenteuer des Theagenes und der Charikleia geschildert sind.

Hẹlios (lat. *Sol*), Sonnengott, Sohn des → Hyperion, Bruder der → Selene und der Eos (Morgenröte). H. fährt täglich in einem mit 4 Flügelpferden bespannten Sonnenwagen vom Ostmeer über den Himmel zum Westmeer, nachts in einem goldenen Kahn auf dem → Okeanos zum Osten zurück. Bei ihm schworen die Griechen, da er alles sah. Hauptkultstätte war → Rhodos, wo der von Chares von Rhodos geschaffene Helioskoloss stand, der unter die → Sieben Weltwunder gezählt wurde.

Hẹllen, Sohn des → Deukalion, Stammvater der Hellenen, Herrscher in Phthia. Seine Söhne Aiolos, Doros und Xuthos wurden die Ahnherrn der → Äoler, → Dorier und → Jonier.

Hellespont, die Dardanellen, die Meerenge zwischen der Ägäis und dem Marmarameer. Nach der Sage soll dort Helle, die Schwester des → Phrixos, ertrunken sein.

Heloten, Ureinwohner Lakoniens, die von den einwandernden Spartiaten unterworfen und versklavt wurden. Bis zur Hälfte mussten sie den Ertrag, den sie aus ihrem eigenen Grund und Boden erwirtschafteten, dem Herrn abliefern, dem sie zugeteilt waren. Außerdem wurden sie als Leichtbewaffnete und als Hilfspersonal beim Militär eingesetzt. Ihre Situation veranlasste sie immer wieder zu Aufständen.

Helvetier, kelt. Stamm, der kurz vor 100 v. Chr. seine ursprüngliche Heimat in Südwestdeutschland verließ und sich in der Gegend des Genfer Sees ansiedelte. Als sie von den germ. Sueben bedrängt wurden, beabsichtigten sie, im südlichen → Gallien neue Wohnsitze zu suchen. Doch → Caesar hinderte sie daran und zwang sie durch seinen Sieg bei Bibracte 58 v. Chr. zur Rückkehr.

Hephaistos (lat. *Vulcanus*), Sohn des → Zeus und der → Hera, den Zeus, weil lahm geboren, ins Meer warf, wo er von der → Nereide → Thetis gepflegt wurde. Gott des Feuers, der Schmiede und der Handwerker. H. wurde überall in vulkanischen Gegenden lokalisiert und verehrt (z. B. unter dem → Aetna), wo er kunstreiche Gegenstände für Götter und Helden unter Mithilfe der → Kyklopen schuf; deshalb soll er auch die schönste Frau, → Aphrodite, bekommen haben. Ihm war der heute am besten erhaltene Tempel → Athens, das sog. Theseion, geweiht, in dessen Nähe auch das Quartier der Schmiede lag.

Hera (lat. *Juno*), Tochter des → Kronos und der → Rhea, Schwester und Gemahlin des → Zeus, Mutter des → Ares, → Hephaistos und der → Hebe, Schutzgöttin der Ehe und Geburtsgöttin. Ihre heiligen Tiere waren Kuh und Pfau. Vornehmliche Kultstätten (Heraion): → Olympia, → Samos, → Paestum, → Korinth, → Argos, → Delos.

Herakleitos (Heraklit) von → Ephesos, um 540 – um

480 v. Chr., vorsokratischer Philosoph, stammte aus einer aristokratischen Familie, deren Angehörige das höchste Priesteramt der Stadt innehatten. Wegen des schwer verständlichen Tiefsinns seiner Lehren wurde er schon von den Alten »der Dunkle« genannt. In seinem Werk *Über die Natur*, wovon zahlreiche Bruchstücke erhalten sind, lehrt er, es gebe nur ein ewiges Werden und Vergehen, alles fließe (*pánta rhei*), der Krieg sei der Vater aller Dinge, das Weltall habe weder ein Gott noch ein Mensch geschaffen, sondern es sei ein ewig lebendiges Feuer. Damit wandte sich H. gegen die mythische Tradition. H. war von nachhaltigem Einfluss auf die → Sophisten, → Platon und die → Stoa.

Herakles (lat. *Hercules*), Sohn des → Zeus und der → Alkmene, der berühmteste Held der gr. Sage, in → Theben geboren. Schon als Säugling erwürgte er die 2 Schlangen, die → Hera gegen ihn ausgeschickt hatte, weil er der Sohn einer Nebenbuhlerin war. Als er mit Megara, der Tochter des Thebanerkönigs → Kreon, verheiratet war und in → Tiryns lebte, tötete er in einem von Hera verursachten Wahnsinnsanfall seine Kinder. Zur Sühne musste er, nach einem Auftrag des Orakels von → Delphi, dem Eurystheus, König von Tiryns, 12 Jahre lang dienstbar sein, der ihm 12 übermenschliche Arbeiten auftrug: H. erlegte den Nemeischen Löwen, die Lernäische Schlange, er jagte die Hirschkuh auf dem Berge Keryneia, tötete die Stymphalischen Vögel, fing den Erymanthischen Eber, reinigte an einem einzigen Tage die Ställe des Königs Augias von Elis, überwand den Kretischen Stier, brachte die menschenfressenden Rosse des Königs Diomedes zu Eurystheus, schaffte für die Tochter des Eurystheus, Admete, den Gürtel der Amazonenkönigin Hippolyte herbei, zog nach Erytheia, um die Rinderherden des Geryoneus zu holen, brachte die Goldenen Äpfel der → Hesperiden an sich, schaffte den Höllenhund → Kerberos gefesselt aus der Unterwelt. Außer diesen Abenteuern sind noch unzählige andere überliefert. Seine Frau Deianeira sandte ihm, vermeintlich um seine Liebe zu erhalten, auf den Rat des → Kentauren Nessos, der sie vergeblich begehrt hatte und dafür von H. mit einem giftigen Pfeil erschossen wurde, ein mit dem Blut des Kentauren bestrichenes Hemd. Sobald H. es angelegt hatte, wurde er von solchen Schmerzen heimgesucht, dass er sich auf dem Berg Oita von → Philoktet verbrennen ließ. Er wurde in den → Olymp aufgenommen und mit → Hebe vermählt. Wegen seiner athletischen Kraft wurde er überall zum beliebten Volkshelden, fand vielfach als Gott Verehrung. Viele Städte nannten sich nach ihm als ihrem Schutzgott. Seine Attribute sind Löwenfell, Keule und Bogen.

Heraklit → Herakleitos.

Herculaneum, Küstenstadt südlich von → Neapel, die durch den Ausbruch des Vesuv 79 n. Chr. durch Schlamm, der zu Tuff verhärtete, 20–30 m tief verschüttet wurde. Die Ausgrabungsarbeiten, 1748 begonnen, gestalten sich deshalb sehr schwierig; gerade dieser Tatsache aber verdanken wir die Konservierung einer ganzen Stadt.

Hermaphrodit, mannweibliches Zwitterwesen, gezeugt von → Hermes und → Aphrodite, dargestellt mit weiblichen Brüsten und männlichen Genitalien, vermutlich aus dem Orient übernommen. Seit dem 4. Jh. v. Chr. in Kunstwerken dargestellt.

Herme, gr. Statue, bei der nur der Kopf ausgearbeitet ist; der Körper wird dargestellt durch einen viereckigen Schaft, an dem nur noch das Fruchtbarkeitszeichen des → Phallos angebracht ist; ein Symbol des → Hermes; seit dem 6. Jh. bekannt. Seit dem 4. Jh. tragen die H.n auch die Köpfe anderer Götter und ebenso von Menschen. Da Hermes auch Beschützer der Wege war, standen H.n an Straßenecken, Wegkreuzungen und vor Hauseingängen. Doppel-H.n., wo die Hinterköpfe ineinander übergehen, kamen im 4. Jh. auf. H.n galten als unverletzlich. Als sie in der Nacht vor der Ausfahrt der athen. → Flotte nach → Sizilien verstümmelt wurden (415 v. Chr.), kam es zum sogenannten Hermokopidenprozess gegen → Alkibiades wegen Religionsfrevels.

Hermes (lat. *Mercurius*), Sohn des → Zeus und der Atlastochter → Maia, in → Arkadien geboren, hat mannigfache Funktionen: Gott der Herden, des Handels, der Diebe, der Wege und der Träume, geflügelter Götterbote und Seelengeleiter in die → Unterwelt. Die bildende Kunst stellte H. in archaischer Zeit stets bärtig dar, seit dem 5. Jh. als bartlosen, jungen Mann mit geflügelten Sandalen und einem Heroldsstab.

Herodes der Große, Sohn des Antipatros und dessen Nachfolger als Prokurator von Judäa; durch die Gunst des → Antonius wurde er 40 v. Chr. in → Rom zum König ernannt und eroberte 37 v. Chr. Jerusalem, wo er eine reiche Bautätigkeit entfaltete. Durch geschickte Diplomatie verstand er es, auch unter → Augustus seinen Thron zu halten. Er soll den bethlehemitischen Kindermord befohlen haben. Tod 4 v. Chr.

Herodes Atticus. Tiberius Claudius H. A., 101–178 n. Chr., sehr reicher Athener, gefeierter Rhetor attizistischer Stilrichtung. Als er in → Rom lehrte, gehörten zu seinen Schülern auch die späteren Kaiser → M. Aurelius und L. Verus. 143 n. Chr. ernannte ihn → Antoninus Pius sogar zum röm. → Konsul. Aus seinem eigenen Vermögen finanzierte er Bauten in gr. Städten, in → Athen z. B. das → Odeon, das seinen Namen trägt, und das Panathenäische Stadion.

Herodot aus → Halikarnassos in Kleinasien, 484–425 v. Chr., gr. Historiker, → Cicero nennt ihn »Vater der Geschichtsschreibung«. Auf ausgedehnten Reisen lernte er Kleinasien, Syrien, Babylonien, Persien, die Länder am Schwarzen Meer, Thrakien, → Makedonien, Nordafrika, → Ägypten, → Sizilien und Unteritalien kennen. Das historische und ethnographische Material, das er auf seinen Studienreisen gesammelt hatte, verarbeitete er in seinen

Historien, die die alexandrinischen Bibliothekare später in 9 Bücher einteilten. Sie umfassen die Zeit vom → Trojanischen Krieg bis zu → Xerxes' Zug gegen Griechenland (Schlacht bei Mykale 479 v. Chr.). Von großer Bedeutung sind die kulturhistorischen und ethnographischen Exkurse über Ägypten, Phönizien, Mesopotamien und Skythien. Die Darstellung ist durch zahlreiche novellenartige Episoden aufgelockert. Leitmotiv seiner Geschichtsschreibung ist für ihn die Auseinandersetzung zwischen Griechenland und dem Orient, zwischen Europa und Asien, ein Urzwist mit seinem Höhepunkt in den → Perserkriegen.

Hesiod aus Askra in → Böotien, wohin sein Vater aus Kyme in der → Äolis gezogen war; um 700 v. Chr. bearbeitete er als Bauer kargen Boden; seinem Bruder Perses gelang es durch Bestechung der adeligen Richter, ihn um sein väterliches Erbe zu bringen. Nach eigenen Worten erhielt er als jugendlicher Schafhirt von den → Musen des Berges Helikon die Dichterweihe. H. ist der erste gr. Dichter, der für uns als Persönlichkeit fassbar ist. Im Gegensatz zu → Homer, dem er sich in Sprache und Versmaß anschließt, schildert H. die Welt der kleinen Bauern → Böotiens, die in harter Arbeit ein kärgliches Dasein fristen. H.s Götter sind nicht die heiteren Olympier wie bei Homer, sondern strenge, erhabene Mächte, denen der Mensch in ehrfürchtiger Scheu gegenübersteht. Pessimistisch interpretiert er die Weltentwicklung in Zeitaltern, die vom Goldenen bis zum Eisernen den stetigen Niedergang der Menschheit aufzeigen. Redliche Arbeit und der Glaube an das Recht halten jedoch den Menschen aufrecht. In der *Theogonie* stellt H. die Entstehung der Welt und die Abstammung der einzelnen Götter dar, die erste systematische Zusammenfassung des gr. Götterglaubens. Die *Werke und Tage*, ein Lehrgedicht über den Landbau, sind gegliedert nach den Jahreszeiten.

Hesperiden, die 4 Töchter des → Atlas, die im Garten

der Götter, im äußersten Westen der Welt, die Goldenen Äpfel des Lebens hüteten; 3 davon zu holen, war eine der 12 Arbeiten des → Herakles.

Hestia, Göttin des Herdfeuers, Tochter des → Kronos und der → Rhea. Seit ältesten Zeiten war der Herd Zentrum und Kultstelle des Hauses; vor jeder Mahlzeit wurde auf dem Herd geopfert. Auch der Staat verfügte über einen Herd, den Staatsherd, der auch das Feuer für die Staatsherde der Pflanzstädte lieferte. → Vesta.

Hetären, Bezeichnung für Freudenmädchen, die zum Teil hochgebildet waren, auf jeden Fall aber unterhaltende Künste wie Tanz und Flötenspiel beherrschten und so den Männern im Gegensatz zu den an das Haus gebundenen, vom kulturellen und öffentlichen Leben ausgeschlossenen Ehefrauen anspruchsvolle Unterhaltung boten. Der Umgang mit ihnen galt nicht als sittenwidrig. Die bekanntesten Hetären sind Aspasia, die Geliebte des → Perikles, Lais, die Freundin des → Demosthenes, Thais, die Geliebte → Alexanders des Gr. und Phryne, die des → Praxiteles.

Hexameter → Versbau.

Hiatus, in der Metrik Aufeinandertreffen von 2 Vokalen am Ende eines Wortes und am Anfang des folgenden, z. B.: »hab*e i*ch«. In der antiken Poesie und Kunstprosa wurde der H. vermieden.

Hieron. – **1.** H. I., Tyrann von Gela und 478–467 v. Chr. in der Nachfolge seines Bruders → Gelon Tyrann von → Syrakus. 474 besiegte er bei Kyme (→ Cumae) die → Etrusker. Die berühmtesten zeitgenössischen Dichter, → Aischylos, → Simonides, → Bakchylides, → Pindar, zog er an seinen Hof. – **2.** H. II., 269–215 König von → Syrakus, trat im 1. → Punischen Krieg zu den Römern über, zu denen er auch im 2. Punischen Krieg hielt, wodurch er die Selbständigkeit seines Reiches erhalten konnte. Unter ihm wurde sein Land zur Kornkammer der Mittelmeerwelt. → Archimedes beriet H. bei der Anlage von Befestigungswerken.

Hipparchos aus Nikaia (→ Bithynien), um 190–120 v. Chr., Astronom und Mathematiker, der hauptsächlich in → Alexandria und auf → Rhodos lehrte, Begründer der Trigonometrie; H. berechnete u. a. Größe von Sonne und Mond sowie ihre Entfernung von der Erde, führte die Kreiseinteilung in 360 Grad ein und stellte einen Katalog von mehr als 850 Fixsternen zusammen.

Hippias aus → Elis, um 400 v. Chr., vielseitiger → Sophist, der sich u. a. mit Geometrie, Philosophie und → Rhetorik befasste. Gegen hohes Honorar hielt er Prunkreden und Lehrvorträge. H. hatte auch eine Mnemotechnik entwickelt, die ihn zu unwahrscheinlichen Gedächtnisleistungen befähigte. Er unterschied zwischen Naturrecht und den menschlichen Satzungen. 2 Dialoge → Platons sind nach ihm benannt.

Hippodamos von → Milet, um 475–400 v. Chr., der größte Architekt und Städtebaumeister der Antike (Pläne für → Milet, Thurioi, → Piräus, → Rhodos). Prinzip seiner Stadtplanung: Rechtwinkligkeit der Straßenzüge mit dem Marktplatz an der Hauptkreuzung.

Hippokrates von → Kos, um 460 bis 370 v. Chr., der bedeutendste Arzt des Altertums, Begründer der wissenschaftlichen Medizin. Von den rund 130 in jon. Dialekt abgefassten Schriften, die unter seinem Namen erhalten sind, sind 53 im sogenannten *Corpus Hippocraticum* gesammelt, wobei die Autorenschaft des H. jeweils nicht sicher anzunehmen ist. Gleichwohl stellen diese Schriften die Grundlagen der Medizin seit dem 4. Jh. v. Chr. dar; es handelt sich dabei um allgemeine Grundregeln, Krankheitsberichte, Diagnosen u. Ä. In all diesen Schriften zeigt sich die Ablehnung der alten Priesterpraktiken und die Überzeugung, dass die Natur den Arzt am meisten unterstützen könne.

Hippolytos, in der gr. Sage der Sohn des → Theseus und der → Amazone Hippolyte. H. wollte von Frauen nichts wissen und war vor allem der Jagd ergeben, so dass er unter dem besonderen Schutz der jungfräulichen → Artemis stand. Dadurch zog er sich den Zorn der → Aphrodite zu, die in Phaidra, seiner Stiefmutter, eine verbotene Liebe zu ihrem Stiefsohn erregte. Als H. ihre Anträge mit Abscheu zurückwies, erhängte sie sich in wilder Verzweiflung, nachdem sie vorher in einem Brief an Theseus ihren Stiefsohn bezichtigt hatte, dass er sie durch seine Nachstellungen in den Tod getrieben habe. Daraufhin bat Theseus seinen Vater → Poseidon, seinen verbrecherischen Sohn zu verderben. Als H., ein leidenschaftlicher Rennsportler, an der flachen Küste des Meeres mit seinem Gespann trainierte, erschien aus dem Meer ein Stier, vor dem die Pferde scheuten und durchgingen. H. wurde von den eigenen Rossen zu Tode geschleift. Zu spät erfuhr Theseus die Wahrheit durch → Artemis.

Hịpponax aus → Ephesus, gr. Jambograph, floh 542 v. Chr. beim pers. Einmarsch in seine Vaterstadt nach Klazomenai, wo er als Bettelpoet Spottlieder und Parodien dichtete. Seine Sprache ist gekennzeichnet durch Vulgarismen aus dem Jonischen und durch Barbarismen aus dem Lydischen. Als Versmaß verwendete er den von ihm erfundenen Hinkjambus, das ist ein jambischer Vers, in dessen letztem Versfuß die lange Silbe und die kurze vertauscht sind.

Hịrtius, Aulus H., Freund → Ciceros und → Caesars, in dessen Heer er seit 54 v. Chr. mit wichtigen Aufgaben betraut war. H. schloss Caesars Bericht über den Gallischen Krieg ab, indem er noch ein 8. Buch verfasste. Wahrscheinlich hat er auch das *Bellum Alexandrinum* geschrieben. Als → Konsul des Jahres 43 gewann er in der Schlacht gegen → M. Antonius den Sieg, verlor aber das Leben.

Hispa̱nia, Spanien. Die Urbevölkerung bestand aus Ligurern im Westen, Iberern im Süden und Osten, die sich seit dem 9. Jh. v. Chr. mit → Kelten vermischten und deshalb Keltiberer hießen; im gebirgigen Nordwesten saßen die Asturer und Cantabrer, im Südwesten (Portugal) die

Lusitaner. Das Land war reich an Silber und Zinn. So haben um 1100 v. Chr. die → Phönizier bereits Handelskolonien errichtet (z. B. Gades), seit dem 7. Jh. auch die Griechen, die aber seit dem 6. Jh. durch → Karthago immer mehr verdrängt wurden. 237–218 v. Chr. eroberten die Karthager unter → Hamilkar, → Hasdrubal und → Hannibal die ganze Ost- und Südküste und das Hochland bis zum Tajo; um 225 gründeten sie → Carthago nova (heute Cartagena) als Stützpunkt für ihre spanischen Aktivitäten. Als Grenze zwischen karth. und röm. Interessengebiet wurde 226 der Ebro festgelegt. Als Hannibal nach Eroberung von → Sagunt den Ebro überschritt, löste er damit den 2. → Punischen Krieg aus, der die Karthager den Besitz aller spanischen Gebiete kostete. → Rom richtete auf dem eroberten Gebiet 2 → Provinzen ein: *H. citerior* mit der Hauptstadt Carthago nova und *H. ulterior* im Süden mit der Hauptstadt Corduba. Die endgültige Unterwerfung der Keltiberer dagegen gelang erst 133, als → Scipio d. J. → Numantia zerstörte. Die Asturer und Cantabrer zwang erst → Augustus zusammen mit → Agrippa in den Jahren 25–19 nieder. Nunmehr konnte H. in 3 Provinzen neu gegliedert werden: *H. citerior* mit der Hauptstadt Tarraco, *H. Baetica* mit der Hauptstadt Corduba und *H. Lusitania* mit der Hauptstadt Augusta Emerita. In den nächsten beiden Jahrhunderten wurde das Land völlig romanisiert, wovon noch heute zahlreiche Zeugnisse künden. Die röm. Kolonien in H. brachten viele bedeutende Männer hervor. Während der Völkerwanderung fielen 409 n. Chr. die Alanen, Sueben und Vandalen ein, 415 setzten sich die Westgoten fest, deren Reich 711 von den Arabern erobert wurde.

Homer, der älteste epische Dichter Europas in der 2. Hälfte des 8. Jh.s v. Chr. Zur Person liegen keine gesicherten Nachrichten vor, sogar der Name H. ist umstritten. Sein Grab soll auf Ios liegen. Zahlreiche H.-Büsten sind erhalten aus klassischer und vorwiegend hellenistischer Zeit, die uns als Idealporträts zeigen, wie man ihn sich vorstellte. Die Blindheit H.s ist wohl legendär. – Werk: 1. *Ilias*, das Heldenlied vom Kampf um Ilion (→ Troja), enthält 24 Bücher mit rund 16 000 → Hexametern. Die *Ilias* bringt nur einen 51 Tage umfassenden Ausschnitt des 10 Jahre währenden Krieges um Troja; Leitmotiv der Handlung ist der Zorn des → Achilleus, der beleidigt ist, weil ihm → Agamemnon sein Ehrengeschenk, das Mädchen Briseis, wegnimmt. Daraufhin kündigt Achilleus die Kampfhilfe mitsamt seinen → Myrmidonen auf; nun wogen die Kämpfe wechselvoll hin und her, bis es → Hektor gelingt, Feuer in das Schiffslager zu legen. Achills Freund → Patroklos erreicht von ihm, dass er in dessen Rüstung mit den Myrmidonen in den Kampf eingreifen darf. Gegen den ausdrücklichen Befehl Achills treibt er die Troer bis nach Ilion zurück, bis Hektor ihn stellt, tötet und der Rüstung beraubt. Im 18. Gesang greift nun Achill ein, der in dem Wunsch, den Freund zu rächen, nunmehr auch zur Versöhnung mit Agamemnon bereit ist. In neuer, von → Hephaistos geschmiedeter Rüstung greift er in die Schlacht ein und nimmt Rache an Hektor, dessen Leiche er hinter seinem Wagen zu den griechischen Schiffen schleift. Damit ist auch das Schicksal Trojas besiegelt. Das Epos endet versöhnlich mit der Herausgabe des toten Hektor an den greisen Vater → Priamos. In diese Haupthandlung sind zahlreiche Episoden eingebaut, Gleichnisse aus der Tier- und Jagdsphäre veranschaulichen besondere Situationen. Das Wesen der homerischen Götter ist vielschichtig. Einerseits stellen sie sich naiv vermenschlicht dar, andererseits stehen sie als übermenschliches Schicksal über den Helden. – 2. *Odyssee* (griech. *Odysseía*), das → Epos von den Irrfahrten und der Heimkehr des → Odysseus, umfasst in 24 Büchern rund 12 000 Hexameter. Die Handlung, auf 40 Tage konzentriert, spielt im 10. Jahr nach der Einnahme Trojas. Die Abfolge der Ereignisse ist nicht chronologisch. Nach Mitteilung des Götterratsbeschlusses, den Odysseus, der 7 Jahre bei → Kalypso festgehalten wurde, heimkehren zu lassen, werden die Verhältnisse auf → Ithaka geschildert, wo die Gattin → Penelope von Freiern bedrängt und Odysseus' Gut von ihnen verprasst wird, während der heranwachsende Sohn → Telemachos auf Anraten → Athenes nach Pylos und → Sparta reist, um nach seinem Vater zu forschen. Schließlich begibt sich → Hermes zu Kalypso mit dem Auftrag, Odysseus endlich abfahren zu lassen. Aber der von → Poseidon entfachte Sturm auf dem Meer lässt sein Floß scheitern, er kann sich an den Strand von Scheria retten. Die Gesänge 6–12 umfassen den Aufenthalt bei den → Phäaken: Zusammentreffen mit der Königstochter → Nausikaa am Strand, gastliche Aufnahme durch König → Alkinoos, Bericht des Odysseus über seine Irrfahrten (das Kyklopenabenteuer, die Fahrt von der Insel des Windgottes Aiolos zu den → Laistrygonen, die Verwandlung seiner Gefährten in Schweine durch → Kirke, seine Fahrt in die → Unterwelt, die gefährliche Fahrt durch → Skylla und Charybdis, der Untergang der Gefährten wegen der Schlachtung der Helios-Rinder). Die Gesänge 13–24 schildern des Odysseus Heimkehr nach Ithaka und die Rache an den Freiern zusammen mit Telemachos und den Getreuen. Ein drohender Aufstand der Ithakesier aus Rache für den Freiermord wird durch Athene beschwichtigt. Durch das ganze Geschehen hindurch zeigt sich Athene als Beschützerin des Odysseus. – 2 Stoffkreise heben sich voneinander ab: die Handlung um Penelope, die 20 Jahre in Treue auf die Heimkehr ihres Mannes wartet, und die Handlung um Odysseus, der 10 Jahre umherirrt, bis er die Heimat erreicht. Die Gesellschaft der *Odyssee* ist weniger von den alten kriegerischen Adelsidealen geprägt als die der *Ilias*.

An der Historizität einer Dichterpersönlichkeit, die jeweils das Grundkonzept beider Epen schuf, wird heute nicht gezweifelt; beide Epen weisen aber auch Spuren verschiedener Bearbeiter und Kulturstufen auf. Die divergierenden Weltbilder in beiden Epen sind z. T. durch die Verschiedenheit des Stoffes bedingt. Viele Indizien deuten darauf hin, dass die *Odyssee* in ihrem Kern jünger sein muss als die *Ilias*.

Homo novus (lat. »Neuling«), verächtliche Bezeichnung für einen Nichtpatrizier, dem es gelang, höhere Staatsämter zu bekleiden (z. B. → Cicero).

Hopliten, die schwerbewaffneten Infanteristen im gr. Heer, bildeten die Kerntruppe. → Heerwesen.

Horatii, altes röm. Patriziergeschlecht. – **1.** Nach der Sage sollen Drillingsbrüder unter → Tullus Hostilius durch einen siegreichen Kampf mit 3 Curiatiern, ebenfalls Drillingsbrüdern aus → Alba Longa, den Streit entschieden haben, ob → Rom oder Alba Longa die Vorherrschaft innehaben sollte. – **2.** Horatius Cocles soll nach der Sage 507 v. Chr. im Alleinkampf an der Pfahlbrücke über den Tiber den → Etruskern unter → Porsenna standgehalten haben, bis sie abgebrochen war; dann schwamm er in voller Rüstung ans andere Ufer.

Horaz. Quintus Horatius Flaccus, 65–8 v. Chr., neben → Vergil der bedeutendste röm. Dichter der Augusteischen Zeit. Als Sohn eines wohlhabenden Freigelassenen in Venusia (Apulien) geboren, von wo der Vater nach → Rom zog, um seinem Sohn eine sorgfältige Ausbildung zu ermöglichen, die H. durch philosophische Studien in → Athen (45 v. Chr.) abschloss. Im Herbst 44 trat er als Militärtribun (→ Tribun) in das Heer der Caesarmörder → Brutus und → Cassius ein. Nach der Niederlage von → Philippi 42 kehrte er nach Italien zurück, wo er sich aber wegen der Landverteilung an → Octavians Veteranen des väterlichen Guts beraubt fand und sich seinen Lebensunterhalt als Kanzleibeamter in der Finanzverwaltung verdienen musste. In dieser Zeit begann H. zu schreiben; von Vergil wurde er 38 v. Chr. bei → Maecenas eingeführt, der ihn bald in seinen Freundeskreis aufnahm und ihm um 33 das Landgut Sabinum in den Sabinerbergen schenkte.

Werke: I. Frühzeit: 1. Die 2 Bücher → Satiren (von ihm selbst auch *Sermones*, »Gespräche«, genannt), in → Hexametern, ab 41/40 entstanden, schließen sich an → Lucilius an; darin prangert er Schwächen und Torheiten der Menschen, politischen und moralischen Niedergang an, berichtet von ergötzlichen Erlebnissen; auch literarische Fragen erörtert er. – 2. Die *Epoden*, gleichzeitig mit den Satiren entstanden; damit führte H. eine gr. Dichtungsgattung neu in die röm. Literatur ein. In diesen Spottversen griff er missliebige Zeitgenossen und auch ganze Gruppen an; andererseits beklagt er Missstände allgemeiner Art.

II. Mittlere Periode: die 3 *Oden*-Bücher entstanden 30–23 v. Chr. Vorbilder sind → Alkaios, → Sappho, → Bakchylides, → Anakreon, → Pindar. Die Themen dieser Gedichte sind Freundschaft, Geselligkeit, Liebe, Lebensweisheit, Götterhymnen, politische Probleme. Den Höhepunkt stellen die sog. *Römeroden* dar, sechs Stücke am Anfang des 3. Buches, in denen er → Augustus als sittlichen Erneuerer des röm. Volkes verherrlicht.

III. Spätwerk: 1. Die *Episteln*, 2 Bücher in Hexametern; Buch 1, mit 20 Briefen, erschien im Jahr 20 v. Chr.; die Briefe bieten am konkreten Beispiel Ratschläge für richtiges Verhalten. Im Jahre 13 erschien das 2. Buch mit 3 Briefen literarischer Thematik, wovon der 3. *Ad Pisones* unter dem Titel *Ars poetica* bekannt wurde und H.' Meinung von Wesen und Aufgabe der Dichtung darlegt. – 2. Spätlyrik: Das *Carmen saeculare*, ein ehrender Auftrag des Kaisers → Augustus, ein Festlied zur staatlichen Jahrhundertfeier des Jahres 17 v. Chr. zu dichten. Ein 4. Buch *Oden*, um 14/13 abgeschlossen, in denen er die Taten der kaiserlichen Familie und die Dichtkunst verherrlicht.

Horen, 3 Töchter des → Zeus und der → Themis: Thallo, Auxo und Karpo, die Göttinnen der Jahreszeiten.

Hortensius. Quintus H. Hortalus, 114–50 v. Chr., bedeutender röm. Redner, → Konsul 69 v. Chr., nach dem Urteil → Ciceros Vertreter des → Asianismus. Im Jahre 70 verteidigte er Verres in dem Prozess, den die Einwohner → Siziliens wegen Ausbeutung gegen ihn mit Cicero als Ankläger betrieben. Zwar musste er seinen Rang als bester Redner der damaligen Zeit an Cicero abtreten, er blieb jedoch weiterhin neben Cicero der gesuchteste Anwalt. Dennoch war das Verhältnis zwischen den beiden Rivalen so gut, dass sie bisweilen sogar eine gemeinsame Verteidigung übernahmen. Cicero widmete ihm den nicht erhaltenen Dialog *Hortensius*, eine Einführung in die Philosophie.

Hyakinthos, in der gr. Sage ein Jüngling aus Amyklai bei → Sparta, den → Apollon wegen seiner großen Schönheit liebte. Beim gemeinsamen Diskuswerfen traf ihn ein fehlgehender Diskus des Apollon. Aus seinem Blut entspross die nach ihm benannte Hyazinthe.

Hybris, gr. »Hochmut, Zügellosigkeit, Frevel«, besonders gegenüber den Göttern, Inbegriff jedes Verhaltens, das die Grenzen der Ordnung und das dem Menschen gesetzte Maß sprengt. Folge der Hybris ist nach allgemeiner Überzeugung seit → Homer Bestrafung durch die Götter, die Leid und Unglück schicken.

Hydria, Gefäß aus Ton zum Wasserholen; 2 seitliche Henkel dienten zum Halten beim Wassereinlassen, der senkrechte Rückseitenhenkel zum Wegtragen und Ausgießen.

Hygin(us). Gaius Julius H., 64 v. Chr. – 17 n. Chr., spanischer Freigelassener des Kaisers → Augustus, Freund → Ovids; Leiter der von Augustus gegründeten Palatinischen → Bibliothek. Von seinen landwirtschaftlichen, philologischen und historischen Schriften ist nichts erhalten.

Hymenaios. – 1. Gott der Hochzeit. – **2.** Hochzeitslied, beim Festmahl oder bei der Heimführung der Braut gesungen.

Hymettos, Bergzug südöstlich von → Athen, 1026 m hoch, berühmt wegen des dort gewonnenen Honigs und wegen des blaugrauen Marmors seiner Steinbrüche.

Hymnos, feierliches Preis- und Loblied auf Götter und

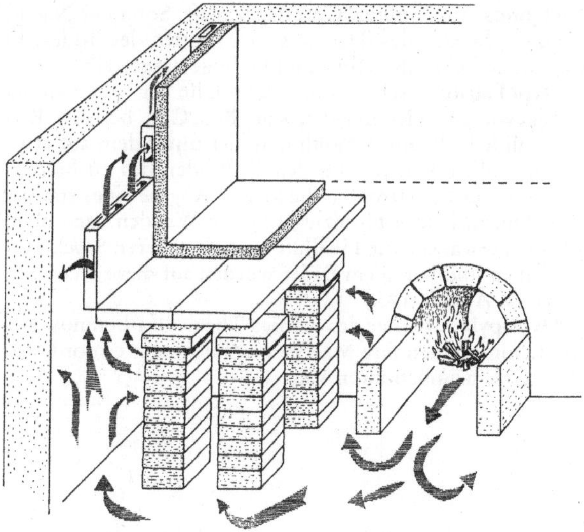

Hypokaustanlage. Schematische Darstellung

Heroen in → Hexametern oder elegischen Versen, unter Musikbegleitung, als Einzel- oder Chorgesang. Unterscheidung nach Kult- und literarischen Hymnen. Berühmt sind die Homerischen Hymnen, Götterhymnen des → Alkaios, → Pindars Hymnen auf Wettkampfsieger, Hymnen von → Kallimachos, mystische Hymnen auf → Orpheus aus hellenistischer Zeit, das *Carmen saeculare* des → Horaz.

Hyperboreer, sagenhaftes Volk, unerreichbar im hohen Norden wohnend; sie lebten in Frieden und Glück; → Apollon verbrachte bei ihnen die Wintermonate.

Hyperion, in der gr. Sage einer der → Titanen, Vater des → Helios, auch Beiname des Helios.

Hypnos, lat. *Somnus*, Gott des Schlafs, Sohn der Nacht, Zwillingsbruder des Thanatos, des Gottes des Todes, in der Kunst beide als geflügelte Jünglinge dargestellt.

Hypokausten, schon um 800 v. Chr. in → Olympia nachgewiesene Heizungsart, seit 80 v. Chr. bei den Römern üblich. In einen Hohlraum, der unter dem auf etwa 80 cm hohen Säulen ruhenden Fußboden des zu heizenden Raumes lag, strömten die heißen Abgase eines starken Holzfeuers. Durch Hohlziegel in den Wänden nach oben geführt, erwärmte die Heißluft auch die oberen Stockwerke. Villen und vor allem Bäder wurden auf diese Weise beheizt. (s. Abb. S. 143.)

Hypsipyle, Tochter des Königs Thoas von Lemnos. Als die Lemnierinnen ihre Männer aus Eifersucht ermordeten, rettete H. heimlich ihren Vater.

I

Iberer, Bewohner Spaniens. → Hispania.

Ibykos, gr. Lyriker aus Rhegion in Unteritalien, 6. Jh. v. Chr., fahrender Sänger in den Städten Großgriechenlands und → Siziliens, ferner am Hof des Tyrannen von → Samos, des → Polykrates. Von seinen dorischen Chorliedern ist wenig erhalten; es geht dabei meist um die Verherrlichung schöner Knaben. Schillers Ballade von der Aufdeckung des Mordes an I. durch Kraniche schließt sich an eine späthellenistische Novelle an.

Ida, Gebirge: **1.** im südlichen → Phrygien, nördlich von → Troja; vom Gipfel des I. beobachtete → Zeus den → Trojanischen Krieg. Hauptsitz des → Kybelekults. – **2.** auf → Kreta; in einer Höhle dort soll Zeus geboren und erzogen worden sein.

Ikaros → Daedalus.

Iktinos, gr. Architekt um 450 v. Chr., schuf zusammen mit Kallikrates 448–432 v. Chr. den Parthenontempel in → Athen und war beteiligt am Bau des Telesterions, des Mysterientempels in Eleusis.

Illyrier, indogerm. Volk, das sich im 2. Jt. v. Chr. von der Lausitz bis nach der Balkanhalbinsel ausbreitete, wobei sie die → Dorier nach Griechenland und die → Italiker nach Italien abdrängten. Die Griechen und Römer identifizierten vornehmlich die Bergstämme östlich der Adria mit den I.n. Von ihren befestigten Höhensiedlungen aus trieben sie Landwirtschaft, Jagd, Bergbau; als unmittelbare Küstenbewohner (in Dalmatien) waren sie gefürchtete Seeräuber. Seit 230 v. Chr. gingen die Römer gegen die I. vor, bis sie endgültig romanisiert wurden (Provinzen Dalmatien und → Pannonien).

Imperium. – **1.** Herrschaftsgebiet. – **2.** Die Befehlsgewalt der röm. → Diktatoren, → Konsuln und → Prätoren. Das

I. war nur außerhalb des Stadtbereichs von → Rom unumschränkt; beim Überschreiten der Stadtgrenze erlosch das I. des Feldherrn. Im Krieg bedeutete I. Oberbefehl über alle Heeresangehörigen, die Macht, Soldaten auszuheben, Recht zu sprechen, die Beute zu verteilen, in den Provinzen Münzen zu prägen. Den Titel *Imperator*, Voraussetzung für die Bewerbung um den → Triumph, vergaben die Soldaten oder der Senat nach einem Sieg. 45 v. Chr. erhielt → Caesar als Erster den für die späteren Kaiser erblichen Titel *Imperator*.

Inachos, ältester König von → Argos, Vater der → Io.

Ino, Tochter des → Kadmos und der Harmonia, 2. Gattin des Athamas; suchte vergeblich ihre Stiefkinder → Phrixos und Helle zu verderben. Auf der Flucht vor dem rasenden Gatten stürzte sie sich mit ihrem Sohn Melikertes ins Meer, worauf beide in Meergottheiten verwandelt wurden. Als Leukothea steht I. schiffbrüchigen Seefahrern bei, wie z. B. dem → Odysseus.

Io, Tochter des → Inachos, Herapriesterin, Geliebte des → Zeus, der sie in eine Kuh verwandelte, um sie vor der Eifersucht der → Hera zu retten. Doch Hera verlangte die Kuh als Geschenk und übergab sie dann dem hundertäugigen Hirten Argos zur Bewachung. Im Auftrag des Zeus aber tötete → Hermes den Argos, woraufhin Hera durch eine Bremse die Kuh durch die Welt hetzte, bis sie endlich in → Ägypten ihre frühere Gestalt wiederbekam und dem Zeus den Epaphos gebären konnte. Später wurde sie von den Ägyptern als → Isis verehrt.

Iokaste → Ödipus.

Ion, Sohn des → Apollon und der Krëusa, der mythische Stammvater der → Jonier.

Iphigenie, Tochter des → Agamemnon und der → Klytaimnestra, Schwester des → Orest und der → Elektra. Ihr Vater musste sie auf Geheiß des Sehers → Kalchas in → Aulis der → Artemis opfern, die, von Agamemnon beleidigt, durch widrige Winde die Abfahrt der griechischen

→ Flotte nach → Troja verhinderte. Während der Opferhandlung aber entrückte die Göttin die Jungfrau nach Tauris, wo sie Priesterin in deren Heiligtum wurde. Dort rettete I. Orest und floh mit ihm unter Mitnahme des Götterbildes nach Griechenland. – Der Stoff wurde mehrfach dichterisch behandelt: → Euripides, Racine, Goethe.

Iris, Götterbotin, Dienerin der → Hera, Personifizierung des Regenbogens, auf einem Regenbogen zur Erde schwebend gedacht.

Isis, ägyptische Göttin, Schwester und Gemahlin des → Osiris, Mutter des Horus. Sinnbild der Fruchtbarkeit. Ihr Kult verbreitete sich in hellenistischer Zeit nach Griechenland und → Sizilien, in → Rom wurde er erst seit dem 1. Jh. v. Chr. populär, so dass I. die am meisten verehrte ausländische Gottheit der gr.-röm. Welt wurde. Symbole des Isiskultes waren Ähre und Füllhorn, heiliges Tier die Kuh. Dargestellt wurde I. bei den Ägyptern meist als Frau mit Kuhhörnern, bei den Griechen und Römern als langgewandete Frau.

Ismene, Tochter des → Ödipus, Schwester der → Antigone.

Isokrates, 436–338 v. Chr., aus → Athen, attischer Redner, Sohn eines wohlhabenden Handwerkers; rhetorische Ausbildung bei Teisias, → Gorgias, Prodikos. Der wirtschaftliche Niedergang des väterlichen Betriebes führte ihn zu dem Beruf des Logographen, eines Verfassers von Gerichtsreden für andere. Da ihm zum Auftreten als politischer Redner die kräftige Stimme und der Wagemut fehlten, entschloss er sich um 390 v. Chr., eine Rednerschule zu gründen. In seinem Streben nach Schönheit des Stils, Wohllaut und rhythmischer Durchgestaltung der Rede wurde er zum Vollender der attischen Kunstprosa; Zeugnis seiner Redekunst legen je 7 Schul-, Gerichts- und politische Reden sowie etliche Briefe ab. Nachdem er eingesehen hatte, dass eine Einigung Griechenlands unter Führung Athens nicht zu verwirklichen war, sah er in

→ Philipp von → Makedonien denjenigen, der das geeinte Griechenland gegen den Erzfeind Persien führen sollte. Die bedeutendsten Reden sind wohl der *Panegyrikos* (380 v. Chr.), der *Areopagitikos* (354) und der *Panathenaikos* (339). Im *Panegyrikos* erhebt I. den Anspruch Athens auf die Führung im 2. Seebund, im *Areopagitikos* fordert er die Wiederherstellung der alten Machtmittel für den → Areopag; sein letztes Werk, der *Panathenaikos*, verbindet das Lob der Stadt Athen mit der Frage nach der besten Verfassung.

Issos, Küstenstadt in → Kilikien, Schauplatz des Sieges → Alexanders d. Gr. über den Perserkönig Dareios III. 333 v. Chr.

Isthmische Spiele, 582 v. Chr. gestiftet, fanden alle 2 Jahre auf dem → Isthmos bei einem Tempel des → Poseidon zu dessen Ehren statt: Wagenrennen, gymnischer und (später) auch musischer Agon.

Isthmos, die Landenge von → Korinth zwischen → Peloponnes und Mittelgriechenland. Auf einer Gleitbahn (Diolkos) konnten Schiffe über die Landenge gezogen werden. → Nero wollte den Diolkos durch einen Kanal ersetzen und tat dazu selbst den ersten Spatenstich; zur Vollendung des Werkes kam es wegen seines Sturzes nicht mehr. Erst 1881–93 wurde der Kanal erstellt.

Italiker, eine Gruppe indogerm. Völker, die gegen Ende des 2. Jt.s v. Chr. von Norden her in Italien einwanderten. Die Hauptstämme waren die Umbrer, die in den Bergen um den Oberlauf des Tiber siedelten, die → Sabiner und → Samniten, die im gebirgigen Hinterland von → Kampanien bis zum Oberlauf des Tiber wohnten, und die Osker in Kampanien. Im Nordwesten Italiens blieben die alteingesessenen → Ligurer, während die süditalischen Küsten mit gr. Kolonien überzogen waren. Seit dem 4. Jh. v. Chr. ließen sich die → Kelten (Gallier) in Norditalien nieder. Nach dem Niedergang der → Etrusker, die im 6. Jh. v. Chr. die Vormachtstellung in Italien innehatten, errang → Rom um 250 v. Chr. nach schweren, langwierigen Kämpfen die Herrschaft über alle italischen Stämme, die entweder den Status von → Bundesgenossen oder von Untertanen erhielten. Deshalb kam es immer wieder zu Aufständen gegen die Römer, bis diese schließlich 89 v. Chr. allen Italikern die Rechte der latinischen Bundesgenossen zuerkannten. Das Lateinische verdrängte mit Ausbreitung der röm. Herrschaft über ganz Italien alle italischen Sprachen.

Ithaka, Insel zwischen Kephallenia und dem gr. Festland, Heimatinsel des → Odysseus. Es ist nicht gesichert, ob dieses I. mit dem heutigen Ithaki oder mit Leukas zu identifizieren ist.

J

Jambus → Versbau.

Janus, Gott der Durchgänge und Torbögen, des Anfangs und des Endes, weshalb er zweigesichtig dargestellt wurde. Am → Forum in Rom stand neben der Kurie sein Tempel, ein Doppeltor, das im Frieden geschlossen und in Kriegszeiten geöffnet war.

Jason → Argonauten, → Medea.

Jokaste → Ödipus.

Jonien, die Westküste Kleinasiens zwischen den Flüssen Hermos und → Mäander mit den vorgelagerten Inseln → Chios und → Samos.

Jonier, einer der 3 gr. Hauptstämme; konnten nach der dorischen Wanderung in Griechenland nur → Attika und → Euböa behaupten, die übrigen J. siedelten sich auf den Inseln der Ägäis und in → Jonien an. Die von den J.n gegründeten 12 kleinasiatischen Städte (z. B. → Ephesos, → Milet, Klazomenai) vereinigten sich zum jonischen Bund, der 560 in Abhängigkeit des → Lyder-, um 540 v. Chr. des → Perserreiches geriet. Der Jonische Aufstand (499–494 v. Chr.) gegen die Perser brachte nicht die Befreiung, die sie erst nach → Salamis (480 v. Chr.) erlangten. 386 wurden alle Griechenstädte Kleinasiens wieder pers., bis die Griechen Kleinasiens im Reich → Alexanders d. Gr. aufgingen. Die günstige geographische Lage der Jonierstädte am Ende der großen Handelsstraßen aus den innerasiatischen Ländern führte nicht nur zu großem Wohlstand, sondern vermittelte auch Kenntnisse auf vielen Gebieten, was insgesamt zu einer starken kulturellen Blüte führte.

Jonische Säulenordnung → Säulenordnung.

Josephus. Flavius J., aus Jerusalem, 37/38 – um 100 n. Chr., jüdischer Historiker, der in gr. Sprache schrieb.

Janus. Römische Münze.
Um 220 v. Chr.

Werke: Der *Jüdische Krieg* (*Bellum Iudaicum*) in 7 Büchern, 20 Bücher *Jüdische Altertumskunde* (*Antiquitates*), *Gegen Apion* (*Contra Apionem*), eine Schrift gegen den Antisemitismus.

Jugurtha, König von → Numidien, um 160–104 v. Chr., Enkel des → Massinissa. Nach dem Tod (118 v. Chr.) seines Onkels, des Königs Micipsa, der ihn adoptiert hatte, teilte er die Herrschaft zunächst mit seinen beiden Vettern Hiempsal und Adherbal, die er jedoch, obwohl sie unter dem Schutz → Roms standen, ermorden ließ. Daraufhin erklärte → Rom ihm 111 v. Chr. den Krieg, der sich jedoch infolge Bestechung der röm. Nobilität hinzog, bis schließlich → Marius das Unternehmen beenden konnte. Nachdem J. von seinem Schwiegervater Bocchus, dem König von → Mauretanien, ausgeliefert worden war, wurde er im → Triumphzug des Marius durch Rom mitgeführt und schließlich im Staatsgefängnis Tullianum erdrosselt. → Sallust.

Julia. – **1.** Tochter → Caesars, Gemahlin des → Pompeius, um 76–54 v. Chr. – **2.** Tochter des → Augustus mit

Scribonia, 39 v. Chr. – 14 n. Chr., in dritter Ehe mit → Tiberius verheiratet. Wegen ihres ausschweifenden Lebenswandels schickte sie Augustus 2 v. Chr. auf die Insel Pandataria (im Tyrrhenischen Meer westlich von Puteoli) in lebenslange Verbannung. – **3.** Tochter des → Agrippa und der älteren J. (2.), Enkelin des → Augustus, wurde 8 n. Chr. aus ähnlichen Gründen wie die Mutter verbannt. Im selben Jahr wurde → Ovid verbannt, was die Vermutung nahelegt, dass er in diesen Skandal verwickelt war.

Julian. Flavius Claudius Julianus, von den Christen mit dem Beinamen Apostata (gr. »der Abtrünnige«) belegt, Sohn des Constantius, des Bruders → Konstantins d. Gr., 361–363 röm. Kaiser. Obwohl in der christlichen Lehre erzogen, sagte er sich vom Christentum los, dem er ein im neuplatonischen Geist erneuertes Heidentum entgegenstellen wollte. J. ließ allgemeine Glaubensfreiheit zu und verfügte die Wiederherstellung der heidnischen Göttertempel. Auf einem Feldzug gegen die → Perser fand er den Tod. Von seinen Schriften, die er in gr. Sprache verfasste, sind Reden, Briefe und Epigramme erhalten.

Julier, lat. *Iulii*, uraltes, röm. Patriziergeschlecht aus → Alba Longa, das sich herleitete von Julus oder → Ascanius, dem Sohn des → Aeneas, der seinerseits ein Sohn der → Aphrodite war: Somit stammen die J. von den Göttern ab. Der bedeutendste J. war → Caesar, mit dem die Familie ausstarb; allerdings wurde → Augustus durch Adoption im Testament des Caesar J.

Julus → Ascanius. → Julier.

Juno, altitalische Göttin, später mit → Hera identifiziert und als solche Gattin des → Jupiter. Ursprünglich hatte jede Frau ihre J. entsprechend dem → Genius des Mannes. Als J. Lucina (»Lichtbringerin«) gewährte sie den Frauen Beistand bei der Geburt und als J. Moneta (»Mahnerin«) Ratschläge; auf der Arx, der nördl. Kuppe des → Kapitols, stand der Tempel der J. Moneta, in dem die röm. Münze eingerichtet war. Daher unser Wort »Moneten« für »Geld«. Der Kult der J. oblag verheirateten Frauen.

Jupiter, der älteste und oberste Gott der Römer, später mit → Zeus gleichgesetzt. Er ist urspr. der Gott des Himmelslichtes (der Gestirne und des Blitzes) und Wettergott, weshalb ihm die ersten Heiligtümer auf Hügeln errichtet wurden. Über die → Etrusker – in Anlehnung an die gr. Trias → Zeus, → Hera, → Athene – kam es in → Rom zur Verehrung der Trias J., → Juno und → Minerva. J. wurde nunmehr als *Optimus Maximus* (»Bester Größter«) angerufen. J. ist Garant Roms und des Imperiums. Auf dem → Kapitol zu Rom stand sein berühmtestes Heiligtum, das die Tarquinier erbaut und die ersten → Konsuln 509 v. Chr. geweiht haben sollen; dieser Tempel *J. Capitolinus* war jeweils das Ziel des → Triumphzuges.

Justinian I., oströmischer Kaiser, 527–565, stammte aus dem Dorf Tauresium in Illyrien von einfachen Bauern ab. Sein Lebensziel war die Wiederherstellung der alten Grenzen des röm. → Imperiums. Durch seine Feldherrn Belisar und Narses entriss er Afrika, Sardinien und Korsika den Vandalen (535), Italien und → Sizilien den Ostgoten (553), Südspanien den Westgoten (554). Die Kirche stützte J. durch Unterdrückung aller nichtorthodoxen Lehren, durch Schließung der Philosophenschulen in → Athen 529, durch Angleichung des hierarchischen Aufbaus der Kirche an die staatliche Verwaltung. Durch Beseitigung der letzten Reste der röm. Verfassung sicherte er die autokratische Stellung des Kaisers. Die zahlreichen Kriege und seine Bautätigkeit (u. a. die Hagia Sophia in → Konstantinopel von 532 bis 537) führten zu einer Verschuldung des Staates. Von außerordentlicher Bedeutung ist die durch ihn veranlasste Kodifizierung des röm. Rechts im *Corpus iuris* von 529–535, das aus 4 Teilen besteht: (1.) Die *Institutiones* als kurzes Lehrbuch des gesamten Rechts (533); (2.) die *Pandekten* (oder *Digesten*) sind Auszüge aus den Schriften der klassischen röm. Juristen (533); (3.) *Codex*

Iustinianus, eine Sammlung der geltenden kaiserlichen Gesetze (1. Ausgabe 529, 2. Ausg. 534); (4.) *Novellae constitutiones*, Zusammenstellung der nach der Herausgabe des Codex erlassenen Gesetze des J. – Das *Corpus iuris* bildete eine wichtige Grundlage für die europäische Rechtsprechung bis in die jüngste Zeit.

Juvenal. Decimus Iunius Iuvenalis, aus Aquinum in → Kampanien, um 60–140 n. Chr., der letzte bedeutende Satiriker der röm. Literatur, schrieb in 5 Büchern 16 hexametrische → Satiren, die erhalten sind. Leidenschaftlich, schonungslos und realistisch geißelt J. die Lasterhaftigkeit der Gesellschaft → Roms. Im Gegensatz zu → Horaz gibt er sich als humorloser Sittenrichter.

K

Siehe auch unter C

Kadmos, Sohn des Königs Agenor von → Tyros in Phönizien, Bruder der von → Zeus in Gestalt eines Stieres entführten Europa, Ahnherr der Thebaner. Auf der Suche nach seiner Schwester kam K. über → Kreta und Thera nach → Delphi. Auf Anraten des dortigen → Orakels gab K. die Suche auf, um einer Kuh zu folgen und dort, wo sie sich niederlegte, eine Stadt zu gründen. So errichtete er in → Böotien die Kadmeia, die Burg der künftigen Stadt → Theben. Auf → Athenes Befehl säte er die Zähne eines erlegten Drachens aus; bald standen gepanzerte Männer da, die sich bis auf 5 gegenseitig töteten. Diese halfen beim Bau der Stadt und galten als die Stammväter des thebanischen Adels. Nach achtjährigem Sühnedienst bei → Ares für die Tötung des Drachens erhielt er Harmonia, Tochter des Ares und der → Aphrodite, zur Gattin. Schließlich wurden K. und Harmonia, in Schlangen verwandelt, in die elysischen Gefilde entrückt.

Kalabrien, lat. *Calabria*, die östliche Halbinsel von Süditalien (jetzt Apulien), mit den Hauptorten Tarentum und → Brundisium. An der Küste legten die Griechen früh Kolonien an.

Kalchas, Vogelschauer und Seher, der die Griechen im → Trojanischen Krieg begleitete.

Kallimachos, um 310–240 v. Chr., aus → Kyrene, Gelehrter und Dichter. Nach dem Studium in → Athen ging K. als Lehrer der Grammatik nach → Alexandria, dem Zentrum der hellenistischen Bildung (→ Bibliothek, → Museion). Im Auftrag von Ptolemaios II. erstellte er einen Katalog (*Pinakes*) aller gr. Schriftsteller sowie ihrer Werke mit Titeln, Abfassungszeiten und Umfang, die erste wissenschaftliche Bibliographie der gr. Literatur. Zu seinem Gesamtwerk von über 800 Büchern gehören darüber hinaus zahlreiche enzyklopädische Schriften aus den verschiedensten Bereichen, etwa die *Hypomnemata*, in denen er Merkwürdigkeiten aus Natur, Kunst, Geschichte und Geographie sammelte. Die Prosaschriften des K. sind sämtlich verloren. Von seinen Dichtungen dagegen sind 2 Bücher vollständig erhalten, 6 → Hymnen und 63 → Epigramme. Von den 4 Büchern *Aitia*, in denen er in elegischem Versmaß die Ursachen und Anfänge von Festen und Bräuchen beschreibt, und von dem Kleinepos *Hekale*, einer Episode aus der Theseusgeschichte, sind nur Fragmente erhalten. Durch die Nachdichtung → Catulls ist uns die *Locke der Berenike* bekannt. K., der das Großepos ablehnte, befürwortete kleine Formen in gelehrter und kunstvoller Ausgestaltung.

Kalliope, → Muse, Schutzherrin der epischen Poesie, der → Rhetorik und Philosophie.

Kallisthenes aus Olynth, etwa 370–327 v. Chr., Großneffe und Schüler des → Aristoteles, dem er an den makedonischen Königshof folgte. K. begleitete → Alexander d. Gr. auf seinem Feldzug nach Asien als Hofhistoriograph. Als er sich der Proskynesis (fußfällige Verehrung nach Persersitte) widersetzte, ließ ihn Alexander 327 v. Chr. hinrichten. K. schrieb in 10 Büchern eine *Griechische Geschichte* für die Jahre 387–356, ferner eine Alexandergeschichte *Taten Alexanders*, worin er dessen Heldentaten feiert und mit zahlreichen Wundern umgibt. In beide Werke sind viele Exkurse geographischen, naturwissenschaftlichen, antiquarischen und philologischen Inhalts eingestreut.

Kallisto, im Mythos Jagdgefährtin der → Artemis. Als ihre Mutterschaft durch → Zeus von der jungfräulichen Artemis entdeckt wird, wird sie in eine Bärin verwandelt, die nach → Arkadien flieht und dort den Arkas, der als Stammvater der Arkader gilt, gebiert. Schließlich versetzt Zeus sie unter die Sterne (Großer Bär).

Kalypso, → Nymphe, Tochter des → Atlas, auf der einsamen Insel Ogygia lebend; sie nahm den schiffbrüchigen → Odysseus freundlich auf und beherbergte ihn 7 Jahre, bis sie ihn auf Geheiß der Götter ziehen lassen musste.

Kambyses II., Sohn des → Kyros II., Großkönig 529–522 v. Chr. 525 eroberte er → Ägypten und stieß nach Nubien und → Libyen vor. Während seiner Abwesenheit zettelte der Magier Gaumata in Persien einen Aufstand an, wobei er sich als Smerdis ausgab, als Bruder, den K. hatte ermorden lassen. Auf dem Rückmarsch starb K. in Syrien.

Kampanien, die Ebene am Golf von → Neapel, wohl von der Stadt → Capua her benannt. Während die einheimische Bevölkerung oskisch war, waren die Küstenstädte gr. Kolonien. 520–420 v. Chr. stand K. unter etr. Herrschaft. 312 erschlossen sich die Römer durch den Bau der → Via Appia die Gegend, die fruchtbar an Getreide, Öl und Wein war.

Kanneluren, die senkrecht verlaufenden Rillen zur Verzierung eines antiken Säulen- oder Pfeilerschaftes.

Kapitell, Kopf eines Pfeilers oder einer Säule.

Kapitol, *mons Capitolinus*, einer der 7 Hügel → Roms, westl. des → Forum Romanum, hat 2 Gipfel. Auf dem nördlichen, der Arx (Burg), stand der Tempel der Juno Moneta (röm. Münzstätte); auf dem Südgipfel, dem Capitolium, stand der Haupttempel Roms, der des Jupiter Capitolinus (509 v. Chr. vollendet). Auf dem K. verehrten die Römer die kapitolinische Trias, d. h. den Staatsgott → Jupiter Optimus Maximus mit → Juno und → Minerva.

Karien, Küstenlandschaft im südwestlichen Kleinasien zwischen dem Großen → Mäander und dem Dalaman-Fluss; hier legten die Griechen frühzeitig Kolonien an, z. B. → Milet, → Halikarnassos, → Knidos. Trotz pers. Oberherrschaft nahm K. gr. Kultur an.

Karneades von → Kyrene, 214–129 v. Chr., gr. Philosoph, Leiter der → Akademie in → Athen, Begründer der Neuen oder Dritten Akademie, Mitglied der Philosophengesandtschaft nach → Rom (155 v. Chr.). K. bestritt die Möglichkeit endgültiger Beweise und stellte als erster Philosoph eine Wahrscheinlichkeitstheorie auf.

Karthago, Kolonie der phönizischen Stadt → Tyros, an der Nordküste Afrikas, 814 v. Chr. zur Sicherung der Handelsschifffahrt nach Spanien (→ Hispania) angelegt. Mittelpunkt der Stadt war die Festung Byrsa. K. verfügte über einen Handels- und einen Kriegshafen. Seit 600 v. Chr. waren die Karthager, auch Punier genannt, durch Handel und Militär die führende Macht im Mittelmeer. Sie beherrschten den Westen → Siziliens, die Küsten Sardiniens und Korsikas. Mit den → Etruskern, der zweiten Handelsmacht des Mittelmeerraums, schloss K. Verträge; ebenso mit → Rom, bis es nach dem Tarentinischen Krieg zwischen Rom und K. zu der Feindschaft kam, die in den 3 → Punischen Kriegen zur völligen Vernichtung K.s führte (146 v. Chr.). Das karthagische Gebiet wurde der röm. → Provinz Africa einverleibt. 44 v. Chr. gründete → Caesar hier die *Colonia Iulia Carthago*, die sich neben → Alexandria zur bedeutendsten und reichsten Stadt der Provinz erhob. 439 n. Chr. wurde K. vom Vandalenkönig Geiserich erobert, 533 dem oström. Reich einverleibt, 698 durch die Araber zerstört.

Kassandra, Tochter des → Priamos. Da → Apollo sie liebte, verlieh er ihr die Sehergabe; als sie jedoch seine Werbungen zurückwies, strafte er sie mit dem Fluch, mit ihren wahren Prophezeiungen niemals Glauben zu finden; daher der Ausdruck »Kassandra-Rufe«. Zusammen mit → Agamemnon, dem sie nach dem Untergang → Trojas als Beute zugefallen war, wurde sie in → Mykene von → Klytaimnestra ermordet. → Aischylos.

Kastor und Polydeukes (lat. *Castor, Pollux*) → Dioskuren.

Katakomben, unterirdische Begräbnisanlagen, zunächst die der ersten Christen, dann überhaupt derartige Anlagen, bes. in → Rom (an der → Via Appia), → Alexandria,

→ Syrakus, → Neapel. Die K. bestanden aus oft in mehreren Stockwerken übereinanderliegenden Stollen, in deren Seitenwände die Grabnischen eingehauen waren, die durch Steinplatten verschlossen wurden. In einem Vorraum konnten auch Gottesdienste abgehalten werden. Inschriften, Wand- und Deckenmalereien in den K. sind wichtige Zeugnisse des frühen Christentums. Die K., gesetzlich zulässig, hatten eine wirtschaftliche Ursache: Die Bodenpreise in den Großstädten der Kaiserzeit waren so hoch, dass die meist aus Armen bestehende Christengemeinde sich oberirdische Bestattungsanlagen nicht leisten konnte.

Kaukasus, Hochgebirge zwischen dem Schwarzen und Kaspischen Meer, über 1100 km lang, Grenze zwischen Europa und Asien. Der K. war für die Griechen das sagenumwobene, höchste Gebirge, ihnen bekannt durch die milesische Kolonie Dioskurias an der Ostküste des Schwarzen Meeres. Der K. lieferte Schiffsholz, Pech, Honig, Wachs. Nach der gr. Sage wohnten am Fuß des K. die → Amazonen, wurde → Prometheus an einen Felsen des K. geschmiedet. – Die Römer bekamen erst nähere Kunde über den K. durch den Feldzug des → Pompeius gegen → Mithridates bis an den Südfuß des K.

Kekrops, nach der gr. Sage autochthoner Heros, erster attischer König, Gründer → Athens und Kulturschöpfer, vorgestellt als halb Mensch, halb Schlange.

Kelten (→ Gallien), Volksstamm, der sich selbst *Celtae* nannte, bei den Griechen *Keltoi* oder *Galatai*, bei den Römern *Galli* hieß. Seit der Mitte des 6. Jh.s v. Chr. begannen die K. von ihren urspr. Wohnsitzen Süd- und Südwestdeutschlands Gallien, Teile von → Spanien, → Britannien und den Norden Italiens zu erobern. Um 387 v. Chr. standen sie vor → Rom. Von etwa 300 v. Chr. an zogen kelt. Stämme nach der Balkanhalbinsel und nach Kleinasien, wo sie sich südlich von Paphlagonien auf dem wenig fruchtbaren Hochplateau im Innern festsetzten, das nach ihnen später Galatien hieß. Die K. waren Träger der sog. La-Tène-Kultur (spätere Eisenzeit), die einen bedeutenden Aufschwung in Kunst und Technik mit sich brachte.

Keltiberer, kriegerische Stämme im nördlichen Spanien. → Hispania.

Kentauren, in der gr. Sage Nachkommenschaft des Kentauros, des Sohnes von Ixion, mit Nephele; wilde Wesen, halb Pferd, halb Mensch (Oberkörper), in Thessalien heimisch. Die bekanntesten K. sind → Cheiron, der Erzieher des → Achilleus, und Nessos (→ Herakles). Im Westgiebel des Zeustempels in → Olympia und auf den → Metopen des → Parthenons und des Theseions in → Athen war der Kampf dargestellt, zu dem es zwischen den K. und → Lapithen gekommen war, als sich auf der Hochzeit des Lapithen-Königs → Peirithoos die geladenen K. an den Frauen vergriffen und von Peirithoos und seinen Gefährten, darunter → Theseus, besiegt wurden.

Kerameikos, Stadtteil von → Athen, Bezirk der Töpfer, der nordwestlich der → Akropolis lag. Im äußeren Bereich befand sich ein großer Friedhof der Stadt.

Kerberos, lat. *Cerberus*, in der gr. Sage der dreiköpfige, schlangenhaarige Hund, der den Eingang zum → Hades bewacht. → Herakles brachte ihn gefesselt an die Oberwelt.

Kerkyra (oder Korkyra), die Insel Korfu, die nördlichste der jonischen Inseln, 734 v. Chr. von → Korinth besiedelt. Ein Streit zwischen K. und Korinth 433 führte schließlich zum → Peloponnesischen Krieg. 229 v. Chr. stellte sich K. unter röm. Schutz.

Kilikien, Landschaft an der südöstlichen Küste Kleinasiens gegenüber von → Zypern, mit den Städten Tarsos, → Issos, Soloi. Auf dem Landweg nur über 3 Pässe durch das Taurosgebirge zugänglich.

Kimbern, germ. Volksstamm, zogen zusammen mit den Teutonen und Ambronen um 120 v. Chr. aus ihrer Heimat in Jütland nach Süden. Bei Noreia (Neumarkt/Steiermark) besiegten sie 113 v. Chr. die Römer. Auf ihrem Zug nach Westen besiegten sie diese auch in → Gallien 109 und 105 (bei Arausio/Orange). Nach einem Streifzug durch → Spanien drangen die K. in Oberitalien ein, wo sie jedoch → Marius bei Vercellae am Po 101 v. Chr. vernichtend schlug.

Kimon, Sohn des → Miltiades, Erbe eines großen Vermögens, athen. Feldherr und Politiker, um 510–449 v. Chr. Nach der Verbannung des → Themistokles leitete er als Führer der aristokratischen Agrarpartei zusammen mit → Aristeides die Politik → Athens. Als Stratege errang er 466 v. Chr. am Eurymedon den Sieg über die → Perser. 461 führte seine Spartanerfreundlichkeit zu einer 10-jährigen Verbannung. 450 v. Chr. betrauten ihn die Athener mit der Leitung der Flottenexpedition gegen das von den Persern besetzte → Zypern, wo er 449 im Lager vor dem belagerten Kition starb.

Kirke, Tochter des → Helios, Zauberin auf der Insel Aiaia, verwandelte die Gefährten des → Odysseus in Schweine, während dieser sich durch ein von → Hermes empfohlenes Zauberkraut schützen und die Rückverwandlung seiner Begleiter erreichen konnte.

Kithairon, Grenzgebirge zwischen → Attika und → Böotien.

Kithara, bereits im → Kreta des 2. Jt.s v. Chr. bekannt, bestehend aus einem flachen Holzkasten mit starken Jocharmen, mit Steg und Saitenhaltern für 7, 9 oder 11 Saiten, die mit einem Schlagstäbchen (Plektron) geschlagen wurden. Nach der Sage eine Erfindung des → Hermes. Der Kitharöde begleitete mit der K. seinen Gesang.

Kleanthes aus Assos in der Troas (Kleinasien), um 331–232 v. Chr., Schüler und Nachfolger → Zenons in der Leitung der → Stoa. In seinem Zeus-Hymnos erklärt er den höchsten Gott zum vernünftigen, den Kosmos durchwaltenden Weltgesetz.

Kleisthenes, athen. Staatsmann aus dem Adelsgeschlecht der Alkmaioniden, die während der Herrschaft des → Peisistratos verbannt waren. Nach der Vertreibung des Peisistratossohnes Hippias 510 v. Chr. kehrte K. nach → Athen zurück. 508 v. Chr. reorganisierte er als → Archon den Staat auf demokratischer Basis, um die Macht des Adels zu brechen. Das Staatsgebiet → Attikas teilte er in Demen (Gemeinden mit Selbstverwaltung) ein. Er löste die 4 alten jonischen Gentilphylen auf und ersetzte sie durch 10 territorial gegliederte Phylen, die nach attischen Heroen benannt wurden. Zu jeder Phyle gehörten mehrere Demen. Ferner setzte K. als oberstes Exekutivorgan den Rat der 500 ein, zu dem jede Phyle 50 Buleuten stellte und der von der → Volksversammlung kontrolliert wurde. Die Zahl der Bürgerschaft erhöhte er durch Aufnahme von → Metöken und Fremden. Jeder Bürger gehörte der Volksversammlung an. K. führte auch den → Ostrakismos ein. Diese Verfassungsreform bereitete die athen. → Demokratie vor.

Kleitos, Reitergeneral und Freund → Alexanders d. Gr., dem K. am Granikos das Leben rettete. Nachdem ihn Alexander zum Satrapen von Baktrien gemacht hatte, kam es zwischen ihnen zu Meinungsverschiedenheiten wegen der von Alexander geforderten Befolgung orientalischer Sitten. Als K. bei einem Gelage den König reizte, tötete ihn dieser 328 v. Chr. im Jähzorn.

Kleomenes. Spartanische Könige: – **1.** K. I. vertrieb 510 v. Chr. den Hippias aus → Athen und unterstützte daraufhin die Aristokraten gegen die demokratische Bewegung mit → Kleisthenes an der Spitze, bis er sich 508 erfolglos aus Athen zurückziehen musste. – **2.** K. III. Sohn des Leonidas II., 235–219 v. Chr. König, stürzte nach erfolgreichem Kampf gegen den Achäischen Bund (→ Achaia) die → Ephoren, verteilte das Land der Spartiaten an alle Bürger und führte die altspartanische Erziehung wieder ein. Sein Bemühen, in der → Peloponnes die Hegemonie → Spartas zu gewinnen, wurde durch den Achäischen

Bund vereitelt: 222 v. Chr. Niederlage Spartas bei Sellasia. K. floh nach → Ägypten, wo er 219 durch Selbstmord endete.

Kleon, athen. Politiker während des → Peloponnesischen Kriegs, von Beruf Gerbermeister, ein gewaltsamer und herrschsüchtiger Charakter. Nach dem Tod des → Perikles (429 v. Chr.) wurde er, ein demagogischer Wortführer der radikalen Demokraten, der in der Kriegführung rücksichtsloses Vorgehen forderte, zum Strategen gewählt. Es gelang ihm, die schon lange belagerte Insel Sphakteria, einen wichtigen Stützpunkt der Spartaner, innerhalb von 20 Tagen zu nehmen. Durch Erhöhung der Tribute der Bundesgenossen kam es zu Aufständen und zu einer Schwächung der athen. Kampfkraft. So konnte der Spartaner → Brasidas den Athenern thrakisches Gebiet entreißen. Bei den Gegenoperationen verlor K. vor Amphipolis in Thrakien 422 Schlacht und Leben.

Kleopatra VII., 69–30 v. Chr., Tochter des Ptolemaios Auletes, seit 51 v. Chr. zusammen mit ihrem Bruder Ptolemaios XIII. Königin von → Ägypten. Nachdem sie von Ministern vertrieben worden war, setzte sie 48 → Caesar, der nach der Schlacht von → Pharsalos in → Alexandria erschien und dessen Liebe sie zu gewinnen vermochte, wieder ein. Den Aufstand, der dadurch entstand, konnte er erst durch Truppen aus Syrien unterdrücken; dabei kam es zum Brand der berühmten alexandrinischen → Bibliothek. Nachdem Ptolemaios bei den Kämpfen in Alexandria ums Leben gekommen und ein jüngerer Bruder ihr lediglich als Schattenkönig beigegeben war, war K. nunmehr Alleinherrscherin. Mit Kaisarion, ihrem gemeinsamen Sohn, lebte sie von 46–44 in → Rom. Nach Caesars Tod kehrte sie nach Alexandria zurück. Auch → Antonius verfiel ihren Reizen, heiratete sie (37) und führte mit ihr ein üppiges Leben, beide ließen sich als → Isis und → Osiris verehren. Ihr und ihren gemeinsamen 3 Kindern schenkte er ganze → Provinzen. Mit ihrer vorzeitigen

Flucht mit 60 Schiffen aus der Seeschlacht bei → Actium (31) verursachte sie die Niederlage des Antonius. Nach dessen Selbstmord entzog sich auch K., da ihre Verführungskünste bei → Octavian nicht gewirkt hatten, dem ihr zugedachten Schicksal, den Triumphwagen des Siegers zu schmücken, durch einen freiwilligen Tod.

Klientenwesen. Klienten waren im alten → Rom Bürger, die einem Angehörigen der Oberschicht verpflichtet waren, der als Patronus ihren Rechtsschutz übernahm. Obwohl um 400 v. Chr. für die Klienten die volle Rechtsfreiheit gesichert war, blieb zwischen ihnen und dem Patronus eine Art Zweckbündnis bestehen. Während ein vornehmer Römer als Patronus ärmere Bürger durch Wohltaten (Geldspenden, Rechtshilfe) an sich band, mussten die Klienten ihn bei öffentlichem Auftreten begleiten und bei Wahlen unterstützen.

Klio, → Muse des → Epos und der Geschichtsschreibung; Attribute: Rolle und Griffel.

Klotho, eine der 3 → Moiren (= Parzen), die den Lebensfaden des einzelnen Menschen spinnt.

Klytaimnestra, Tochter des Tyndareos und der → Leda, Frau → Agamemnons, Mutter von → Orestes, Chrysothemis, → Elektra, → Iphigenie. Gemeinsam mit ihrem Geliebten → Aigisthos ermordet sie den Gatten bei dessen Rückkehr aus → Troja; beide werden später von → Orestes getötet.

Knidos, Hafenstadt am Ende einer langen, schmalen Halbinsel → Kariens gegenüber der Insel → Kos, dorische Kolonie. Bekannt war die Stadt durch ihre Ärzteschule.

Knossos, antike Stadt auf → Kreta, Herrschersitz des sagenhaften Königs → Minos, mit dem seit 1899 durch den Engländer Evans ausgegrabenen Palast aus dem 2. Jt. v. Chr., Mittelpunkt der minoisch-kretischen Kultur (bis 1400 v. Chr.). → Kretisch-mykenische Kultur.

Kohorte (lat. *cohors*). – **1.** Gefolge eines Proprätors. – **2.** Truppeneinheit des röm. Heeres: 600 Mann.

Koine (gr., »gemeinsame, allgemeine Sprache«), die gr. Weltverkehrssprache, die sich zur Zeit des Hellenismus über das ganze gr. Sprachgebiet ausbreitete. Das Attische des 5. und 4. Jh.s v. Chr. wurde dabei stark mit jonischen Elementen durchsetzt. Die K. verdrängte die gr. Dialekte aus der Literatur. Sie ist die Sprache des Neuen Testaments.

Kokytos, Fluss in der Unterwelt (→ Hades).

Kolchis, Landschaft an der Ostküste des Schwarzen Meeres, Ziel der → Argonauten und Heimat der → Medea.

Kolosseum, das flavische → Amphitheater in → Rom, 48,5 m hoch, mit einer Kapazität von etwa 50 000 Sitzplätzen. Der Name stammt nicht von der Größe des Gebäudes, sondern von der Kolossalstatue des → Nero, die einst daneben stand. 80 n. Chr. vollendet und von Kaiser → Titus mit 100-tägigen Spielen eingeweiht. Es wurden Tier- und Gladiatorenkämpfe abgehalten; durch Einlassen von Wasser konnten sogar Seeschlachten vorgeführt werden. Im MA wurde das K. teilweise als Steinbruch ausgebeutet.

Kompositkapitell, eine Mischung des jonischen und korinthischen Kapitells, in der Baukunst der röm. Kaiserzeit zur Steigerung der dekorativen Wirkung üblich.

Konon, athen. Feldherr, seit 413 v. Chr. Stratege, erhielt 407 nach dem Sturz des → Alkibiades das Kommando über die → Flotte. Aus der Blockade durch die Spartaner im Hafen von → Mytilene rettete ihn nur der Sieg der Athener bei den → Arginusen (406). Als die Spartaner die athen. Flotte bei Aigospotamoi (thrakische Chersones) 405 vernichteten, entkam er als Einziger mit 8 → Trieren nach → Zypern. Als Perserfreund erhielt er 396 das Kommando über die ganze pers. Flotte und besiegte 394 die Spartaner unter Peisandros bei → Knidos. Damit war die Herrschaft → Spartas auf dem Meer gebrochen. Nachdem er die peloponnesischen Küsten verwüstet hatte, kehrte er unter dem Jubel seiner Mitbürger nach → Athen zurück und baute 393 mit pers. Geld die Langen Mauern Athens wieder auf. Zu Beginn der Friedensverhandlungen 392, zu denen die Spartaner den → Antalkidas und die Athener den K. nach → Sardes geschickt hatten, wurde K. durch den pers. Statthalter Tiribazos verhaftet, konnte aber nach Zypern fliehen, wo er im gleichen Jahr starb.

Konstantin d. Gr. Flavius Valerius Constantinus, um 285 n. Chr. in Naissus (heute Nisch in Serbien) geboren, wurde beim Tod seines Vaters → Constantius Chlorus 306 von den Soldaten zum Kaiser ausgerufen und bezog die Residenz in Trier. Nach dem Tod des Ostkaisers → Galerius wandte er sich gegen → Maxentius, den selbsternannten Herrscher des Westens, und besiegte ihn 312 an der Milvischen Brücke nördlich von → Rom, wobei er als Ausdruck seiner Zuwendung zur christlichen Kirche das Kreuzzeichen auf die Schilde seiner Garde hatte setzen lassen. 313 erließ er zusammen mit seinem Schwager → Licinius das Edikt von Mailand, das die Religionsfreiheit im Römischen Reich sicherte und der Kirche allen Besitz zurückgab. Nachdem Licinius im gleichen Jahr über → Maximin, den Mitregenten über das Ostreich, der die Christenverfolgung des → Galerius fortsetzte, gesiegt hatte, brauchte K. nur noch den einzigen Mitregenten, nämlich Licinius, zu überwinden, um Alleinherrscher zu werden. Dies geschah 324 bei Adrianopel und Chrysopolis.

Als neue Hauptstadt erwählte er 330 → Byzanz, das er in Konstantinopel umbenannte. Dem Kaiser unterstand das Heer unter den Heermeistern (*magistri militum*), die Präfekten der 4 Reichsteile, der Kronrat (*sacrum consistorium*) und der Präfekt von Rom und Konstantinopel. Auch in die innere Ordnung der Kirche griff K. ein, insbesondere durch Berufung des Konzils von Nicaea 325, das die Lehre des Arius verdammte. 337 starb er nach Empfang der Taufe.

Konstantinopel → Byzantion.

Konsul. Das Konsulat wurde um 500 v. Chr. geschaffen, um das Königtum zu ersetzen. Die Konsuln, die beiden höchsten Beamten der röm. Republik, wurden in der Volksversammlung auf ein Jahr gewählt und traten ihr Amt am 1. März, seit 153 v. Chr. am 1. Januar nach einer feierlichen Einführung auf dem → Kapitol an. Ursprünglich den → Patriziern vorbehalten, wurde das Konsulat 366 v. Chr. im Ständekampf auch reichen Plebejergeschlechtern zugänglich. Die K.n standen dem von ihnen einzuberufenden → Senat wie den Zenturiatskomitien vor, konnten Gesetzesvorschläge einbringen und veranlassten und überwachten die Ausführung der Beschlüsse. Die Macht der K.n war rechtlich unbegrenzt, soweit der Kollege, der für die Amtshandlungen des anderen mitverantwortlich war, nicht Einspruch erhob oder die Anordnungen des Kollegen sogar aufhob. Später konnte ihnen in gewissen Fällen die Interzession der → Volkstribunen entgegentreten. Sehr oft blieb nur ein K. in der Stadt, während der andere einen Auftrag ausführte, vor allem das Kommando in einem Krieg innehatte. Als Zeichen ihrer Würde gingen ihnen 12 → Liktoren mit den *fasces* voran; die K.n trugen die purpurumsäumte Toga (*toga praetexta*) und saßen auf einem Elfenbeinstuhl (*sella curulis*). Außerdem wurde das Jahr nach ihnen benannt. – Während der Kaiserzeit verlor das Amt an Bedeutung. Es wurden zwar weiter K.n gewählt, um die Fiktion der → Republik aufrechtzuerhalten; aber neben der unbegrenzten Macht des Kaisers blieben ihnen nur noch Verwaltungsaufgaben vorbehalten.

Konsulare hießen die röm. → Konsuln nach Ablauf ihrer Amtszeit; sie waren nunmehr automatisch Mitglieder des Senats, die auf Grund ihrer ehemaligen Funktion und der dadurch gewonnenen Erfahrung eine Vorzugsstellung genossen. Oft gingen sie als prokonsularische Statthalter in die → Provinzen. → Zensor oder → Diktator wurde im Allgemeinen nur ein ehemaliger Konsul.

Kore, gr. »Mädchen«, kunstgeschichtlich Mädchenstatue; für die Athener → Persephone, die Tochter → Demeters.

Korfu → Kerkyra.

Korinth, eine der bedeutendsten Handelsstädte des Altertums überhaupt, besonders begünstigt durch seine Lage auf dem → Isthmos mit 2 Häfen. Die Stadt, die bereits in minoischer Zeit ein wichtiger Handelsplatz war, wurde um 2000 v. Chr. zerstört. Im 9. Jh. v. Chr. wurde K. von → Doriern aus der Argolis neu gegründet und stieg zu einem führenden Handels- und Kunstzentrum (Vasen, Malerei, Elfenbein, Bronze) auf. K. ist Mutterstadt wichtiger Kolonien: z. B. → Kerkyra; → Syrakus; Poteidaia. Seit dem Ende des Königtums im 8. Jh. wurde K. von dem Adelsgeschlecht der Bakchiaden beherrscht, bis sie um 657 v. Chr. von Kypselos vertrieben wurden, der eine Tyrannis errichtete (657–625) und sie an seinen Sohn Periandros (625–585) weitergab. In dieser Zeit stand K. auf dem Gipfel seiner wirtschaftlichen und politischen Macht. Seit dem Sturz von Periandros' Neffen Psammetich (um 583) hatte K. eine oligarchische Verfassung. K. war an allen kriegerischen Auseinandersetzungen in Griechenland – meist an der Seite → Spartas – beteiligt. 338 wurde K. von den Makedonen besetzt und Sitz der panhellenischen Bundesversammlung unter → Philipp II. Als Mitglied des Achäischen Bundes (→ Achaia) wurde K. nach der verlorenen Schlacht von Leukopetra von Konsul → Mummius 146 v. Chr. zerstört; damit war auch die letzte große Handelskonkurrenz der Römer beseitigt. 44 v. Chr. verfügte → Caesar die Gründung der röm. Bürgerkolonie *Colonia Laus Iulia Corinthus* für vorwiegend italische Freigelassene. Hier residierte der Statthalter der → Provinz Achaia. Vermutlich 50/51 n. Chr. begründete Paulus hier eine bedeutende Christengemeinde.

Korinthische Säulenordnung → Säulenordnung.

Kos, Sporaden-Insel im Ägäischen Meer südwestlich vor → Halikarnassos an der kleinasiatischen Küste, mit gleichnamiger Stadt, die in mykenischer Zeit bedeutend war, aber von den einwandernden → Doriern zerstört wurde. Die Insel war berühmt durch die Koischen Gewänder: Gewebe aus Leinen oder Seide, so hauchdünn, dass sie den Körper durchscheinen ließen; von → Hetären bevorzugt. K. war auch Sitz der Ärzteschule des → Hippokrates beim dortigen Heiligtum des → Asklepios.

Kothụrn, bei den Griechen ein hoher Schaftstiefel für die Jagd. Seit dem 2. Jh. v. Chr. wurde der K. als Theaterrequisite mit einer immer dicker werdenden Holzsohle versehen, so dass die Schauspieler der Kaiserzeit wie auf Stelzen einherschritten.

Kratịnos aus → Athen, etwa 520–423 v. Chr., neben → Aristophanes und → Eupolis der bedeutendste Vertreter der Alten Komödie. 423 siegte er mit der *Pytine* (»Die Flasche«) bei den Großen → Dionysien über die *Wolken* des Aristophanes. Thematisch ging es um politische Satire (vor allem gegen → Perikles), Literaturkritik und Mythentravestie.

Krẹon. – **1.** König von → Korinth. – **2.** König von → Theben.

Krẹta, die größte gr. Insel (8373 qkm), im östlichen Mittelmeer, gebirgig, doch in vereinzelten Tiefebenen üppiger Pflanzenwuchs; in der Mitte der Insel erhebt sich das Hauptgebirge, der → Ida, 2498 m hoch, meist mit Schnee bedeckt. Der Lage nach ist K. Brücke von Hellas zum Orient. Es war Zentrum der vorgriechischen Kultur der ägäischen Welt (→ kretisch-mykenische Kultur). Das von den Ureinwohnern geschaffene Inselreich wurde seit dem 15. Jh. v. Chr. von den → Achäern erobert, die wiederum um 1100 v. Chr. von den → Doriern unterworfen wurden, die eine große Zahl unabhängiger Stadtstaaten, darunter → Gortyn und → Knossos, gründeten, aber nichts von der durch sie zerstörten Kultur übernahmen. Seitdem spielte K. weder kulturell noch historisch eine Rolle. In römischer Zeit war die Insel ein Zufluchtsort für Seeräuber. 67 v. Chr. wurde K. von den Römern unterworfen.

Kretisch-mykenische Kultur nennt man die Hochkultur des 3. und 2. Jt.s v. Chr. im östlichen Mittelmeerraum.

Diese ägäische Kultur gliedert man in minoische Kultur (nach dem kret. König → Minos) auf → Kreta, in die kykladische der Inseln der Ägäis und in die helladische des Festlands. Die frühe Epoche setzt um 2700 v. Chr., die mittlere um 2000 und die späte um 1580 ein, die bis 1250 v. Chr. reicht.

Die kulturellen wie wirtschaftlichen Beziehungen Kretas zu den Ländern des östlichen Mittelmeeres, bes. zu → Ägypten, begannen bereits im 3. Jt. v. Chr. Anfang des 2. Jt.s v. Chr. stieg die Insel zum kulturellen Zentrum der Inselwelt auf. Aus der Zeit um 2000 stammen die ersten unbefestigten Paläste von → Knossos, Phaistos und Mallia, die wirtschaftlicher Mittelpunkt waren (riesige Speicheranlagen für Öl, Getreide und Wein). Unter ägyptischem Einfluss entstand eine Bilderschrift. Aus der Zeit um 1600 stammen die Paläste von Knossos (Labyrinth), Phaistos und Hagia Triada. In die folgende Periode fällt die Zeit der Reichsgründung: Auf- und Ausbau einer zentral gelenkten Verwaltung und Wirtschaft nach ägyptischem Vorbild. Die unbestrittene Seeherrschaft führte zu einem über das ganze Mittelmeer ausgreifenden Handel. Die Bilderschrift wurde ersetzt durch die Linearschrift A, die die gr. Eroberer später durch die Linearschrift B ersetzten (1500). Der Reichtum ermöglichte, wie die Funde zeigen, einen hohen Grad an Zivilisation, Luxus und Kunstentfaltung. Die Wände der prächtigen Palastbauten zierten Freskomalereien. Darüber hinaus blühten Kleinkunst und Vasenmalerei. In der gesellschaftlichen Ordnung finden sich stark matriarchalische Züge.

Während die frühhelladische (3. Jt.) und mittelhelladische (1. Hälfte des 2. Jt.s) Kultur des gr. Festlandes von Kreta nicht beeinflusst war, empfing die späthelladische, die sog. mykenische Kultur, benannt nach ihrem Mittelpunkt → Mykene, starke Anregungen von Kreta. Durch Verschmelzung gr. und minoischer Elemente kommt es zur sog. kretisch-mykenischen Kultur, die ihre Blütezeit zwischen 1600 und 1400 erlebt. Bekannt geworden ist diese Kultur durch die Grabungen Schliemanns in Mykene. Träger dieser Kultur war die festländische Bevölkerung, die hervorging aus einer Verschmelzung der in mehreren Wellen seit etwa 1850 einwandernden indogerm. → Achäer mit der mittelmeerischen Urbevölkerung. Typisch sind befestigte Burgen, auf denen adelige Herren saßen, deren Leben in Krieg, Jagd und höfischen Festlichkeiten bestand. Mittelpunkt ist der Sitz des Herrschers, dessen Thron im → Megaron seiner Burg stand. Weitere solcher Befestigungsanlagen: → Tiryns, Orchomenos, → Theben, Lerna (Argolis), Pylos. Imponierendes Zeugnis für die Architektur dieser Epoche, worin sich die Eigenart und Selbständigkeit der mykenischen Kunst gegenüber der kretischen am deutlichsten zeigt, sind das Löwentor in Mykene und das sog. Schatzhaus des → Atreus, ein Kuppelgrab. Im Schmuck der Wände, Gefäße, Geräte und Waffen tritt der kretische Einfluss in Inhalt und Form deutlich in Erscheinung.

Um 1400 unterlag Kreta dem mykenischen Reich, das wiederum um 1150 v. Chr. von den → Doriern zerstört wurde. Von der mykenischen Zeit, für die späteren Griechen die Zeit der Heroen, berichten die Epen → Homers.

Kri̲tias, etwa 460–403 v. Chr., athen. Aristokrat, → Platons Onkel, → Sophist und Verfasser von → Elegien, Tragödien und Satyrspielen. Er tritt in mehreren Dialogen Platons auf. Als Feind der → Demokratie gehörte er 411 der oligarchischen Regierung der 400 an und setzte die Rückberufung seines Freundes → Alkibiades durch. 406 musste er in die Verbannung gehen. Nach der Kapitulation → Athens im → Peloponnesischen Krieg 404 kehrte er jedoch zurück und wurde der radikalste unter den → Dreißig Tyrannen. 403 v. Chr. fiel er im Kampf gegen die von Thrasybulos geführten Demokraten in Munichia.

Kri̲ton, Schüler und Freund des → Sokrates, den er kurz vor seinem Tod im Gefängnis besuchte, um ihn zur Flucht zu überreden. Bekannt durch → Platons Dialoge *Kriton* und *Phaidon*.

Kroisos (Krösus), letzter König der Lyder, 560–546, eroberte die gr. Städte Kleinasiens und erweiterte sein Reich nach Osten bis zum Halys. Kostbare Weihgeschenke in → Delphi zeugten von seinem sprichwörtlichen Reichtum. → Kyros besiegte ihn 546 v. Chr. bei Pteria, ließ ihn aber in der nunmehrigen pers. Provinz → Lydien als Satrapen weiter regieren. Die zivilisatorische Leistung der Lyder, die Erfindung des gemünzten Geldes im 7. Jh., setzte K. durch die Einführung der Goldprägung fort.

Kronos, → Titan, Sohn des → Uranos und der → Gaia, entmannte und entthronte seinen Vater, übernahm die Weltherrschaft und vermählte sich mit seiner Schwester → Rhea. Da ihm aber prophezeit war, er werde von einem eigenen Sohn gestürzt werden, verschlang er alle seine Kinder gleich nach der Geburt: → Hestia, → Demeter, → Hera, → Pluton, → Poseidon. → Zeus allein wurde gerettet, indem Rhea dem K. einen in Windeln gewickelten Stein zum Verschlingen gab. Als Zeus herangewachsen war, überlistete er den Vater durch ein Brechmittel zur Herausgabe der verschlungenen Geschwister. Daraufhin begann Zeus mit seinen Brüdern den Kampf gegen K. und die übrigen → Titanen; sie wurden schließlich in den → Tartaros geworfen. In → Rom mit → Saturnus gleichgesetzt.

Kuros, gr. »Jüngling« (→ Kore), Hauptdarstellungsmotiv der statuarischen Plastik in der Blütezeit der gr. archaischen Kunst (7./6. Jh. v. Chr.).

Kybele, kleinasiatische Naturgottheit, die »Große Mutter« (gr. *Megále Méter*, lat. *Magna Mater*), mit der kretischen Zeusmutter → Rhea gleichgesetzt. Als Fruchtbarkeitsgöttin ist sie Stifterin allen Lebens; wurde aber auch als Schutzgöttin von Burgen und Städten verehrt. K. fuhr auf einem von Löwen gezogenen Wagen und wurde von Tänzern, den Korybanten, begleitet. Man feierte sie in

Tänzen unter der Musik von Handpauken (Tympana), Klappern und Hörnern; dies bes. in Pessinus in → Phrygien, wo sie in Gestalt eines Meteorsteins verehrt wurde. Ihr Kult verbreitete sich allmählich über die ganze Mittelmeerwelt; 204 v. Chr. wurde er auch in → Rom eingeführt, indem man den Meteoriten aus Pessinus herbeischaffen ließ. Der Geliebte der K. war → Attis.

Kykladen, Inselgruppe im Ägäischen Meer, die im Kreis (gr. *kýklos*) um die Insel → Delos liegen, z. B. → Naxos, → Paros, Thera (heute Santorin).

Kyklopen, in der gr. Sage ungeheure Geschöpfe mit einem einzigen Auge in der Stirn. Bei → Homer leben sie auf der Insel Thrinakia, ein menschenfressendes Hirtenvolk, ohne Gesetz und Ordnung, von Viehzucht sich ernährend; → Polyphem. Bei → Hesiod sind sie die Söhne des → Uranos und der → Gaia, die dem → Zeus die Blitze schmieden. Später galten sie als Schmiede des → Hephaistos, die in vulkanischen Stätten, bes. im → Aetna arbeiteten. Auf die K. wurden auch die → kyklopischen Mauern zurückgeführt.

Kyklopische Mauern nannte → Pausanias die Mauern von → Tiryns und → Mykene, die, 20 m hoch und 8 m dick, aus 2 bis 3 m langen und 1 m dicken unbehauenen, aber mit äußerstem Geschick aufeinander getürmten Steinblöcken ohne Mörtel errichtet waren. Er konnte sie sich nicht als Menschenwerk erklären.

Kyme → Cumae.

Kyniker, gr. Philosophenschule, begründet von → Antisthenes, in → Athen; bekanntester K. war → Diogenes von Sinope, von dessen Spitzname, Kyon (»Hund«), der Name der Schule hergeleitet ist. Die K. lehrten Bedürfnislosigkeit und Schamlosigkeit, d. h. Nichtachtung aller Konventionen. Sie führten ein Bettelleben und fanden mit ihren Vorträgen auf der Straße bei den Armen großes Interesse.

Kypros (Zypern), Insel des östlichen Mittelmeeres, gegenüber von → Kilikien. Im 3. Jt. v. Chr. bereits bewohnt, im 2. Jt. in lebhaftem Handel mit → Ägypten und dem phönizischen Palästina stehend, gehörte dem → kretisch-mykenischen Kulturkreis an. 1500 v. Chr. wurde K. durch Thutmosis III. von Ägypten unterworfen; um 1350 v. Chr. von → Achäern, seit dem Ende des 9. Jh.s v. Chr. auch von → Phöniziern besiedelt. 58 v. Chr. wurde die Insel röm. Hauptort des → Aphroditekultes, die nach der Insel den Beinamen Kypris führt. K. war im Altertum Hauptproduzent von Kupfer.

Kyrẹne, Hauptstadt der nordafrikanischen Landschaft Kyrenaika (heute Libyen). Älteste Besiedelung von Griechenland aus durch Träger der → kretisch-mykenischen Kultur. Um 630 v. Chr. wurde K. von Siedlern aus Thera neu gegründet. Es gelangte zu großem Reichtum durch Getreideexport, durch den Transithandel der Produkte Afrikas nach Griechenland, da bei der ergiebigen Quelle der Stadt viele Karawanenstraßen aus dem Süden zusammenliefen. K. war auch ein bedeutendes Kulturzentrum mit einer Ärzte- und einer Philosophenschule (→ Aristippos). Seit 322 v. Chr. gehörte es zu → Ägypten, seit 96 v. Chr. zu → Rom.

Kỵros. – **1.** K. der Ältere (II.), Gründer des Perserreiches; er besiegte 550 v. Chr. den Mederkönig Astyages, 546 → Kroisos von → Lydien und eroberte 539 v. Chr. Babylon. 529 fiel er im Kampf gegen die nomadisierenden Massageten im Nordosten Irans. K. hinterließ 2 Söhne, → Kambyses und Smerdis. → Xenophon. – **2.** K. der Jüngere, der jüngste Sohn des Dareios II., Satrap (Statthalter) von Westkleinasien, zog mit einem Heer, das durch gr. Söldner verstärkt war, nach Babylon, um seinen Bruder → Artaxerxes II. Mnemon zu stürzen, wurde aber 401 bei Kunaxa geschlagen und kam ums Leben. → Xenophon.

Kythẹra, Insel gegenüber dem peloponnesischen Kap Malea, eine der Hauptstätten des → Aphroditekultes.

L

Labienus. Titus L., 63 v. Chr. → Volkstribun, im Gallischen Krieg Unterfeldherr → Caesars, ging aber 49 zu → Pompeius über und fiel 45 in der Schlacht bei → Munda (Spanien).

Lactantius. Lucius Caecilius Firmianus L. (Laktanz), aus Nordafrika, von → Diokletian als Lehrer der Beredsamkeit nach Nikomedeia berufen, wo er seit 305 n. Chr. sein Hauptwerk *Divinae Institutiones* (*Unterweisung in der Religion*), eine Verteidigung des Christentums in 7 Büchern, schrieb. Seines Stiles wegen wurde er von den Humanisten »Cicero christianus« genannt.

Laelius. Gaius L., Beiname *Sapiens* (»der Weise«), Freund des jüngeren → Scipio Africanus, 151 v. Chr. → Volkstribun, nahm 146 an der Eroberung → Karthagos teil; als → Konsul (140) versuchte er – erfolglos – durch ein Ackergesetz die Not der italischen Bauern zu erleichtern. → Cicero, der die Meisterschaft seiner Redekunst bewunderte, setzte ihm ein Denkmal in dem Dialog mit dem Doppeltitel *Laelius sive de amicitia* (*L. oder über die Freundschaft*).

Laërtes, Vater des → Odysseus.

Laios, Vater des → Ödipus, Urenkel des → Kadmos, Gemahl der Iokaste, König von → Theben.

Laistrygonen, bei → Homer sagenhaftes Volk von menschenfressenden Riesen, die die Flotte des → Odysseus fast gänzlich vernichteten; später wurden sie auf Korsika lokalisiert.

Lakedaimon, Stadt- und Staatsgebiet von → Sparta.

Laktanz → Lactantius.

Langobarden, german. Volk, links der Unterelbe ansässig. 5 n. Chr. besiegte sie → Tiberius an der Elbmündung. Anfang des 4. Jh.s setzten sie sich nach Süden in Bewegung. Auf dem Weg über → Pannonien (546) drangen sie 568 unter König Alboin in Oberitalien ein, wo sie ein selbständiges Reich gründeten (Lombardei), das 774 von Karl d. Gr. erobert wurde.

Laokoon, Apollon- und Poseidonpriester in → Troja, der seine Landsleute vor dem hölzernen Pferd der Griechen, die darin ihre größten Helden versteckt hatten, vergeblich warnte. Die Tatsache, dass L. mit seinen 2 Söhnen bei der Darbringung eines Opfers am Strand durch 2 Schlangen, die aus dem Meer kamen, getötet wurde, deuteten die Trojaner als Strafe der Götter für sein Zweifeln. Die bekannteste Schilderung dieses Vorgangs gibt → Vergil im 2. Buch seiner *Aeneis*.

Laomedon, Sohn des Ilos und der Eurydike, König von → Troja, Vater des → Priamos, betrog → Poseidon und → Apollon um den vereinbarten Lohn für den Bau der trojanischen Stadtmauern, wozu sie → Zeus wegen ihrer Verschwörung gegen ihn verurteilt hatte. Deswegen schickte Poseidon ein Meerungeheuer, dem L. seine Tochter Hesione opfern sollte. Als L. aber auch deren Retter → Herakles den vereinbarten Lohn, nämlich die Pferde, die Zeus für den Raub des → Ganymed gegeben hatte, vorenthalten wollte, eroberte Herakles mit einem Heer Troja und tötete L. mit allen Kindern bis auf Priamos.

Lapithen, mythischer Stamm Thessaliens, von dem die thessalischen Adelsgeschlechter ihre Herkunft ableiteten. Am bekanntesten sind Ixion und → Peirithoos, der Freund des → Theseus. Bei der Hochzeit des Königs Peirithoos mit Hippodameia waren auch die → Kentauren dabei, die im Rausch die Frauen der L. entführen wollten. Es kam zu einem Kampf, der mit der Niederlage der Kentauren endete. Diese Kentauromachie behandelt → Ovid in seinen *Metamorphosen* (12,210 ff.); auch war sie häufig Thema der bildenden Kunst: Zeustempel in → Olympia, → Parthenon und Theseion in → Athen.

Laren, Schutzgötter der Feldflur und des Hauses. An

den Kreuzwegen (*compita*), wo mehrere Grundstücke zusammenstießen, feierte man ihr Fest, die *Compitalia*. Später galten L. auch als Beschützer der Kreuzwege. Seit → Augustus hatte jedes Stadtviertel in → Rom ein kleines Heiligtum mit 2 L. Als Schutzgeister der Familie wurden ihre Bilder (tanzende Jünglinge) in einem kapellenartigen Schrein aufgestellt und durch Opfergaben geehrt.

Latifundien, landwirtschaftliche Güter von sehr großem Umfang in privatem Besitz. Viele solcher Güter waren durch die patrizischen Besitznahmen des → *ager publicus* in Italien und den → Provinzen (bes. Nordafrika) entstanden, aber auch durch Aufkauf von kleinen verschuldeten Bauernhöfen; die L. wurden von → Sklaven bewirtschaftet. Infolge der billigeren Getreideeinfuhren aus den überseeischen Besitzungen (→ Sizilien, → Ägypten, Nordafrika) gab man in Italien den Ackerbau auf und betrieb nur noch Viehzucht; die Folge war eine Verödung des Bodens.

Latiner, Bewohner von Latium, einer der Hauptstämme der → Italiker. Ihre Hauptorte (z. B. → Rom, Tibur, Praeneste, Tusculum, → Alba Longa, Aricia, Lavinium), schlossen sich früh zu einem Städtebund unter Führung von Alba Longa zusammen. Durch das Vordringen der → Etrusker erhielt Rom, das im 6. Jh. v. Chr. von den etr. → Tarquiniern beherrscht wurde, eine Vormachtstellung in Latium. Nachdem die Tarquinier 509 v. Chr. aus Rom vertrieben worden waren, erhoben sich die L. und gründeten ohne Rom einen Latinerbund, der auf Seiten der Etrusker stand. 496 wurden sie jedoch am See Regillus von den Römern besiegt. Durch einen Vertrag zwischen den L.n und Rom wurden die L. 493 zu autonomen Verbündeten. Nach der Zerstörung Roms durch die → Gallier 387 v. Chr. fielen die L. wieder ab, wurden einzeln nach und nach wieder unterworfen, bis der Latinerkrieg 340–338 die endgültige Vorherrschaft Roms brachte. Rom schloss mit den einzelnen Städten des aufgelösten Latinerbundes verschiedenartige Sonderverträge; das Latinerrecht verlieh ein beschränktes röm. Bürgerrecht ohne politische Befugnisse (*ius sine suffragio*). Das röm. Vollbürgerrecht erstritten sich die L. zusammen mit den übrigen Italikern im Bundesgenossenkrieg (91–89).

Latinus, König von Latium (→ Latiner) in → Vergils *Aeneis*; er nahm → Aeneas auf und gab ihm seine Tochter Lavinia zur Frau.

Latona → Leto.

Lectisternium, Göttermahlzeit. An Festtagen bewirteten die Römer einen oder mehrere Götter, deren Statuen auf einem Bett neben dem Tisch lagen, wie menschliche Gäste, um sie zu ehren und gnädig zu stimmen.

Leda, in der gr. Sage die Tochter des Thestios, Königs von Aetolien, Gemahlin des Spartanerkönigs Tyndareos; Mutter der → Klytaimnestra; Geliebte des → Zeus, der sich ihr in Gestalt eines Schwanes näherte; sie gebar daraufhin → Helena und die → Dioskuren.

Legion, größte Truppeneinheit der röm. Heeresorganisation, 4200–6000 Infanteristen und 300 Reiter umfassend; die L. gliederte sich in 10 → Kohorten, 30 → Manipel, 60 → Zenturien. An der Spitze der L. standen 6 Militärtribunen (*tribuni militum*), seit → Augustus ein Legat; die Manipel und Zenturien wurden von den Zenturionen (Unteroffizieren) angeführt. Seit der Heeresreform des → Marius (105 v. Chr.) war der Adler → Feldzeichen der L.

Leiturgia, die in gr. Städten üblichen Dienstleistungen der Bürger an den Staat, z. B. als Soldat, im Besonderen aber die L. im engeren Sinne, womit die außerordentlichen Dienstleistungen der reichsten Bürger gemeint sind, z. B. die Ausrüstung eines Kriegsschiffes, die Finanzierung einer dramatischen Aufführung, Übernahme der Kosten für ein Gymnasion (Lehrergehälter, Sportgeräte) auf ein Jahr. In der Blütezeit Griechenlands kamen die Reichen der L. gerne nach, weil sie das Ansehen erhöhte. In hellenistischer Zeit war die L., da sie in der Familie vererbt wurde, für viele reiche Bürger gleichbedeutend mit Flucht oder

Ruin. Seit dem 2. Jh. v. Chr. bedeutet das Wort L. auch Kulthandlungen in Tempeln und bei → Mysterien.

Lekythos, Ölflasche mit engem Hals, wurde im Totenkult verwendet, daher war sie vielfach mit auf Tod und Grab bezogenen Darstellungen geschmückt; sie wurde den Toten mit ins Grab gegeben. Von besonderer Schönheit sind die weißgrundigen Lekythoi mit farbigen Bildern, die nur in → Attika (5. Jh. v. Chr.) hergestellt wurden.

Lemuren, röm. Totengeister, die umherirren und die Menschen belästigen; am 9., 11. und 13. Mai wurde ihnen das Fest *Lemuria* gefeiert, wobei der Hausvater um Mitternacht des letzten Tages unter gewissen Beschwörungsformeln schwarze Bohnen zur Türe hinauswarf, um die L. aus dem Hause zu bannen.

Lenäen, → Dionysosfest in → Athen, im Monat Gamelion (Jan./Febr.) gefeiert, mit dramatischen Aufführungen.

Leonidas, König von → Sparta. Als der Perserkönig → Xerxes im Sommer 480 in Nordgriechenland einrückte, wurde das wichtige Einfallstor ins mittlere Griechenland, der Thermopylenpass, von Truppen des Peloponnesischen Bundes, vor allem einer 4000 Mann starken Abteilung peloponnesischer Schwerbewaffneter, besetzt, an ihrer Spitze 300 Spartiaten unter L. Zwei Tage lang berannten die Perser den Passeingang vergeblich, in der Nacht zum dritten Kampftag umgingen sie die Stellung der Spartaner – geführt von dem Verräter Ephialtes – über einen von den Phokern nachlässig bewachten Bergpfad. L. entließ die Bundesgenossen und blieb mit seinen Spartiaten und 700 Thespiern zurück, um so lange die Stellung zu halten, bis die gr. → Flotte mit der pers. bei → Artemision zusammengestoßen war. Die Verteidiger fielen bis auf den letzten Mann, sie wurden zu Nationalhelden.

Lepidus. Marcus Aemilius L., Parteigänger → Caesars, 46 v. Chr. → Konsul, schloss mit M. → Antonius und → Octavian im Jahre 43 das 2. Triumvirat. Bei der Aufteilung der Provinzen erhielt er lediglich die Provinz Africa

(42), 36 wurde er von Octavian abgesetzt und in Circei (Latium) interniert, wo er bis zu seinem Tod 13 v. Chr. das Amt des Pontifex maximus innehatte.

Lẹptis Mạgna, um 600 v. Chr. von den → Phöniziern gegründete Hafenstadt in Nordafrika, östlich von Tripolis (Libyen), seit 107 v. Chr. unter röm. Herrschaft. Hier wurde 146 n. Chr. der spätere Kaiser → Septimius Severus geboren, unter dessen Regierung L. prächtige Bauten erhielt (z. B. Hafen, → Forum mit dem der Kapitolinischen Trias geweihten Heiligtum, → Amphitheater). Im 4. Jh. wurde L. von den Libyern, 643/44 von den Arabern erobert. Seit dem 16. Jh. wurde L. als Steinbruch ausgebeutet, bis die verbliebenen, immer noch eindrucksvollen Ruinen vom Saharasand bedeckt wurden.

Lẹsbia → Clodia.

Lẹsbos, fruchtbare Insel (Getreide, Wein) vor der kleinasiatischen Küste (Mysien), wurde im 11.–10. Jh. v. Chr. von → Äolern besiedelt, im 5. Jh. Mitglied des → Attischen Seebundes. Die Insel, auf der schon früh eine hohe Adelskultur entstand, ist berühmt geworden als Heimat des → Alkaios und der → Sappho. Hauptstadt: → Mytilene.

Lẹthe, Unterweltsfluss, aus dem die Seelen der Verstorbenen nach gr. Vorstellung trinken mussten, so dass sie jede Erinnerung an das Leben in der Oberwelt verloren.

Lẹto (lat. *Latọna*), in der gr. Sage Tochter des → Titanen Koios und der Titanin Phoibe, Geliebte des → Zeus, von ihm Mutter des → Apollon und der → Artemis. → Hera hetzte die Nebenbuhlerin über die ganze Erde, so dass sie nirgends Ruhe fand, ihre Kinder zu gebären; erst die bis dahin schwimmende Insel → Delos nahm sie auf. Deshalb befestigte Zeus diese später auf 4 Säulen. → Niobe.

Leukas, Insel vor der Küste der westgr. Landschaft Akarnanien, im 7. Jh. v. Chr. von → Korinth besiedelt. Berüchtigt war der leukadische Felsen an der Südspitze, von dem in Nachahmung der → Sappho viele unglückliche Liebende sich ins Meer stürzten.

Leukipp(os) aus → Abdera oder → Milet, 5. Jh. v. Chr., gilt zusammen mit seinem Schüler → Demokritos als Begründer der Atomistik (→ Atom).

Leukothea → Ino.

Liber → Dionysos.

Libitina, röm. Göttin der Bestattung; in ihrem Tempel, der in einem heiligen Hain → Roms lag, hatten die Leichenbestatter (*libitinarii*) ihren Sitz; hier befanden sich die Begräbnisgeräte und auch die Totenlisten; für jeden Verstorbenen mussten die Angehörigen eine Abgabe an den Tempelschatz entrichten. Dieses Gewerbe übten fast nur Freigelassene und → Sklaven aus.

Liktor mit Rutenbündel und Beil. Römische Bronze

Libyen, gr. Name für → Afrika, später auf den Nordosten Afrikas beschränkt.

Licinius. Valerius Licinianus L., seit 313 n. Chr. Augustus des Ostreichs, bis er 324 dem → Konstantin unterlag.

Ligurer, Urbevölkerung in Südfrankreich, Südschweiz, Po-Ebene, Etrurien, Korsika. Seit dem 6. Jh. v. Chr. wurden sie durch die → Kelten und in Italien durch die → Etrusker auf das Küstengebiet etwa um den Golf von Genua zurückgedrängt. Die Unterwerfung durch die Römer begann bald nach der Beendigung des 1. → Punischen

Krieges etwa 238 v. Chr., wurde aber erst unter → Augustus 14 v. Chr. endgültig abgeschlossen. Ligurische Söldner galten als tüchtige Schleuderer bei den röm. Hilfstruppen.

Liktoren, röm. Amtsdiener, die den hohen Beamten vorausgingen mit den *fasces* auf der linken Schulter. Diese *fasces* bestanden aus einem Rutenbündel mit einem Beil in der Mitte und waren Symbol der Amtsgewalt, zu strafen und hinzurichten. Innerhalb des röm. Stadtbereichs wurde das Beil allerdings herausgenommen, weil hier das Volk die oberste Instanz für die Blutgerichtsbarkeit war. Dem → Konsul standen 12 L. zu, dem → Prätor 6, dem → Diktator 24.

Limes, zunächst der Grenzweg zwischen 2 Grundstücken; seit der röm. Kaiserzeit die an der Grenze des → Imperiums verlaufende, militärisch gesicherte Straße. Sie verlief hinter einem Wall, der durch einen Graben, manchmal sogar durch Palisaden und eine Steinmauer gesichert war, in möglichst gerader Richtung. Auch Wachstationen wurden am L. angelegt, die von den hinter der Grenze liegenden Kastellen aus versorgt wurden. Um diese Kastelle herum entwickelten sich Dörfer. Limites gab es in → Britannien (der Hadrians- und Antoninuswall), in den Donauprovinzen, im Orient und in Germanien. Der german. L. wurde 84 n. Chr. unter → Domitian begonnen, unter → Trajan und → Hadrian erweitert. Er war 548 km lang, zweigte südlich von Bonn vom Rhein ab und verlief über den Taunus an den Main, von dort weiter durch Württemberg und berührte bei Regensburg die Donau. So konnten die Römer die Provinzen Obergermanien und → Raetien vor den german. Völkern schützen. In Obergermanien hielten sie den L. bis 260, in Raetien bis gegen 400. Reste der Anlage sind teilweise noch gut erkennbar.

Livia. – **1.** L. Drusilla, 58 v. Chr. – 29 n. Chr., aus dem plebejischen Geschlecht der Livier, in erster Ehe mit Tiberius Claudius Nero verheiratet, von dem sie 2 Kinder hatte: → Tiberius und den älteren → Drusus; nach der Scheidung seit 38 v. Chr. mit → Octavianus verheiratet; diese Ehe blieb jedoch kinderlos, so dass → Augustus schließlich seinen Stiefsohn Tiberius zum Nachfolger bestimmen musste. Augustus, der stark unter dem Einfluss seiner klugen Frau stand, adoptierte sie testamentarisch in die Familie der → Julier, gab ihr den Titel → Augusta und machte sie so zur Mitregentin des Tiberius, auf den sie jedoch kaum Einfluss hatte. – **2.** Livia Julia, genannt Livilla, Tochter des älteren → Drusus und der jüngeren → Antonia, Gattin des jüngeren Drusus, des Sohnes des Tiberius; Geliebte des → Seian, der sie zur Vergiftung ihres Gemahls veranlasste; deshalb wurde sie 31 n. Chr. von Tiberius zum Tode verurteilt.

Livius. – **1.** L. Andronicus, gest. Ende des 3. Jh.s v. Chr., kam als Kriegsgefangener aus seiner gr. Heimatstadt Tarent nach → Rom und wurde dort von seinem Herrn freigelassen, dessen Namen Livius er dann zu seinem hinzunahm. Er gründete eine → Schule für die Söhne der Vornehmen. Für Unterrichtszwecke übersetzte er als Erster → Homers *Odyssee* ins Lateinische; diese *Odusia* war bis in die Zeiten des → Horaz Schulbuch; mit der lat. Bearbeitung gr. Tragödien und Komödien begründete er das lat. Kunstdrama; die erste Aufführung fand 240 v. Chr. während der *Ludi Romani* (Sept.) statt. Sein *Sühnelied* (207) für einen Mädchenchor war die erste lat. Lyrik. Zum Dank dafür erhielt der Verband der Dichter und Schauspieler vom → Senat das Recht, im Tempel der → Minerva auf dem Aventin zu tagen; das bedeutete erstmals öffentliche Anerkennung dieses Standes. L. ist der Begründer der röm. Literatur, die sich nach seinem Vorbild stark an der gr. orientierte. – **2.** Titus Livius, 59 v. Chr. – 17 n. Chr., aus Padua (Patavium), röm. Geschichtsschreiber, erhielt in seiner Vaterstadt eine rhetorische Ausbildung, übernahm aber nie öffentliche Ämter; ab 30 hielt er sich, mit → Augustus befreundet, meistens in → Rom auf, um sich seinem Lebenswerk *Ab urbe condita* zu widmen. In 142 Büchern erzählte er die Geschichte Roms von den Anfängen bis zum Tod des → Drusus 9 v. Chr. Erhalten sind die Bücher 1–10 (bis 293 v. Chr.), 21–45 (219/218–167 v. Chr.). Den Inhalt der verlorenen Bücher geben die wahrscheinlich im 4. Jh. n. Chr. entstandenen kurzen Auszüge (*periochae*) an, die bei dem gewaltigen Umfang des Werkes eine schnelle Orientierung ermöglichen sollten. Er bediente sich in der Darstellung des Stoffes der traditionellen Form der Annalistik, d. h. er berichtete die Ereignisse jahrweise auf der Grundlage der staatlichen Jahrbücher (→ Annales); daneben benutzte er auch röm. und gr. Historiker (z. B. → Fabius Pictor, → Polybios). Durch sein umfassendes Werk hat L. alle früheren Darstellungen der röm. Geschichte verdrängt.

Lọngos, gr. Dichter von → Lesbos, 2./3. Jh. n. Chr. In seinem Hirtenroman *Daphnis und Chloe* beschreibt L. das Schicksal zweier ausgesetzter Kinder, die als Hirten in ländlicher Landschaft auf Lesbos aufwachsen und nach mancherlei Abenteuern (Krieg, Piraterie) glücklich vereint werden. Das Werk gilt als der bedeutendste erhaltene gr. Roman, er hat auf die Schäferpoesie des Rokokos starken Einfluss gehabt.

Lucịlius. Gaius L., 180–102 v. Chr., aus Suessa Aurunca in → Kampanien, lebte in → Rom, befreundet mit → Scipio Africanus Minor und → Laelius. Er schrieb 30 Bücher *Saturae* (→ *Satiren*) und führte damit eine neue Gattung in die röm. Literatur ein. Er polemisierte gegen Missstände in Politik, Gesellschaft und Kultur, wobei er sich hauptsächlich des → Hexameters bediente, der in der Folgezeit zum üblichen Satirenvers der lat. Dichtung wurde.

Lucịna, die röm. Geburtsgöttin, die früh in → Juno aufgegangen ist: Juno L.; sie zeigt dem Neugeborenen das Licht; besaß auf dem Esquilin in einem heiligen Hain einen Tempel, in dessen Kasse bei jeder Geburt eine Opfergabe entrichtet wurde. Ihr Fest, die Matronalia, fand am 1. März statt.

Lucretia, nach der röm. Sage die schöne und tugendhafte Gattin des Lucius Tarquinius Collatinus. Im Zusammenhang mit einer Wette um die Tugend der → Frauen der beiden Königssöhne und ihres Vetters Tarquinius Collatinus wurde L. von Sextus Tarquinius, dem älteren Sohn des letzten röm. Königs → Tarquinius Superbus, entehrt. Ihr Freitod soll zum Sturz der Monarchie in → Rom geführt haben.

Lucullus. Lucius Licinius L., um 114 – um 57 v. Chr., röm. Feldherr; 87–85 → Quästor → Sullas im ersten Mithridatischen Krieg; 78 → Prätor; 74 → Konsul, anschließend erhielt er den Oberbefehl im 3. Krieg gegen → Mithridates, dem er zwar die besetzten Gebiete in Kleinasien abnehmen, den er aber nicht endgültig besiegen konnte. Dadurch dass er 71/70 der finanziell zerrütteten → Provinz Asia einen sinnvollen Schuldenerlass gewährte, machte er sich die ihrer Einkünfte als Steuerpächter beraubten röm. → Ritter zu erbitterten Feinden. 66 setzten die Ritter seine Ablösung durch → Pompeius durch. Von da an übernahm er keine Staatsämter mehr. Erst 63 konnte er mit Hilfe → Ciceros seinen Triumph feiern. Die im Osten erworbenen Schätze machten L. zum reichsten Mann nach → Crassus, so dass er sich ein luxuriöses Leben leisten konnte; sein Tafelluxus wurde sprichwörtlich. Er besaß auch eine große gr. → Bibliothek und eine Kunstsammlung. Aus der Stadt Kerasos am Pontos hat er die Süßkirsche in Europa eingeführt.

Lukan. M. Annaeus Lucanus, 39–65 n. Chr., röm. Dichter aus Corduba in → Spanien, Neffe → Senecas; seit 40 in → Rom, Ausbildung in → Rhetorik; wurde von → Nero in seinen Freundeskreis aufgenommen. Wegen seiner Teilnahme an der Verschwörung des → Piso zwang ihn Nero zum Selbstmord, nachdem es schon vorher zur Entfremdung zwischen beiden gekommen war. Von seinen Werken ist nur das unvollendete → Epos (10 Bücher) *Der Bürgerkrieg* (*De bello civili*) oder auch *Pharsalia*, so genannt nach dem Kernstück, der Schilderung der Schlacht bei → Pharsalos, erhalten. Dieses in bewusstem Gegensatz zu → Vergil geschriebene Werk über den Bürgerkrieg zwischen → Caesar und → Pompeius zeigt L. als Anhänger der stoischen Oppositionspartei, die gegen die Monarchie für die republikanische Freiheit kämpfte und in dem jüngeren → Cato ihr Ideal sah.

Lukian, Syrer aus Samosata am Euphrat, um 120–180 n. Chr. Aus einer Handwerkerfamilie stammend, schlug er sich nach missglückter Bildhauerlehre nach Kleinasien durch, erlernte dann erst die gr. Sprache, bildete sich als Rhetor aus und betätigte sich in Antiochia als Anwalt. Als sophistischer Wanderredner bereiste er das röm. → Imperium (Griechenland, Italien, → Gallien). Um 160 ließ er sich als freier Schriftsteller in → Athen nieder. In seinen zahlreichen kleinen Schriften (→ Satiren, Parodien), die in elegantem Attisch die Form des Dialogs, später des Briefes haben, kritisiert er geistvoll und witzig die Gebrechen seiner Zeit, religiösen Wahn, die Eitelkeit der Tagesphilosophen und Rhetoren, die Leichtgläubigkeit der Menschen. Besonders berühmt sind die *Hetären-*, *Götter-* und *Totengespräche.*

Lukrez. T. Lucretius Carus, um 97–55 v. Chr., röm. Philosoph und Dichter. Sein philosophisches Lehrgedicht *Das Wesen des Weltalls* (*De rerum natura*), seinem Gönner Memmius gewidmet, blieb bei seinem Tod unvollendet. In 6 Büchern breitet er das materialistische Weltbild → Epikurs aus, um die Menschen von Götterfurcht und Todesangst zu befreien, unter Hinweis darauf, dass alles in der Welt nach ewigen Gesetzen entstehe und vergehe und es keine Einwirkung übernatürlicher Mächte gebe. So erweist er sich als der bedeutendste Vertreter der Atomistik in → Rom; er hat das Verdienst, der Nachwelt die Kenntnis der gr. materialistischen Weltdeutung umfassend vermittelt zu haben.

Luna, die röm. Mondgöttin; wurde der gr. → Selene

gleichgesetzt, mit einem Tempel auf dem Aventin und → Palatin; von Bedeutung weniger in der Religion als im Aberglauben und in der Zauberei.

Lupercal, Höhle am Fuß des → Palatin, wo der Sage nach → Romulus und Remus von einer Wölfin gesäugt worden sind. Heilige Grotte des → Faunus Lupercus. Unter → Augustus wurde die Grotte als Gedenkstätte ausgebaut.

Lupercalia, Fest des → Faunus Lupercus, 15. Februar.

Luperci, röm. Bruderschaft, die an den → Lupercalien, nur mit dem Fell eines frisch geschlachteten Ziegenbockes bekleidet, vom → Lupercal aus ihren Umlauf um den → Palatin begannen, als Reinigungs- und Sühnehandlung, wobei die L. mit Riemen unfruchtbare Frauen peitschten, die sich davon Heilung versprachen.

Lydien, Landschaft im Westen Kleinasiens, etwa das Gebiet zwischen den Flüssen Hermos und → Maiandros, mit der Hauptstadt → Sardes. Seit dem 7. Jh. v. Chr. von den Mermnaden beherrscht (Dynastie → Gyges bis → Kroisos), die ihr Reich bis zum Fluss Halys im Nordosten ausdehnten. Nach dem Sieg des Perserkönigs → Kyros II. über Kroisos 546 v. Chr. wurde L. pers. Satrapie. 334 wurde es von → Alexander d. Gr. erobert. Die Lyder kamen über die gr. Küstenstädte frühzeitig mit gr. Kultur in Berührung. Der sprichwörtliche Reichtum Lydiens rührte vom goldführenden Fluss → Paktolos (→ Midas) und dem Orienthandel. Den Lydern wird die Erfindung der Münzprägung zugeschrieben.

Lykeion, der heilige Hain des → Apollon Lykeios in → Athen, Stätte der von → Aristoteles gegründeten peripatetischen Schule.

Lykien, gebirgige Landschaft an der Südküste Kleinasiens; deren Einwohner hielten trotz aller politischen Veränderungen zäh an ihrer eigenständigen Kultur (Felsengräber) bis in hellenist. Zeit fest. 546 v. Chr. wurden sie durch → Kyros unterworfen, 43 n. Chr. wurde L. röm. → Provinz.

Lykurgos. – **1.** Der sagenhafte Gesetzgeber → Spartas, der im 9. Jh. v. Chr. nach kret. Vorbild die spart. Verfassung geschaffen haben soll. Die Spartaner stifteten ihm Tempel und Kult. – **2.** Athenischer Redner und Politiker, um 390–324 v. Chr., Adeliger, Schüler von → Platon und → Isokrates, unterstützte → Demosthenes im Kampf gegen → Philipp von Makedonien. 338–327 leitete er erfolgreich die Finanzverwaltung → Athens und ließ dort öffentliche Bauten errichten (Dionysostheater in Stein, Stadion, Seezeughaus, Schiffshäuser). Von den Werken der 3 großen Tragiker, von denen er auch Statuen vor dem Dionysostheater aufstellen ließ, veranlasste er eine offizielle Niederschrift, zum Schutz vor Entstellung.

Lysander, spart. Feldherr, verstärkte mit pers. Unterstützung die peloponnesische → Flotte, mit der er 405 bei Aigospotamoi die athen. Flotte besiegte und nach einer Blockade → Athens (405) schließlich den → Peloponnesischen Krieg beendete. Nach der Kapitulation Athens (404) errichtete er dort das oligarchische System der → Dreißig Tyrannen, wie er auch in anderen gr. Städten oligarchische Regierungen einsetzte. L., der zunächst als Befreier von der Geißel des Peloponnesischen Krieges gefeiert wurde, machte sich aber dadurch so missliebig, dass er vorübergehend in die freiwillige Verbannung gehen musste. Damit waren auch seine Hoffnungen, in → Sparta König zu werden, begraben. Als sich das der Bevormundung müde Griechenland mit pers. Hilfe gegen Sparta auflehnte, fiel L., inzwischen wieder zurückgeholt, als Führer einer Abteilung peloponnesischer Bundestruppen 395 v. Chr. bei Haliartos in → Böotien.

Lysias, um 445–380 v. Chr., att. Redner, als → Metöke in → Athen lebend, Sohn eines aus → Sizilien stammenden Schildfabrikanten; in Thurioi (Unteritalien), wohin er nach dem Tod des Vaters Kephalos mit seinem älteren Bruder Polemarchos um 430 v. Chr. gegangen war, studierte er bei Teisias → Rhetorik. Nach der sizilischen Katastrophe (413) kehrte er bald (412) mit seinem Bruder nach Athen zurück, um die Fabrik zu übernehmen. Er lebte in günstigen Verhältnissen, bis ihm 404 die → Dreißig Tyrannen das Vermögen raubten und den Bruder ermordeten. Seit Wiederherstellung der → Demokratie (403) verdiente er sich seinen Lebensunterhalt als Lehrer der Rhetorik und als Logograph, d. h. er verfasste für andere gegen Bezahlung Gerichtsreden; nur die Rede *Gegen Eratosthenes* hielt er in eigener Sache; er klagte diesen wegen der Ermordung seines Bruders und des Raubes seines Vermögens an. 34 Reden sind erhalten; sie sind wichtige Quellen für die Kenntnis der politischen und gesellschaftlichen Verhältnisse des damaligen Athen.

Lysimachos, Feldherr → Alexanders d. Gr., → Diadoche, um 355–281 v. Chr., erhielt nach Alexanders Tod (323) Thrakien, das er in schwierigen und langwierigen Kämpfen erst unterwerfen musste. 305 nahm er wie Ptolemaios, Kassandros und → Seleukos den Königstitel an: Das bedeutete die Auflösung der Rechtseinheit des Alexanderreichs. 301 besiegte er gemeinsam mit diesen Diadochen bei Ipsos Antigonos und dessen Sohn Demetrios Poliorketes, den er dann auch noch aus → Makedonien vertrieb (288).

M

Macrobius. Ambrosius Theodosius M., gelehrter lat. Schriftsteller, um 400 n. Chr.; 410 → Prokonsul von Afrika. Schrieb einen (erhaltenen) Kommentar zu → Ciceros *Somnium Scipionis*. Unvollständig erhalten ist sein Hauptwerk, die *Saturnalia* (7 Bücher), in denen er röm. Senatoren und Gelehrte am Saturnalienfest fiktive Gespräche über philologische, antiquarische und literaturgeschichtliche Probleme führen lässt; ein großer Teil ist der → Vergil-Erklärung gewidmet.

Mäander → Maiandros.

Maecenas. C. Cilnius M., reicher röm. → Ritter von altem etr. Adel aus Arretium, gest. 8 v. Chr., Freund und Berater des → Augustus. Seine Hauptaufgabe sah er in der Förderung literarischer Talente, wie → Vergil, → Horaz, → Properz. Er verfolgte dabei die Absicht, diese Dichter in das politische Wirken des Augustus zu integrieren, indem sie in ihren Werken das neue Regime feiern und die Bestrebungen des Augustus dichterisch unterstützen sollten.

Mänaden → Bakchai.

Magistratus → Ämterlaufbahn.

Magna Mater → Kybele.

Maia, in der gr. Sage die Tochter des → Atlas, → Pleiade am Berg Kyllene in → Arkadien, von → Zeus Mutter des → Hermes.

Maiandros (Mäander), Fluss in → Lydien, der heute türkisch Menderes heißt und infolge schwachem Gefälle und starker Geröllmitführung einen sehr gewundenen Lauf hat; mündet bei → Milet ins Meer. Nach diesem Fluss wurde das gr. Ornament benannt, das vielfach abgewandelt bes. in der geometrischen Kunst als Gefäßzierrat diente.

Mainz → Mogontiacum.

Makedonien, Landschaft im Norden Griechenlands, am Nordwestrand des Ägäischen Meeres; die Makedonen (Makedonier), von Ackerbau und Viehzucht lebend, galten den übrigen Hellenen als → Barbaren. Wegen der Fruchtbarkeit und Großräumigkeit der maked. Hochebenen entwickelte sich im 6. Jh. v. Chr. der Großgrundbesitz einer militärischen Stammesaristokratie, etwa in der Art, wie → Homer sie beschreibt; diese Gentilordnung konnte sich bis ins 4. Jh. v. Chr. erhalten. Erst jetzt gelang die politische Einigung. An der Spitze der Makedonen stand ein erblicher König, der jedoch der Bestätigung durch die Heeresversammlung bedurfte; diese, bestehend aus reichen und vornehmen Makedonen, vertrat das Volk politisch und übte die oberste Gerichtsbarkeit aus. Gegen Ende des 5. Jh.s suchten die Makedonen nach stärkerem Kontakt zur hellenischen Welt: König → Archelaos I. (413–399) beschickte die → Olympischen Spiele und holte gr. Künstler (→ Euripides, den Maler Zeuxis) und Ingenieure an seinen Hof nach Pella. Nach blutigen Thronwirren um die Nachfolge des Archelaos nahm M. einen bedeutenden Aufschwung unter König → Philipp II. (359–336 v. Chr.). Nach der Eroberung Thessaliens und der goldreichen Küste Thrakiens siegte er in der Schlacht von → Chaironeia (338) über → Athen und → Theben; an der Spitze des Korinthischen Bundes, dem alle gr. Staaten außer → Sparta angehörten, war er Herr ganz Griechenlands. Sein Sohn → Alexander d. Gr. (336–323) baute die maked. Militärmonarchie zu einem Weltreich mit hellenischer Kultur aus. Nach seinem Tod und dem damit einsetzenden Zerfall des Universalreiches wurde M. eines der Diadochenreiche, um dessen Besitz heftig gestritten wurde, weil die Generäle Alexanders, die → Diadochen, von Geburt Makedonen, in ihrer Heimat das Kernland sahen. Nach der Verwüstung durch die → Kelten (→ Galater) 280/279 konnten die Antigoniden seit 277 v. Chr. eine gesicherte Hegemonie über

Griechenland ausüben. 197 v. Chr. unterlag Philipp V. bei Kynoskephalai, 168 dessen Sohn → Perseus bei → Pydna den Römern, die M. daraufhin in 4 Freistaaten teilten. 148/147 wurde es durch Metellus zur röm. → Provinz. 395 n. Chr. kam M. an das Oström. Reich.

Manen, in der röm. Religion Totengeister, Beschützer der Gräber; seit dem Ende der → Republik die göttlich verehrten Seelen der Verstorbenen; daher steht auf Grabsteinen vor dem Namen des Verstorbenen DM (*Dis manibus* [*sacrum*] »den Totengöttern [geweiht]«).

Manipel, Unterabteilung der röm. → Legion, der dritte Teil einer → Kohorte, 2 → Zenturien umfassend, Mannschaftsstärke schwankend je nach Umfang der Legion.

Manlius, röm. Patriziername. – **1.** Marcus M. Capitolinus, → Konsul 392 v. Chr., soll 387 das → Kapitol, auf dem sein Haus lag, geweckt durch das Schnattern der Gänse, vor dem nächtlichen Überfall der → Gallier gerettet haben. Weil er 385 v. Chr. für einen allgemeinen Schuldenerlass der Plebejer gegenüber den patrizischen Gläubigern eintrat, wurde er 384 des Hochverrats angeklagt, verurteilt und vom tarpejischen Felsen gestürzt. – **2.** Titus M. Torquatus, erhielt diesen Beinamen, weil er einem Gallier, den er im Zweikampf besiegt hatte, die Halskette (lat. *torques*) abgenommen hatte (361 v. Chr.). Im Latinerkrieg ließ er als → Konsul 340 seinen Sohn wegen militärischen Ungehorsams hinrichten. Seither galt M. als Vorbild altröm. Zucht.

Mantik, Kunst der Weissagung. In der M. sah man eine Möglichkeit, den Willen der Götter in Bezug auf Handlungen oder Vorgänge zu ergründen; dies geschah durch Befragung von → Orakeln (→ Delphi, → Dodona) und Sehern (z. B. → Kalchas, → Teiresias, → Kassandra) oder durch Beobachtung und Deutung der verschiedensten Phänomene. – Bei den Griechen galten u. a. folgende Erscheinungen als von den Göttern kommende Zeichen: Wunder, ungewöhnliche Naturereignisse (den röm. → Prodigien entsprechend), Verhalten von Tieren, Veränderungen der Innereien von Opfertieren, menschliches Verhalten wie Stolpern oder Niesen, Träume. Seit dem 5. Jh. v. Chr. (→ Sophisten) verlor die M. an Glaubwürdigkeit. – Die Römer hatten für M. den Begriff *divinatio*, die als eine wichtige staatliche Aufgabe galt und als solche dem Priesterkollegium der Auguren oblag. Beobachtet und gedeutet wurden vor allem die Prodigien, Flug und Schreie gewisser Vögel (*auspicium*), die Eingeweide der Opfertiere (→ Haruspex), der Blitz; in Krisenzeiten befragte man die → Sibyllinischen Bücher. Wie die Griechen sahen auch die Römer in gewissen menschlichen Verhaltensweisen (Stolpern, Niesen, Ohrensausen) Vorzeichen. Vor allen wichtigen privaten wie staatlichen Vorgängen und Entscheidungen wurde so der Wille der Götter erkundet.

Marathon, Ort an der Ostküste → Attikas gegenüber von → Euböa. In der Ebene von M. siegten am 12. September 490 v. Chr. die Athener unter → Miltiades über die → Perser unter Artaphernes und Datis. Das Massengrab der 192 gefallenen Athener ist noch auf dem Schlachtfeld erhalten. Ein Läufer brachte die Siegesbotschaft über die rund 40 km lange Strecke nach → Athen, wo er tot zusammenbrach; danach der Marathonlauf über 42,2 km, der seit 1896 bei den Olympischen Spielen ausgetragen wird.

Marcellus. Marcus Claudius M., zwischen 222 und 208 v. Chr. fünfmal → Konsul. 222 besiegte er die gallischen Insubrer; nach der Schlacht bei → Cannae (216 v. Chr.) trat er im Gegensatz zu → Fabius Cunctator als Erster wieder in eine Offensivstrategie gegenüber → Hannibal ein. 212 eroberte M. das abgefallene → Syrakus (→ Archimedes), dessen Kunstschätze er nach → Rom brachte. 208 v. Chr. kam er bei Venusia durch einen Hinterhalt Hannibals um.

Marcus Aurelius Antoninus, 121–180, seit 161 röm. Kaiser; aus altem plebejischem Geschlecht; 146 von → Antoninus Pius adoptiert; vermählt mit Faustina. M. A. ernannte seinen Adoptivbruder Verus bei Regierungsantritt zum Mitregenten, der 169 im → Markomannenkrieg in → Pannonien starb. 176 ernannte M. A. dann seinen Sohn → Commodus zum Mitregenten. In seiner Jugend erhielt er eine ausgezeichnete rhetorische (→ Fronto) und philosophisch-stoische Ausbildung, so dass seine Neigungen den Wissenschaften, nicht aber den Kriegen galten, die er während seiner Regierungszeit häufig führen musste. Aufstände in → Britannien und Angriffe der Chatten in Obergermanien konnten 162 zurückgeschlagen werden; den Krieg gegen die → Parther, die sich Armeniens bemächtigt und 2 röm. Legionen vernichtet hatten, gewann Verus mit fähigen Feldherrn (166). Die Sieger brachten aus dem Osten die Pest mit, die über Jahre im ganzen Reich wütete. 178 brach der 2. Markomannenkrieg aus, in dessen Verlauf M. A. 180 an der Pest in Vindobona (Wien) starb. – Freigebigkeit, gewissenhafte Rechtspflege und Verstärkung des von den Vorgängern geschaffenen Beamtenapparats kennzeichnen seine Herrschaft im Innern des Reichs. In den letzten Lebensjahren schrieb er, meist während der Feldzüge, in gr. Sprache aphoristische Betrachtungen, die nach seinem Tod in 12 Büchern unter dem Titel *Selbstbetrachtungen* veröffentlicht wurden. Er zeigt sich in seinem Werk als der letzte bedeutende Stoiker; es geht ihm vor allem um ethische Probleme.

Marius. Gaius M., 157–86 v. Chr., in Cereatae bei → Arpinum als Sohn einer Ritterfamilie geboren, zeichnete sich unter → Scipio Aemilianus Africanus Minor Numantinus im Krieg in → Spanien (Numantia) 134 aus. 119 setzte er sich als → Volkstribun durch Gesetzesanträge für die → Plebs ein. Bald machte ihm, dem → *homo novus*, die Heirat mit Julia, einer Tante → Caesars, die weiteren Stufen in der → Ämterlaufbahn frei. Von Q. Caecilius Metellus, der in Afrika die Feldzüge gegen → Jugurtha führte, berufen, trug er als Legat wesentlich zur Wiederherstellung der zerrütteten Disziplin im Heer und zu den Siegen über → Jugurtha bei. 107 wurde er Konsul und von den → Popularen mit dem Oberbefehl im Jugurthinischen Krieg betraut, den er 105 siegreich beendete; → Triumph 104. Im Krieg gegen die → Kimbern und Teutonen war er viermal hintereinander (104 bis 101) als → Konsul mit dem Oberbefehl betraut und errang die Siege von Aquae Sextiae (102) und Vercellae (101). Er reorganisierte dabei das röm. Heer; seitdem gab es nur noch Berufssoldaten, zu denen nur röm. Bürger aus Italien gegen festen Sold und Stellung der Ausrüstung für eine Dienstzeit von 16–20 Jahren aufgenommen wurden; nach Ablauf ihrer Dienstzeit hatten die Veteranen Anspruch auf Landzuteilung. So wurde ein Söldnerheer geschaffen, das sich hauptsächlich einem Feldherrn verpflichtet fühlte. Die von Marius getroffene Heeresorganisation blieb bis in die Kaiserzeit bestehen. Während seines sechsten Konsulats (100) versagte er in seinem Bemühen um die Beschaffung der den Veteranen versprochenen Ländereien und verlor das Vertrauen aller Parteien. Auch im Kampf gegen die → Bundesgenossen konnte er kein neues Ansehen gewinnen, im Gegensatz zu seinem Rivalen → Sulla, vor dem er 88 v. Chr. sogar nach Afrika fliehen musste. 87 kehrte M. unter dem Konsulat des → Cinna nach Rom zurück, während Sulla gegen → Mithridates VI. in Griechenland kämpfte. Zusammen mit Cinna nahm er an seinen Gegnern, namentlich an den Freunden Sullas, blutige Rache. 86 übernahm er zum siebten Mal mit Cinna als Amtsgenossen das Konsulat, starb aber bereits am 13. Januar.

Mark Aurel → Marcus Aurelius.

Markomannen, german. Stamm, die M. wohnten zur Zeit → Caesars im Maingebiet, das sie, vom älteren → Drusus 9 v. Chr. besiegt, unter ihrem König Marbod verließen, um zusammen mit anderen Stämmen (Rugier, Semnonen, → Langobarden) in dem von den Boiern verlassenen Gebiet von Böhmen ein mächtiges Reich zu gründen (8 v. Chr.), das Marbod nach Süden bis zur Donau ausdehnen konnte. Ferner versuchten die M., durch nordgerm. Stämme gedrängt, die Grenzen der Provinz → Pannonien zu überschreiten; → Marcus Aurelius wehrte sie in den Jahren 166–180 ab. Zeugnis des erbittert geführten Markomannenkriegs legen die Reliefs der 30 m hohen, noch erhaltenen Marcussäule in → Rom ab.

Marmor Parium, Marmorstele mit Inschrift von der Insel → Paros, in 2 Fragmenten erhalten; diese sog. Parische Chronik ist eine – wohl für Schulzwecke – in Marmor gemeißelte, 264/263 gr. geschriebene Tabelle der Hauptdaten der politischen und kulturellen Geschichte Griechenlands. Fragment A (jetzt in Oxford) reicht von König → Kekrops von → Athen (1581/80) bis 355/354; Fragment B (in Paros): 336/335 bis 299/298.

Mars (altlat. *Mavors*), der italische Kriegsgott, später dem gr. → Ares gleichgesetzt, nach → Jupiter der bedeutendste Gott der italischen Völker; nach ihm ist der Monat März (*Martius*) benannt, der Anfangsmonat des altröm. Jahres, in dem die Kriege begannen. Auf dem → Marsfeld hatte M. einen Altar, an dem der → Zensor alle 5 Jahre die *Suovetaurilia* (Opfer: Schwein, Schaf und Ochse) darbrachte. Der älteste Tempel, der M. 388 v. Chr. geweiht worden war, stand vor der Stadt an der → Via Appia. 2 v. Chr. weihte → Augustus auf dem von ihm erbauten Forum einen Tempel für M. Ultor, in dem M. zusammen mit → Venus (→ Aphrodite) verehrt wurde. Durch → Rhea Silvia Vater von → Romulus und Remus, ist M. auch Stammvater des röm. Volkes.

Marsfeld (*Campus Martius*), Ebene zwischen Tiber und den Hügeln Pincius, → Kapitol und Quirinal; Platz für die Heeres- und → Volksversammlungen; Sport- und Exerzierfeld.

Marsyas, in der gr. Sage ein in → Phrygien lokalisierter → Satyr oder → Silen, der auf der von → Athene erfundenen, aber wieder weggeworfenen Flöte so meisterhaft spielte, dass er den → Kithara spielenden → Apollon zum musikalischen Wettstreit herausforderte, unter der Übereinkunft, dass der Sieger mit dem Besiegten nach Belieben verfahren dürfe. Als die → Musen zu Apollons Gunsten entschieden, ließ dieser den M. an eine Fichte hängen und enthäuten. Aus seinem Blut oder den Tränen, die um ihn von Satyrn vergossen wurden, entstand der Fluss M. Seit dem 5. Jh. v. Chr. in der bildenden Kunst häufig dargestellt.

Martial. Marcus Valerius Martialis, aus Bilbilis in → Spanien, um 40–103/104 n. Chr., Klassiker des lat. → Epigramms. Lebte seit 64 in → Rom als Klient (→ Klientenwesen) reicher und vornehmer Gönner (z. B. → Plinius minor, → Domitian); er brachte es dabei sogar zu einem kleinen Gut bei Nomentum, 94 zu einem Häuschen auf dem Quirinal. 98 kehrte er in die Heimat zurück, wo ihm Marcella, eine reiche Gönnerin, ein Landgut schenkte. M. ist der erste Dichter, der sich ausschließlich der Epigrammatik widmete; von ihm sind erhalten 12 Bücher *Epigramme*, ferner ein Buch über Zirkusspiele (*Liber spectaculorum*) zur Einweihung des → Kolosseums in Rom und 2 Bücher Begleitgedichte zu Geschenken am Saturnalienfest, nämlich die *Xenia* und *Apophoreta*. In seinen kurzen und witzigen Epigrammen prangert er mit scharfer Beobachtungsgabe alle typischen Großstadtlaster, ganze Stände und Einzelpersonen der damaligen röm. Gesellschaft an. Seine Epigramme waren von großer Wirkung auf die spätere Weltliteratur.

Massilia (heute Marseille), um 600 v. Chr. an der Rhônemündung von der jon. Stadt Phokaia gegründet, wurde bald eine blühende Stadt, die Hauptumschlagplatz für den gr. Handel im westlichen Mittelmeer war. Die Wirtschaftskonkurrenz → Karthagos zwang frühzeitig zu freundschaftlichen Beziehungen zu → Rom, die auch durch den 2. → Punischen Krieg nicht gestört wurden. Im Bürgerkrieg zwischen → Caesar und → Pompeius nahm M. nach anfänglicher Neutralität eine → Flotte des → Pompeius in den Hafen auf, worauf die Stadt von Caesar nach hartnäckiger Gegenwehr genommen, aber nicht zerstört wurde (49). Caesar nahm ihr zwar nicht den Status einer freien verbündeten Stadt, doch er legte ihr viele Lasten auf. Von da an ging die politisch-wirtschaftliche Bedeutung von M. zurück, jedoch blieb es bis in die Kaiserzeit hinein Zentrum von Wissenschaft und Bildung. 481 n. Chr. fiel es an die Ostgoten.

Masinissa, König von → Numidien, um 240–148 v. Chr., Stammeskönig der Massylier, kämpfte während des 2. → Punischen Krieges zunächst auf Seiten der Karthager in → Spanien, seit 206 jedoch unterstützte er → Scipio Africanus Maior, dem er in der Schlacht bei Zama (202) mit seinem Reiterkorps zum Sieg über → Hannibal verhalf. Mit röm. Billigung und Hilfe dehnte M. gegen den Widerstand des zum Stillhalten verurteilten → Karthago sein Reich nach Westen (→ Mauretanien) und Osten (bis → Libyen) aus, so dass es ihm in einem Zeitraum von rund 50 Jahren gelang, das einst in Teilgebiete zerfallene, von barbarischen Nomadenstämmen bewohnte Numidien zu einem mächtigen Einheitsstaat mit hellenist.-punischer Zivilisation zusammenzufügen. Sein Konflikt mit Karthago, das sich gegen seine ständigen Übergriffe auf karth. Gebiet wehrte, war den Römern Vorwand zum 3. → Punischen Krieg.

Mauretanien, von Berberstämmen bewohntes Gebiet im Westen Nordafrikas, aus dem → Karthago jahrhundertelang Söldner rekrutierte. König Bocchus I. lieferte seinen Schwiegersohn → Jugurtha an den Römer → Sulla aus (106 v. Chr.) und erreichte so einen Freundschaftsvertrag mit → Rom.

Mausoleum, für → Mausolos von → Karien in → Halikarnassos errichtetes Grabmal, um 350 v. Chr. vollendet, galt als eines der → sieben Weltwunder, 46 m hoch. Auf hohem quadratischen Unterbau stand eine Ringhalle von 36 Säulen, darüber ein pyramidenförmiges Dach, gekrönt von einer → Quadriga mit den Statuen von Mausolos und Artemisia. Die Relieffriese um den Unterbau schufen die 4 größten gr. Bildhauer jener Zeit. Reste dieses Frieses, den Amazonenkampf darstellend, befinden sich im Britischen Museum zu London. – Danach bezeichnet man mit M. ähnlich monumentale Grabbauten.

Maus(s)ol(l)os, pers. Satrap von → Karien, mit der Machtbefugnis eines unabhängigen Königs, 377–353 v. Chr.; residierte in → Halikarnassos.

Maxentius. Marcus Aurelius Valerius M., Sohn des → Maximianus, erhob sich 306 n. Chr. mit Unterstützung der Prätorianer und des → Senats zum Gegenkaiser gegen → Konstantin d. Gr., behauptete die Herrschaft über Italien und Afrika, bis er schließlich in der Schlacht an der Milvischen Brücke in → Rom 312 von Konstantin besiegt wurde und auf der Flucht im Tiber ertrank.

Maximianus. Aurelius Valerius M., → Illyrier einfacher Herkunft, röm. Offizier, 286 n. Chr. von → Diokletian zum Mitregenten (Augustus) für die westlichen Reichsgebiete mit Residenz in Mailand (Mediolanum) ernannt. Er kämpfte für die Befriedung des Reiches in → Gallien, am Rhein, in → Spanien und Afrika. 305 dankte er gemeinsam mit Diokletian ab. Als 306 sein Sohn → Maxentius die Herrschaft an sich riss, übernahm er als Senior Augustus die Kaiserwürde nochmals. Doch bald kam es zum Zerwürfnis mit seinem Sohn, worauf er zu seinem Schwiegersohn → Konstantin Zuflucht nahm. Dieser ließ M. jedoch verhaften, als er von seinen Bemühungen, ihn zu stürzen, erfuhr; daraufhin beging M. Selbstmord (310).

Maximinus, röm. Kaiser. – **1.** Gaius Julius Verus M. Thrax, Sohn eines thrakischen Bauern, tüchtiger Offizier, der bei der Heeresmeuterei 235 n. Chr. in Mainz den Kaiser Severus Alexander ermorden und sich von den germ. → Legionen zum Kaiser ausrufen ließ. Er besiegte die → Alemannen, Daker und Sarmaten. 238 trat Marcus Antonius Gordianus in Afrika als Gegenkaiser auf und ernannte seinen Sohn Gordianus II. zum Mitkaiser; Anerkennung durch den → Senat. Daraufhin zog M. mit seinem Heer gegen → Rom, wurde aber während der Belagerung Aquileias wegen seiner Härte von meuternden Soldaten erschlagen. – **2.** Gaius Valerius M. Daia, Neffe und Adoptivsohn des → Galerius, 305 zum Caesar des Ostens ernannt, seit 311 Augustus mit → Licinius als Caesar. Er trieb die Christenverfolgung des → Diokletian und Galerius weiter entgegen der Religionspolitik des → Konstantin, förderte den heidnischen Kult. Die Meinungsverschiedenheiten zwischen M. und Licinius führten zu einer Schlacht in Thrakien (313), die M. verlor; Tod auf der Flucht in Tarsos.

Medea, in der gr. Sage die zauberkundige Tochter des Heliossohnes Aietes, des Königs von → Kolchis; mit ihrer Hilfe setzten sich die → Argonauten in den Besitz des Goldenen Vlieses. → Jason überbrachte dem → Pelias, wie gefordert, das Vlies nach Jolkos und blieb zunächst zusammen mit seiner Frau M. dort. Da Pelias dem Jason aber die ihm durch Erbe zustehende und nach Ablieferung des Vlieses zugesagte Herrschaft über Jolkos verweigerte, griff M. zu einer grausamen List. Sie überredete nämlich die Töchter des Pelias, ihren alten Vater in Stücke zu schneiden und das Fleisch in einem Zaubertrank zu kochen, den sie gebraut hatte; den Beweis für die Wirksamkeit dieses Mittels zur Verjüngung hatte sie vorher an einem Widder erbracht. Den Pelias aber ließ M. sterben. Nun riss der Pelias-Sohn Akastos die Herrschaft an sich, so dass Jason mit M. nach → Korinth flüchtete. Dort verstieß jedoch Jason die M., um die Tochter des korinthischen Königs Kreon, Glauke oder Kreusa, zu heiraten. Doch M. sandte der Braut ein Gewand und ein Diadem, die mit Gift bestrichen waren, durch das Tochter und Vater zu Tode gebrannt wurden. Auch die beiden Kinder, die sie mit Jason hatte, tötete sie. Dann floh sie auf einem geflügelten Wagen nach → Athen, wo sie als Gattin des alten

Königs Aigeus Mutter des Medos wurde. Sie versuchte → Theseus, den Sohn des Königs, bei seiner Rückkehr nach Athen zu vergiften; doch Aigeus erkannte seinen Sohn sofort. Daraufhin floh M. mit ihrem Sohn Medos, durch den sie zur Stammmutter der → Meder wurde, nach Kolchis. – Dieser Stoff wurde dichterisch behandelt u. a. von → Euripides, → Seneca und → Apollonios von Rhodos; häufige Darstellungen in der bildenden Kunst.

Meder, Volk, das seit dem 9. Jh. v. Chr. in Medien, dem gebirgigen Westen des Iran, lebte; Hauptstadt Ekbatana. Kyaxares (625–585 v. Chr.) begründete eine medische Großmachtstellung, bis → Kyros 550 v. Chr. die M. unterwarf und ihr Land Persien einverleibte, wobei in der Folgezeit die M. mit den → Persern verschmolzen, so dass die Griechen die Perser auch M. nannten.

Medusa → Gorgo.

Megäre (griech. *Mégaira*) → Erinyen.

Megara, Hauptstadt der Landschaft Megaris am Saronischen Golf, als wichtiger dorischer Handelsplatz Konkurrentin → Athens, seit der Mitte des 8. Jh.s v. Chr. unabhängig, gründete zahlreiche Kolonien. Eine Handelssperre gegen megarische Waren durch Athen (432) trug mit bei zum Ausbruch des → Peloponnesischen Krieges.

Megaron, rechteckiges, einräumiges Wohnhaus des ägäischen Kulturkreises, mit dem Herd in der Mitte und Vorhalle an der Schmalseite. → Kretisch-mykenische Kultur. Archetyp des gr. Hauses und Tempels.

Melampus, in der gr. Sage Seher und Priester, der die Sprache der Tiere verstand.

Meleagros, in der gr. Sage Sohn des Oineus, Königs von Kalydon in Aitolien, und der Althaia. Nach einer Weissagung der → Moiren sollte er so lange leben, als ein bei seiner Geburt im Herdfeuer liegendes Holzscheit vom Feuer nicht verzehrt werde. Seine Mutter Althaia nahm es sofort aus dem Feuer, löschte es und verwahrte es in einer Kiste. Als der Vater es einmal versäumt hatte, der → Artemis zu opfern, sandte die Göttin seinem Land einen wilden Eber, der die Fluren verwüstete. An der Jagd auf den Kalydonischen Eber beteiligten sich viele Helden Griechenlands, auch die arkadische Jägerin → Atalante, die M. liebte. Nach hartem Kampf konnte Atalante den Eber verwunden, während M. ihm den Todesstoß versetzte. Er schenkte das Fell der Atalante. Die Brüder seiner Mutter aber, die Söhne des Thestios, versuchten es ihr wegzunehmen, weshalb M. sie erschlug. Daraufhin nahm Althaia an ihrem Sohn für den Tod ihrer Blutsverwandten Rache; sie legte das Holzscheit wieder ins Feuer; und während dies verbrannte, welkte M. in der Blüte seiner Jugend dahin und starb.

Melos, die westlichste Insel der → Kykladen; die dorischen Bewohner versuchten im → Peloponnesischen Krieg ihre Neutralität zu wahren; doch 416 v. Chr. eroberte → Alkibiades die Insel; dabei wurden alle Männer niedergemetzelt, die Frauen und Kinder in die Sklaverei verkauft. Die att. Kolonisten, die auf der entvölkerten Insel angesiedelt worden waren, wurden 405 von den Spartanern unter → Lysander vertrieben und die Hinterbliebenen der alten Bewohner wieder angesiedelt. Fundort (1820) der sog. → Venus von Milo (Paris, Louvre), gr. Marmororiginal aus dem 2. Jh. v. Chr.

Melpomene, die → Muse der Tragödie.

Menander aus → Athen, um 342–292 v. Chr., der bedeutendste Dichter der sog. Neuen Komödie, Schüler des → Theophrast. Von seinen über 100 Komödien wurden nur 8 mit einem Siegespreis gewürdigt. Ein einziges Stück ist vollständig erhalten, der *Dyskolos* (*Menschenfeind*), aufgeführt 316; große Teile sind erhalten von den *Epitrepontes* (*Schiedsgericht*) und von der *Perikeiromene* (*Die Geschorene*); von den anderen sind nur sentenzenartige Einzelverse bei Grammatikern, Lexikographen und in Florilegien erhalten. Über den Inhalt mancher Stücke wissen wir Bescheid, weil es Nachschöpfungen gibt von den röm. Komödiendichtern → Plautus (*Bacchides*, *Cistellaria*,

Stichus, vielleicht auch *Poenulus* und *Aulularia*) und → Terenz (*Andria*, *Heautontimorumenos*, *Eunuchus*, *Adelphoe*). M.s Komödie ist durchweg bürgerliches Lustspiel; Hauptthema sind Liebesverwicklungen, Verwechslungen, Intrigen im athen. Bürgeralltag. Die Charaktere sind differenziert gezeichnet.

Menelaos, in der gr. Sage Sohn des → Atreus, Bruder → Agamemnons, Gemahl der → Helena, König von → Sparta. Nach der Entführung der Helena aus Sparta rüstete M. zum → Trojanischen Krieg. Da → Tyndareos, der Vater der Helena, alle Fürsten, die um seine Tochter warben, einen heiligen Eid hatte schwören lassen, dass sie dem Mann, den er zum Schwiegersohn bestimme, immer Freunde und Bundesgenossen sein würden, konnte er die größten Helden Griechenlands aufbieten, z. B. → Achilleus, → Aias, → Odysseus. Auch M. erwies sich als tapferer Held vor → Troja (→ Homer, *Ilias*). Nach Trojas Fall irrte er, durch Stürme bis nach → Ägypten verschlagen, 8 Jahre umher, bevor er das heimatliche Sparta erreichte.

Menenius Agrippa, röm. → Patrizier, → Konsul 503 v. Chr., soll 494 v. Chr. die Plebejer, als sie im Ständekampf aus → Rom auf den Heiligen Berg ausgewandert waren, durch die Fabel vom Magen und den Gliedern, die dem Magen den Dienst verweigerten und daraufhin selbst geschwächt wurden, zur Rückkehr und Einigung mit den Patriziern bewogen haben. Historisches Ergebnis dieser Auseinandersetzung: Die Plebejer durften von nun an → Volkstribunen wählen. → Plebs.

Menippos von Gadara in Syrien, 3. Jh. v. Chr., gr. Popularphilosoph kynischer Richtung. Von den 13 Büchern seiner sog. menippeischen → Satiren, in denen sich Prosa neben Versen findet, sind mehrere Titel bekannt, z. B. *Verkauf des Diogenes*.

Mentor aus → Ithaka, Freund des → Odysseus, der ihm bei der Abfahrt nach → Troja die Sorge für sein Hauswesen und die Erziehung seines Sohnes → Telemachos übertragen hatte. → Athene gab in Mentors Gestalt oft Vater und Sohn Ratschläge.

Merkur, lat. *Mercurius*, der röm. Gott des Handels und der Kaufleute, wurde sehr früh dem gr. → Hermes gleichgesetzt. Sein erster Tempel wurde ihm 495 v. Chr. in → Rom in der Nähe des → Circus Maximus geweiht.

Messalina. Valeria M., die 3. Gemahlin des Kaisers → Claudius, Mutter von → Britannicus und → Octavia (2.), berüchtigt wegen ihres ausschweifenden Lebenswandels. 48 n. Chr. hielt sie in Abwesenheit ihres Gemahls öffentlich Hochzeit mit einem gewissen Silius, auch war sie an einer Verschwörung gegen Claudius beteiligt. Daraufhin ließ der Kaiser, auf Anraten des Narcissus, seines Privatsekretärs und Ministers, M. und Silius hinrichten.

Messenien, sehr fruchtbare Landschaft im Südwesten der → Peloponnes. Eroberung durch die Spartaner im 1. Messenischen Krieg (um 740–720 v. Chr.), die Messenier wurden zu → Heloten gemacht. Um 660 v. Chr. kam es unter Führung des Aristomenes zu einem erbitterten Helotenaufstand, dessen Niederwerfung den Spartanern erst um 640 gelang. Der Dichter →Tyrtaios soll dabei durch seine Kampflieder die Spartaner zum Durchhalten angespornt haben. Folge des Krieges war eine rücksichtslose Unterdrückung der Heloten, von denen viele auswanderten. Auch in einem 3. Messenischen Krieg suchten die Messenier vergeblich ihre Freiheit wiederzuerlangen (464–460). Erst 369 v. Chr. erlangte M. durch den Thebaner → Epameinondas seine Selbständigkeit. Seit 146 v. Chr. ist M. römisch.

Metöken (gr. »Mitbewohner«), in → Athen und anderen gr. Städten ortsansässige Fremde, die sich wie freie, einheimische Bürger bewegen konnten, außer in der Politik und vor Gericht. Durch Zahlung einer M.-Steuer und Verpflichtung zum Kriegsdienst stand ihnen das Recht des Wohnsitzes, des Gewerbebetriebes, der Teilnahme an den Kultfeiern zu.

Metope, rechteckige, bemalte oder (meist) reliefgeschmückte Platte zwischen den → Triglyphen über dem → Architrav antiker Tempel.

Metrik → Versbau.

Midas, in der gr. Sage König von → Phrygien. Da er den trunkenen → Silen dem → Dionysos zurückbrachte, erfüllte ihm dieser den Wunsch, alles, was er berührte, in Gold zu verwandeln. Als aber auch Speise und Trank zu Gold wurden, musste er den Gott um Befreiung von diesem zweifelhaften Geschenk bitten. Da befahl ihm Dionysos, im Flusse → Paktolos zu baden, dessen Wasser seitdem goldhaltig war. Als M. bei einem musikalischen Wettstreit zwischen dem → Kithara spielenden → Apollon und dem Flöte blasenden → Pan für Letzteren Partei ergriff, ließ ihm Apollon zur Strafe Eselsohren wachsen. Sein Friseur entdeckte zwar die sorgfältig gehütete Schande, doch wagte er es nicht, sein Geheimnis auszuplaudern. So grub er ein Loch in die Erde, in das er sein Wissen hineinflüsterte. Auf dem eingeebneten Loch wuchsen Binsen, deren Rauschen im Winde die Binsenwahrheit über Midas wiedergab.

Milet, gr. *Míletos*, Stadt in Kleinasien an der Mündung des → Mäander, im 11. Jh. v. Chr. von Griechen besiedelt, seit dem 8. Jh. v. Chr. die mächtigste unter den jon. Städten Kleinasiens; M. gründete über 80 Kolonien; Hauptumschlagplatz für asiatische Waren nach dem Westen; von den milesischen Produkten war bes. die Wolle bekannt. M. war die Vaterstadt der Philosophen → Thales, → Anaximandros und → Anaximenes. Zur Zeit des Tyrannen Thrasybulos (um 600 v. Chr.) erreichte M. seinen wirtschaftlichen und kulturellen Höhepunkt. Nach dem jon. Aufstand (494) wurde M. von den → Persern zerstört, wurde aber nach dem Sieg der Griechen bei Mykale (479) von → Hippodamos mit rechtwinklig sich kreuzenden Straßen wieder aufgebaut. Nachdem M. nach dem Königsfrieden (386) unter pers. und 377 unter karische Herrschaft (→ Mausolos) gekommen war, wurde es 334 von → Alexander d. Gr. erobert; seit 78 v. Chr. ist M. röm. In hellenist. und röm. Zeit entstanden große Prachtbauten (Buleuterion, Tor des Südmarktes). Infolge der Versandung des Hafens durch den Mäander ging die Bedeutung M.s als Handelsstadt immer mehr zurück.

Milo. Titus Annius M., 57 v. Chr. → Volkstribun, trat für die Rückberufung → Ciceros aus der Verbannung ein. Gegen → Clodius warb er ebenfalls Gladiatorenbanden an, so dass es über Jahre hin zu Straßenschlachten in → Rom kam. Als 52 v. Chr. Clodius bei einem Zusammenstoß der feindlichen Banden bei Bovillae an der → Via Appia erschlagen wurde, verurteilte ein Gericht unter dem Vorsitz des → Pompeius M. zum Exil trotz der Verteidigung durch → Cicero (Rede *Pro Milone*). 48 v. Chr. kehrte M. während des Bürgerkrieges eigenmächtig aus seinem Exil in → Massilia nach Italien zurück und wurde bei dem Versuch, → Kampanien gegen → Caesar aufzuwiegeln, getötet (48).

Miltiades, athen. Aristokrat, um 550–489 v. Chr.; er trat 524 v. Chr. auf d. thrak. Chersonesos das Erbe seines gleichnamigen Onkels an, im Verlauf des jon. Aufstandes eroberte er für → Athen die Insel Lemnos. Seine Beteiligung an dieser Erhebung zog Vergeltungsmaßnahmen der pers. → Flotte nach sich, so dass er 493 v. Chr. seine Besitzungen in der Chersonesos endgültig aufgeben und nach Athen zurückkehren musste. 490 v. Chr. wurde er unter die 10 Strategen gewählt. Bei → Marathon konnte er die → Perser entscheidend besiegen. Als er 489 v. Chr. eine glücklose Flottenexpedition gegen das perserfreundliche → Paros geleitet hatte und schwerverwundet heimkehrte, wurde er in einem Prozess wegen Vergeudung von Staatsgeldern zu einer Buße von 50 → Talenten verurteilt. Sein Sohn → Kimon übernahm die Zahlung für seinen in der Schuldhaft an der Wunde gestorbenen Vater.

Mine, Gewicht (436 g) und Münze (100 Drachmen). → Geld.

Minerva, der → Athene frühzeitig gleichgesetzte Gottheit, die mit → Jupiter und → Juno die über Etrurien übernommene Göttertrias bildete, die auf dem → Kapitol in → Rom verehrt wurde. Der Haupttempel ihres Kultes lag auf dem Aventin, wo sie als Schutzgöttin der Handwerker, Lehrer und Künstler verehrt wurde. In diesem Tempel durfte seit 207 v. Chr. der Verband der Dichter und Schauspieler tagen: → Livius Andronicus. Als Schutzgottheit der Ärzte hatte sie auf dem Esquilin einen Tempel.

Minos, in der gr. Sage König von → Knossos auf → Kreta, Sohn des → Zeus und der Europa, Gatte der Pasiphaë, Vater von → Ariadne, → Phaidra, Androgeos, Bruder des → Rhadamanthys und Sarpedon; M. gab Kreta die berühmten Minoischen Gesetze. Als sein Sohn Androgeos in → Attika den Tod fand, eroberte M. → Athen und erlegte der Stadt einen jährlichen Tribut von je 7 attischen Jünglingen und Jungfrauen auf, die er dem → Minotauros vorwarf, bis → Theseus dieses Ungeheuer mit Hilfe der Ariadne tötete. Nach seinem Tod wurde M. mit Rhadamanthys und Aiakos Totenrichter im → Hades. → Kretisch-mykenische Kultur.

Minotauros, in der gr. Sage Ungeheuer mit Stierkopf auf menschlichem Körper. → Minos hielt ihn in dem von → Daedalus gebauten Labyrinth von → Knossos gefangen, wo ihm Menschenopfer vorgeworfen wurden. Hervorgegangen ist M. aus der Verbindung der Minos-Gattin Pasiphaë mit einem von → Poseidon aus dem Meer geschickten schneeweißen Stier, den Minos aber nicht dem Gotte opfern wollte. M. wurde schließlich von → Theseus getötet.

Misenum, Vorgebirge an der kampanischen Küste (Golf von Puteoli), so benannt, weil hier Misenus, der Trompeter des → Aeneas, bestattet worden sein soll. M. war ein beliebter Villenort der Römer (z. B. → Marius, → Lucullus). Hier ließ → Augustus einen gewaltigen Stützpunkt für die Westflotte errichten.

Mithraeum → Mithras.

Mithras, altiranischer Lichtgott, der als *Sol invictus* (»unbesiegbarer Sonnengott«) in der Kaiserzeit zu einem der wichtigsten Götter des Röm. Reiches wurde. Der Mithraskult verbreitete sich von Persien über Kleinasien nach Griechenland, Italien und in die Provinzen des Röm. Reiches (bis nach Germanien und Britannien). Vermittler dieses mystischen Kultes, der in Felsgrotten und unterirdischen Räumen (Mithraeum) begangen wurde, in denen M. als Töter des heiligen Urstiers (aus dessen Leib und Sperma alle Pflanzen- und Tierarten entstanden) dargestellt ist, waren Kaufleute und Legionäre. Es sind zahlreiche Ruinen von Mithraeen erhalten. Der Kult hat viele Ähnlichkeiten mit dem Christentum, das um 250 den Kampf gegen M. aufnahm. Der Geburtstag des M. (25. Dezember, Sonnenwende) wurde vom Christentum als Geburtstag Christi (Weihnachtsfest) übernommen. Wesentliche Bestandteile der Mithras-Lehre waren Unsterblichkeit der Seele, Auferstehung und Totengericht.

Mithridates VI. Eupator, König von Pontos, 120–63 v. Chr., von höchstem pers. Adel, war einer der hartnäckigsten Gegner → Roms im Osten. Seit der Übernahme der Herrschaft 111 v. Chr. betrieb er eine systematische Expansionspolitik. Dadurch kam es zu 3 Kriegen zwischen Rom und M. (88–84, 83–81, 74–64 v. Chr.).

Mogontiacum (heute Mainz), röm. Standlager, unter → Augustus an der Stelle einer Siedlung der kelt. Vangionen errichtet, Hauptquartier von *Germania superior* mit 2 Legionen. Steinbrücke über den Rhein um 90 n. Chr., Stadtmauer um 300 n. Chr. Unter → Diokletian wurde das Lager aufgelöst, die Zivilsiedlung zum → Municipium erhoben. M. wurde 406 n. Chr. von den → Germanen erobert.

Moiren, Schicksalsgöttinnen, die nach antikem Glauben jedem Menschen seinen Anteil am Leben, sein Geschick, zuteilten. Während → Homer von einer Moira spricht, deren Spruch selbst die Götter unterliegen, stellt man sich seit → Hesiod 3 M. vor: → Klotho, die den Lebensfaden spinnt; Lachesis, die das Lebenslos zuteilt; Atropos, die unabwendbar den Lebensfaden abschneidet. Seit dem 3. Jh. v. Chr. von den Römern als *Parcae* (Parzen) übernommen.

Molon. Apollonios M. von Alabanda in → Karien, kam gegen Ende des 2. Jh.s v. Chr. nach → Rhodos, wo er als Lehrer der → Rhetorik berühmt wurde. Er sprach 87 und 81 als Gesandter seiner Wahlheimat vor dem röm. → Senat. → Cicero (78) und → Caesar (76–73) lernten bei ihm.

Molosser, einer der Hauptstämme in → Epirus; in ihrem Gebiet lag die Zeusorakelstätte → Dodona; der bedeutendste König der M. war → Pyrrhus.

Monumentum Ancyranum → Ankyra.

Morpheus, Sohn des → Hypnos, hellenist. Gott des Traumes, der den Menschen im Schlaf verschiedenartige Traumgestalten sendet.

Mummius. Lucius M., aus plebejischem Geschlecht, eroberte als → Konsul 146 v. Chr. im Einvernehmen mit dem → Senat → Korinth; viele Kunstwerke wurden aus der zerstörten und versklavten Stadt nach → Rom gebracht. Wegen seines Sieges über → Achaia erhielt er den Beinamen Achaicus.

Munda, Stadt bei Corduba (→ Spanien), wo → Caesar durch seinen Sieg über die Söhne des → Pompeius den Bürgerkrieg beenden konnte (45 v. Chr.).

Municipium, Bezeichnung für eine Stadtgemeinde in Italien und den röm. Provinzen mit eigener Verwaltung und vollem oder beschränktem röm. Bürgerrecht.

Museion (gr.), Heiligtum und Sitz der → Musen, dann jede unter den Schutz der Musen gestellte Stätte zur Pflege von Kunst, Philosophie und Wissenschaft; das berühmteste M. war das im 3. Jh. v. Chr. von den → Ptolemäern in → Alexandria gegründete Forschungsinstitut, ausgestattet mit einer umfangreichen → Bibliothek und einer Reihe von wissenschaftlichen Instituten. Hier arbeiteten an die 100 Wissenschaftler bei besten Bedingungen. Der jeweilige Leiter des M. war zugleich Prinzenerzieher. Dieses M. wurde im 3. Jh. n. Chr. zerstört. Museen im modernen Sinne kannte die Antike nicht.

Musen, Töchter des → Zeus und der Mnemosyne, urspr. → Nymphen, dann Schutzgöttinnen der Künste und Wissenschaften, die sich in → Pierien, auf dem Helikon und dem → Parnass aufhielten; im Göttersaal auf dem → Olymp erfreuten sie die Unsterblichen durch ihren Gesang. → Hesiod nennt 9 M., denen später bestimmte Bereiche zugewiesen wurden: Klio (Geschichte), Euterpe (Flötenspiel), Thalia (Komödie), Melpomene (Tragödie), Terpsichore (Tanz), Erato (Liebesdichtung), Poly(hy)mnia (Gesang), Urania (Sternkunde), Kalliope (epische Dichtung).

Museum → Museion.

Mykene, Burg und Stadt in der nordöstlichen → Peloponnes (Argolis), etwa 15 km von der Küste entfernt, nach der gr. Sage von → Perseus gegründet, Residenz des → Pelops, → Atreus und → Agamemnon; seit dem 3. Jt. v. Chr. besiedelt. M. war in der 2. Hälfte des 2. Jt.s v. Chr. Mittelpunkt der sog. myken. Kultur (→ kretisch-mykenische Kultur). Am westlichen Fuß des Burgberges entdeckte Heinrich Schliemann, der in M. 1876/77 Grabungen durchführte, die Schachtgräber der Könige aus dem 16. Jh. v. Chr.; sie enthielten reiche Goldschätze (Schmuck, Totenmasken, Geräte und Waffen), die in ihrer Gestaltung einen starken Einfluss der kret. Kultur zeigen. Aus der Blütezeit M.s (1500–1350 v. Chr.) stammen der Palast auf dem Gipfel des Burgberges (mit → Megaron), die → kyklopische Burgmauer mit dem Löwentor (Bezeichnung nach dem Relief über dem Türsturz) und 9 Kuppelgräber (Tholoi), darunter das sog. Schatzhaus des Atreus. Um 1400 eroberten die myken. Herrscher das kret. Inselreich. M. wiederum wurde um 1200 von den einwandernden → Doriern vernichtet.

Myrmidonen, thessalischer Volksstamm, in der *Ilias* Gefolgsleute des → Achilleus.

Mysterien, Geheimkulte, an denen nur die in verschiedene Grade eingeteilten Eingeweihten (Mysten) teilnehmen durften, die zu tiefstem Schweigen verpflichtet waren; deshalb ist von den Kulthandlungen sehr wenig überliefert. Den Eingeweihten wurde ein glückseliges Fortleben der Seele nach dem Tode in Aussicht gestellt. In Griechenland gab es seit dem 6. Jh. v. Chr. M. Bedeutende gr. M.: die der → Demeter in Eleusis, die des → Dionysos und des → Orpheus. – Jüngere asiatische M., die über Griechenland nach → Rom kamen: → Adonis, → Attis, → Kybele, → Isis und → Mithras; diese Kulte fanden in der Kaiserzeit mehr Anhänger als die herkömmlichen Götterkulte.

Mytilene, Hauptstadt der Insel → Lesbos; Geburtsort von → Pittakos, → Alkaios, → Sappho. 428 fiel Lesbos vom → Att. Seebund zu den Spartanern ab; nach langwieriger Belagerung jedoch wurde M. 427 v. Chr. von den Athenern wiedererobert und grausam bestraft (Hinrichtung von 1000 Bürgern).

N

Naevius. Gnaeus N., aus → Kampanien, 3. Jh. v. Chr., gest. um 201. Neben Bearbeitungen gr. Tragödien und Komödien schuf N. das röm. historische Drama (die sog. *fabula praetexta*, in der Römer in der Toga mit dem Purpurstreifen auftraten). In seinen auf italischem Boden spielenden Komödien (*fabula togata*) übte er freimütige Kritik an der röm. Aristokratie, so dass er in die Verbannung nach → Utica in Nordafrika gehen musste, wo er auch starb. Ferner schrieb er ein → Epos *Bellum Punicum* (7 Bücher in → Saturniern), in dem zum ersten Mal ein Stoff aus der röm. Geschichte dichterisch gestaltet wurde: das erste röm. Nationalepos.

Naiaden, Wassernymphen. → Nymphen.

Narcissus (gr. *Nárkissos*), der schöne Sohn des böotischen Flussgottes Kephissos und der → Nymphe Leiriope. Da er die Liebe der Bergnymphe Echo zurückwies, strafte ihn → Aphrodite mit unstillbarer, verzehrender Selbstliebe, als er beim Trinken sein Bild in einer Quelle erblickte. Schließlich wurde er in die nach ihm benannte Blume (Narzisse) verwandelt.

Naumachie, Gladiatorenkampf, der zur Steigerung röm. Volksbelustigung eine Seeschlacht in einer überfluteten Arena, auf Seen in der Nähe → Roms oder in eigens dazu gegrabenen künstlichen Becken darstellte.

Nausikaa, Tochter des Königs der → Phaiaken, des → Alkinoos, und der Arete; fand den schiffbrüchigen → Odysseus am Strand und führte ihn in den Palast der Eltern, wo er gastlich aufgenommen wurde. → Homer, *Odyssee* (Buch 6 ff.).

Naxos, die größte Insel der → Kykladen, sehr fruchtbar; von → Joniern besiedelt, seit dem 7. Jh. v. Chr. Handelszentrum und Sitz einer berühmten Bildhauerschule.

Größte Blüte unter dem Tyrannen Lygdamis um 540–524 v. Chr. 490 v. Chr. wurde N. von den → Persern verwüstet. Nach den → Perserkriegen gehörte N. dem 1. (und 2.) → Attischen Seebund an.

Neapolis (heute Neapel), um 600 v. Chr. von → Cumae (Kyme) aus gegründete gr. Kolonie; seit 326 v. Chr. mit → Rom verbündet. N. war bis in die Kaiserzeit hinein eine bedeutende Handelsstadt, beliebter Villenort reicher Römer, Mittelpunkt der gr.-röm. Kulturbeziehungen. → Vergil schrieb hier seine *Georgica.*

Nekropole (gr. »Totenstadt«), der außerhalb der Stadt gelegene Friedhof der Antike, zum Teil unterirdisch (→ Katakomben). Die → Etrusker legten N. an, die ebenso wie die aus myken. Zeit durch die Fülle des erhaltenen Materials (Wandgemälde, Keramik, Bronzen) von großer kulturgeschichtlicher Bedeutung sind.

Nektar → Ambrosia.

Nemea, Tal westlich von → Korinth mit dem Tempel des nemeischen → Zeus, zu dessen Ehren alle 2 Jahre die Nemeischen Spiele stattfanden: Leichtathletik, Wagenrennen. Den nach der Sage in diesem Tal hausenden Nemeischen Löwen erwürgte → Herakles.

Nemesis, Göttin des rechten Maßes, Rächerin von Überheblichkeit im Glück und bei Freveltaten. Bei → Hesiod Tochter der → Nyx (Nacht).

Neoptolemos, Sohn des → Achilleus und der Deidameia. Da der gefangene trojanische Seher Helenos erklärt hatte, dass → Troja ohne N. und → Philoktetes nicht erobert werden könne, holte → Odysseus beide herbei. N. war mit im hölzernen Pferd. Bei der Eroberung Trojas erschlug er → Priamos am Altar, dessen Tochter Polyxena brachte er dem Achilleus als Opfer dar.

Neoteriker (gr. »die Neueren«), röm. Dichterkreis um die Mitte des 1. Jh.s v. Chr., von → Cicero die »Modernen« genannt; ihr Vorbild ist der hellenist.-alexandr. Stil, bes. des Euphorion. Die N. wandten sich von der herkömmlichen röm. Dichtung ab; ihr Interesse galt der kleineren literarischen Form: mythologische Kleinepen, Schmähgedichte, → Epigramme, → Elegie, Liebeslied und Gelegenheitsgedicht. Auffällig an ihren Werken ist der teilweise gelehrte Inhalt und die geschliffene, bis ins Manieristische gehende Form. Zum ersten Mal in → Rom wird von den N.n Literatur als Kunst verstanden. Die N. sind die Begründer einer subjektiv-individualistischen röm. Lyrik. Zu diesem Dichterkreis gehörten C. Helvius → Cinna, Cornelius → Gallus, als bedeutendster Vertreter C. Valerius → Catullus.

Nepos. Cornelius N., um 100–25 v. Chr., röm. Geschichtsschreiber, aus Oberitalien; befreundet mit → Cicero, → Atticus und → Catull. Er schrieb einen chronologischen Abriss der Weltgeschichte in 3 Büchern (*Chronica*) und 5 Bücher *Exempla*, eine Sammlung von Merkwürdigkeiten aus Geschichte, Physik und Geographie; beide Werke sind nicht erhalten. Von seinem Hauptwerk *De viris illustribus* (16 Bücher), einer Biographiensammlung bedeutender Römer und Nichtrömer, sind 23 Biographien erhalten. Aus dem Buch über lat. Historiker (*De Latinis historicis*) besitzen wir die Vita des älteren → Cato und des Atticus.

Neptun, lat. *Neptunus,* italischer Gott des Meeres und der Flüsse, seit etwa 400 v. Chr. mit → Poseidon gleichgesetzt. Sein Fest, die *Neptunalia*, wurde am 23. Juli gefeiert. Verehrt wurde er an Quellen, Flüssen, Brücken und Meeren.

Nereiden, in der gr. Sage die 50 Töchter des → Nereus und der Doris, einer Tochter des → Okeanos; schöne Meernymphen, die den Menschen freundlich gesinnt sind; sie wurden bes. von Seeleuten verehrt. Am bekanntesten sind → Amphitrite, → Galatea und → Thetis. Der Nymphenreigen wurde häufig in der Kunst dargestellt, leichtbekleidet, auf Delphinen oder → Tritonen reitend.

Nereus, in der gr. Mythologie weissagender Meeresgott,

auch Meergreis genannt, Sohn des Pontos (Meer) und der → Gaia, Vater der → Nereiden. Im Ägäischen Meer lokalisiert. → Herakles fesselte den schlafenden N. und gab ihn erst frei, als er ihm sagte, wo die Äpfel der → Hesperiden seien.

Nero. Claudius Drusus Germanicus Caesar N., 37 n. Chr. in Antium als Sohn des Domitius Ahenobarbus und der jüngeren → Agrippina geboren; Adoption (50 n. Chr.) durch seinen Stiefvater, den Kaiser → Claudius. 53 n. Chr. heiratete er → Octavia, die Tochter des Claudius; nach dessen Tod am 13. Oktober 54 wurde N. von den Prätorianern zum Kaiser ausgerufen. Einige Zeit konnten der Prätorianerpräfekt Burrus und sein ehemaliger Lehrer → Seneca einen günstigen Einfluss auf N. ausüben (Neuordnung der Finanzverwaltung, Besserung des Verhältnisses zwischen Kaiser und → Senat). Doch bereits im Jahre 55 begann die Serie seiner Greueltaten: Er ließ den leiblichen Sohn des Claudius, → Britannicus, vergiften. 59 ließ N. seine Mutter, 62 seine Frau Octavia ermorden und vermählte sich im gleichen Jahr mit der sittenlosen Poppaea Sabina. Ebenfalls 62 löste Tigellinus als neuer Prätorianerpräfekt und Günstling den durch Gift umgekommenen Burrus ab, dem N. völlig ergeben und in allen Lastern verbunden war. Das Geld für seine großartigen Bauten und Schauspiele verschaffte N. sich durch Erhöhung der Steuern in den → Provinzen und durch Konfiszierung des Vermögens reicher Senatoren, die wegen Majestätsbeleidigung verurteilt wurden. Um den Verdacht der eigenen Urheberschaft des Brandes von → Rom (64) zu entkräften, ließ N. Juden und Christen als Brandstifter hinrichten. Nunmehr errichtete N. das »Goldene Haus«, einen luxuriösen Palast von riesigen Ausmaßen. 65 kam es zu der großen Senatorenverschwörung des Calpurnius → Piso; wegen ihrer Beteiligung an dieser Verschwörung wurden u. a. auch Seneca und → Lukan zum Selbstmord gezwungen. N., der öffentlich als begeisterter Wagenlenker, Sänger und Schauspieler auftrat, absolvierte 66–67 eine Konzerttournee durch Griechenland, wo er bei den → Isthmischen Spielen in → Korinth als Philhellene auftrat und Griechenland für autonom und steuerfrei erklärte. Bei seiner Rückkehr sah sich N. von Aufständen bedrängt, die Julius Vindex, der Statthalter von *Gallia Lugdunensis*, → Galba, der Statthalter von *Hispania Tarraconensis*, und → Otho, Statthalter von Lusitanien, anzettelten. Schließlich wurde er auch noch vom Senat geächtet. Auf der Flucht beging N. Selbstmord. Mit ihm endete die julisch-claudische Dynastie (68).

Nẹrva. Marcus Cocceius N., 35–98 n. Chr., röm. Kaiser 96–98, aus alter plebejischer Familie. Bevor ihn der → Senat bei → Domitians Tod zum Kaiser bestimmte, war er zweimal (71 und 90) → Konsul gewesen. N. setzte den Senat wieder in seine Rechte ein. 97 adoptierte er → Trajan; dadurch begründete er die Dynastie der Antoninen.

Nẹssos, ein → Kentaur; → Herakles.

Nẹstor, in der gr. Sage König von Pylos, beteiligte sich an der kalydonischen Jagd (→ Meleagros), am Kampf der → Lapithen gegen die → Kentauren, am → Argonautenzug und als Greis am → Trojanischen Krieg; dabei erwarb er sich bei seinen Landsleuten durch seine Erfahrung und Beredsamkeit hohes Ansehen.

Ni̱ke, lat. *Victọria*, Personifikation des Begriffes »Sieg«, Göttin, die den Sieg in Schlacht und Wettkampf überbringt; von der Kunst meist geflügelt, mit Binde und Siegeskranz, dargestellt.

Ni̱kias, athen. Politiker und Feldherr, um 470–413 v. Chr., reicher Pächter von Silberbergwerken; N. war nach dem Tode des → Perikles (429) Führer der Konservativen in der Auseinandersetzung mit dem Führer der radikalen Demokraten, → Kleon. N., der seit 428 Stratege im → Peloponnesischen Krieg war, konnte nach dem Scheitern der radikalen Kriegspolitik Kleons und nach dessen Tod mit → Sparta den sog. N.-Frieden (421) schließen. Als es 415 auf Betreiben des → Alkibiades zu einer großen Expedition gegen die mächtige korinthische Pflanzstadt → Syrakus kam, wurde N. gegen seinen Willen zusammen mit Alkibiades und Lamachos mit der Leitung des Unternehmens betraut. 413 verschuldete er, nunmehr alleiniger Befehlshaber, durch Unentschlossenheit die vernichtende Niederlage der Athener auf → Sizilien. Die Syrakusaner, die durch ein spart. Hilfskorps unter Gylippos unterstützt worden waren, nahmen N. gefangen und richteten ihn hin.

Niobe, Tochter des → Tantalos, Gemahlin des Königs Amphion von → Theben, Mutter vieler Kinder (gewöhnlich 7 Söhne und 7 Töchter), deren sie sich der → Leto gegenüber rühmte, die nur 2 Kinder, → Apollon und → Artemis, hatte; diese jedoch rächten die Beleidigung ihrer Mutter, indem sie die Niobiden, die Kinder der N., mit ihren Pfeilen erschossen. N. selbst erstarrte zu einem Felsen, der unaufhörlich Tränen verströmte.

Nobiles, Nobilität, der röm. Adel, der sich aus den alten patrizischen Geschlechtern und aus plebejischen Familien zusammensetzte, die sich nach der im Ständekampf erreichten politischen Gleichberechtigung emporarbeiteten. Die N. besetzten die hohen Staatsämter aus ihren Reihen; Emporkömmlingen (*homines novi*), d. h. Männern ohne senatorische Ahnen, gelang es nur sehr selten, durch Bekleidung höchster Ämter in den Stand der N. einzudringen (z. B. → Marius, → Cicero).

Nonnos aus Panopolis in → Ägypten, 5. Jh. n. Chr., gr. Epiker; beschreibt in den 48 Büchern seines → Epos *Dionysiaka* die Geschichte des → Dionysos von der Geburt über seinen Siegeszug nach Indien bis zu seiner Aufnahme in den → Olymp.

Noricum, Alpenland östlich des Inns und südlich der Donau, bewohnt von dem kelt. Stamm der Taurisker oder Noriker, gegen Ende der Republik mit → Rom befreundetes Königreich; reiche Eisenerzvorkommen. 15 v. Chr.

wurde N. römische → Provinz, deren Romanisierung jedoch erst unter → Claudius einsetzte. Die Römerherrschaft hielt sich bis etwa 500 n. Chr.

Numa Pompilius, nach der Sage der 2. König → Roms, sabinischer Herkunft, Friedenskönig; ihm wird die Ordnung des röm. Sakralwesens und die Schaffung von Gesetzen zugeschrieben.

Numantia, Stadt im Nordosten → Spaniens, wurde von P. Cornelius → Scipio Aemilianus nach langer Belagerung (134/133 v. Chr.) niedergebrannt; damit war auch das Schicksal des Freiheitskampfes der → Keltiberer gegen die Römer (seit 154 v. Chr.) besiegelt.

Numidien, Küstenland im Gebiet des heutigen Algerien. Die Numider dienten im Heer der Karthager als tüchtige Reiter. → Masinissa gründete um 200 v. Chr. das Königreich N. und zivilisierte es; Hauptstadt Hippo. Unter dem numidischen König → Jugurtha kam es zur kriegerischen Auseinandersetzung N.s mit → Rom (111–105 v. Chr.). Nach der Niederlage Jugurthas kam der Westen N.s an → Mauretanien. Jugurthas Nachfolger in der Herrschaft wurden zwar weiterhin von Rom anerkannt, konnten aber keine selbständige Politik betreiben. König Juba unterstützte im Bürgerkrieg → Pompeius, weil er sich davon die Wiederherstellung der Unabhängigkeit seines Reiches versprach. Nachdem Juba 49 v. Chr. 2 Legionen → Caesars geschlagen hatte, wurden er und die Pompeianer 46 von Caesar bei Thapsos besiegt; N. wurde römische → Provinz. Nach der endgültigen Befriedung N.s im 1. Jh. n. Chr. kam es zu einer großen wirtschaftlichen und kulturellen Blüte, die erst 439 durch den Vandaleneinfall zu Ende ging.

Nymphaeum, den → Nymphen als Quellgottheiten geweihtes Brunnenhaus, oft prächtig gestaltet mit mehrstöckiger Fassade, Nischen zur Aufstellung von Wassergottheiten und mit davorliegendem großen Bassin zur Wasserversorgung der Stadt. Das bedeutendste N. → Roms, das sog. Septizonium am → Palatin, wurde um 200 n. Chr. von → Septimius Severus errichtet; es war 3 Stockwerke hoch und wies mehr als 150 Säulen auf.

Nymphen, in der gr. Sage niedere Naturgottheiten, bei → Homer Töchter des → Zeus, sonst von Flussgöttern; als schöne junge Mädchen personifizierte Naturkräfte, zuweilen im Gefolge höherer Gottheiten (→ Dionysos, → Artemis, → Apollon, → Hermes), langlebig, aber nicht unsterblich. Im Allgemeinen galten sie als menschenfreundliche Naturdämonen. Nach den verschiedenen Naturbereichen, in denen sie als wirkend gedacht wurden, unterschied man mehrere Gattungen von N.: die Naiaden als Quell- und Wasser-N. lebten im Wasser oder in benachbarten Grotten, die → Nereiden als Meer-N. im Meer, die Oreaden auf Bergen, die Dryaden in Bäumen. Bei den einfachen Landleuten waren die N. sehr beliebt, sie verehrten sie an Quellen, in Grotten und Hainen und brachten ihnen Blumen, Früchte, Öl, Milch, Ziegen und Lämmer dar.

Nyx (lat. *Nox*), in der gr. Sage Personifikation der Nacht, Tochter des Chaos, Schwester und Gattin des Erebos (Urgottheit der Finsternis), durch diesen Mutter des Aither (Himmel) und der Hemera (Tag). Von ihr stammen ferner die → Moiren, Thanatos (Tod), → Hypnos (Schlaf), → Nemesis, → Eris u. a. ab.

O

Obolos, gr. Gewicht von 0,72 g; als kleinste gr. Münze 1/6 der → Drachme, Silber- oder Kupferprägung. → Charon; → Geld.

Octavia, röm. Frauenname. – **1.** Schwester des → Augustus, 61–11 v. Chr., bis 40 mit Claudius Marcellus verheiratet, dann mit dem Triumvir M. → Antonius, der sie aber 32 wegen der → Kleopatra verstieß. – **2.** Tochter des Kaisers → Claudius und der → Messalina, seit 53 n. Chr. mit → Nero verheiratet, der sie 62 auf die Insel Pandateria verbannte und bald darauf nach ihrer Rückberufung ermorden ließ, um Poppaea heiraten zu können.

Octavianus → Augustus.

Odeon (gr. *Odeion*), überdachtes Theatergebäude für musikalische und deklamatorische Aufführungen. Das älteste O. in Griechenland erbaute 442 v. Chr. → Perikles, das älteste in Italien stand in → Pompeji (1. Jh. v. Chr.); jetzt noch gut erhalten ist das O. des → Herodes Atticus in → Athen aus dem Jahre 170 n. Chr.

Odysseus (lat. *Ulixes*), der Held der *Odyssee* (→ Homer).

Ödipus (gr. *Oidípus*), Ururenkel des → Kadmos, Sohn des Thebanerkönigs → Laios und der Iokaste, wurde aufgrund eines → Orakels, demzufolge der Sohn den Vater töten und die Mutter heiraten werde, gleich nach der Geburt mit durchstochenen Füßen am Berg → Kithairon ausgesetzt. Dort fand ihn ein Hirte, nannte ihn Ö. (»Schwellfuß«) und brachte ihn zu König Polybos von → Korinth, der ihn an Kindes statt annahm. Als Ö. herangewachsen war, kamen ihm selbst Zweifel über seine Herkunft; deshalb befragte er das Delphische Orakel, das ihm prophezeite, er werde seinen Vater töten, die eigene Mutter heiraten und eine verabscheuungswürdige Nachkommenschaft hinterlassen. So vermied er Korinth, denn er hielt Polybos und dessen Gattin Merope für seine Eltern. Auf dem Weg nach → Theben traf er an einem Dreiweg in Phokis auf Laios, dessen Diener ihm befahlen, Platz zu machen. In dem Streit, der nunmehr entbrannte, erschlug Ö. seinen ihm unbekannten Vater. Dann gelangte er nach Theben. Nachdem Ö. das Rätsel der → Sphinx gelöst hatte, erhielt er gemäß dem Versprechen des → Kreon, des Bruders der Iokaste, die Hand der Königin und den Thron von Theben. Iokaste, seine Mutter und Frau, gebar ihm 2 Söhne (Eteokles und Polyneikes) und 2 Töchter (→ Antigone und → Ismene). Daraufhin kamen Pest und Hungersnot über die Stadt. Das Delphische Orakel, nach dem Grund des Unheils befragt, befahl, den Mörder des Laios aus der Stadt zu vertreiben. Ö. ließ emsig nach dem Mörder fahnden, bis er durch den Seher → Teiresias und den Sklaven, der ihn ausgesetzt hatte, erfuhr, dass er selbst der Königsmörder sei. Da erhängte sich Iokaste, Ö. stach sich die Augen aus, um sein Verbrechen zu sühnen. Die Söhne verstießen den blinden Vater, und Kreon verbannte ihn aus Theben. Begleitet von Antigone, irrte er als Bettler durch die Fremde, bis er schließlich im Hain der → Eumeniden zu Kolonos in → Attika eine Zuflucht fand; dort ist er auch gestorben und bestattet. – Tragödien des → Sophokles.

Okẹanos (lat. *Oceanus*), ein → Titan, Sohn des → Uranos und der → Gaia, verheiratet mit seiner Schwester Tethys, Vater der 3000 Okeaniden (Meernymphen) und der Flüsse. Bei → Homer ist O. der große Weltstrom, der die Erde umfließt; erst später wird O. das die Kontinente umfassende Weltmeer.

Olỵmp, der bekannteste Berg dieses Namens ist das mit 2917 m höchste Bergmassiv Griechenlands an der Grenze zwischen → Makedonien und Thessalien; in der gr. Mythologie der Wohnsitz der Hauptgötter, insbes. des Vaters der Götter und Menschen, → Zeus, so dass O. auch die Bedeutung von »Himmel« im religiösen Sinne bekommt.

Olympia. Heraion

Olympia, uralte Kultstätte des → Zeus und der → Hera in der Landschaft → Elis am Fluss → Alpheios; dieser heilige Bezirk war nur von Priestern bewohnt; Austragungsort der → Olympischen Spiele.

In der Altis, dem heiligen Hain des → Zeus, lagen die wichtigsten Kultstätten: das Heraion aus der Mitte des 7. Jh.s v. Chr.; der Tempel des Olympischen Zeus (dorischer

Peripteros um 460 v. Chr.) mit dem berühmten Kultbild des → Phidias (einer Zeusstatue aus Gold, Elfenbein und Holz) und mit zum Teil erhaltenen Giebelskulpturen und → Metopen. Um diesen Mittelpunkt herum lagen im Osten das Stadion und das Hippodrom (für die Wagenrennen), im Süden das Buleuterion (Rathaus, aus dem 6. Jh.), im Westen die → Palaistra und das Leonidaion, das Wohnhaus für Ehrengäste; die übrigen Festspielbesucher schliefen im Freien. Im Norden befanden sich die Schatzhäuser, wo die verschiedenen Staaten ihre Weihegeschenke verwahrten. – Deutsche Ausgrabungen in den Jahren 1874–81 legten die durch die Flüsse Kladeos und Alpheios mit Sand überschwemmten Ruinen von O. frei.

Olympiąde, der Zeitraum, der zwischen der Abhaltung der → Olympischen Spiele lag: 4 Jahre. Die Griechen datierten in ihrer Zeitrechnung nach O.n, ausgehend vom Jahr 776 v. Chr., in dem zum ersten Mal Siegerlisten erstellt wurden.

Olympias, 375–316 v. Chr., Tochter des Molosserkönigs Neoptolemos I., Frau des Makedonenkönigs → Philipp II., Mutter → Alexanders d. Gr.

Olympische Spiele, alle 4 Jahre in → Olympia zu Ehren des → Zeus im Sommer abgehaltene nationale Wettkampfspiele. Der älteste Kult in Olympia begann wahrscheinlich in mykenischer Zeit (2. Hälfte des 2. Jt.s v. Chr.) und galt → Pelops, dem zu Ehren Wagenrennen durchgeführt wurden. Die O. S. von 776 v. Chr. waren nicht die ersten Spiele, sondern sie wurden seit diesem Jahr chronologisch dokumentiert und bis zum Jahr 393 n. Chr. abgehalten; die Antike verzeichnete insgesamt 293 → Olympiaden. Während der Festspielzeit herrschte ein Gottesfriede, der die aktiven Teilnehmer und die Zuschauer schützte. Als Wettkämpfer durften nur freie, untadelige Griechen, später auch Makedonen und Römer teilnehmen; als Zuschauer wurden auch → Barbaren und Mädchen, nicht dagegen → Frauen zugelassen. Die Eleer stellten die Kampfrichter

(Hellanodiken), die die Gesamtorganisation der Spiele in Händen hatten. Seit 720 v. Chr. kämpften die Wettläufer, seit etwa 450 alle Athleten nackt. Ab 468 v. Chr. dauerten die O. S. 5 Tage. Als Siegespreis überreichte ein Kampfrichter einen Kranz aus Ölzweigen. Der Sieger durfte in Olympia seine Statue aufstellen, nach dreimaligem Sieg eine Porträtstatue. Bei Festbanketten zu Ehren der Olympioniken (Sieger) wurden Epinikien (Siegeslieder) gefeierter Dichter (z. B. → Pindar) vorgetragen. In der Vaterstadt ehrte man die Olympioniken durch Steuerfreiheit und Bewirtung im Prytaneion (Amtsgebäude). Zum ursprünglich abgehaltenen Wettlauf kamen 720 der Dauerlauf, 708 Ringkampf und Fünfkampf (Pentathlon: Verbindung von Weitsprung, Wettlauf, Speer-, Diskuswurf und Ringen), 688 Boxen, 680 Wagenrennen der Viergespanne, Reiten und Pankration (Verbindung von Ringen und Boxen) und 520 Wettlauf in schwerer Hoplitenrüstung. Seit dem 5. Jh. v. Chr. hielten Künstler und Gelehrte vor dem in Olympia versammelten Volk Schaureden und Vorträge. Auch waren die O. S. von einem Jahrmarkt begleitet.

Optimaten, politische Partei in → Rom seit der Gracchischen Bewegung der 2. Hälfte des 2. Jh.s v. Chr., die die Interessen des Adels (→ Nobiles) gegen die → Popularen verfocht.

Orakel → Mantik.

Orchestra (gr. »Tanzplatz«), ursprüngl. die kreisrunde, später hufeisenförmige Fläche im gr. Theater zwischen den Bühnengebäuden und dem Zuschauerraum; hier agierte der → Chor des gr. Dramas.

Orcus → Hades.

Oreaden → Nymphen.

Orestes, Sohn des → Agamemnon und der → Klytaimnestra, Bruder von → Iphigenie und → Elektra. Nach der Ermordung seines Vaters durch → Aigisthos brachte ihn Elektra zu seinem Onkel Strophios nach Kirrha bei → Delphi, wo er mit dessen Sohn Pylades erzogen wurde;

die beiden verband eine lebenslange, treue Freundschaft. Im 8. Jahr nach der Ermordung des Vaters kehrte O., nunmehr erwachsen, unerkannt in die Vaterstadt → Mykene zurück; nur der Schwester Elektra gab er sich zu erkennen. Auf Geheiß des → Apollon erfüllte er die Pflicht der Blutrache an den Mördern des Vaters: Zusammen mit Pylades tötete er Aigisthos und Klytaimnestra. Nach dem Muttermord wurde er von den → Erinyen gehetzt, bis ihn der → Areopag in → Athen freisprach, wobei → Athene bei Stimmengleichheit zugunsten des O. eingriff. Nach einer anderen Version (→ Euripides, *Iphigenie in Tauris*) musste O. zur Entsühnung im Auftrag des Apoll aus dem Land der Taurer ein Kultbild der → Artemis nach Athen bringen, was ihm mit Hilfe des Pylades, der Athene und seiner Schwester Iphigenie gelang, die bei König Thoas als Artemis-Priesterin leben musste. Nach seiner Hochzeit mit Hermione, der Tochter des → Menelaos, herrschte O. lange als König von Mykene, → Argos und → Sparta. → Aischylos; → Euripides; → Sophokles.

Orgetorix, einflussreicher Adeliger der → Helvetier, überredete seinen Stamm zur Auswanderung nach → Gallien, erlitt aber vor dem Unternehmen einen plötzlichen Tod. Die Helvetier wurden 58 v. Chr. von → Caesar bei Bibracte vernichtend geschlagen.

Orion, Jäger von ungeheurer Körpergröße, aus → Böotien. → Poseidon, sein Vater oder Großvater, gab ihm die Kraft, übers Meer zu gehen; so kam er nach → Chios und freite um Merope, die Tochter des Oinopion; dieser blendete O. im Schlaf und warf ihn an die Küste. Daraufhin ging O. nach Lemnos, wo ihm → Hephaistos einen seiner Diener, Kedalion, als Führer nach dem Osten mitgab. Dort bekam er vom Sonnengott → Helios sein Augenlicht zurück. Über seinen Tod gibt es verschiedene Versionen: Er wurde von → Artemis getötet, weil er die Göttin zu einem Wettstreit im Diskuswerfen herausforderte oder weil er sich an Opis, einem Mädchen ihres Gefolges, vergriff; oder er wurde durch einen Skorpion getötet, den → Gaia schickte, weil O. gedroht hatte, er werde alle Tiere auf der Erde erschießen. → Zeus versetzte ihn unter die Sterne.

Orpheus, berühmter mythischer Sänger und Musiker aus Thrakien, Sohn eines thrakischen Königs Oiagros oder → Apollons und der → Muse Kalliope. Teilnehmer der Argonautenfahrt. Dem Zauber seiner Lieder unterlagen sogar Bäume, Flüsse, Tiere und Steine. Er verlor seine Gattin Eurydike durch einen Schlangenbiss. Daraufhin ging O. in die → Unterwelt hinab, wo er durch seine Klagelieder alle Schatten, ja sogar die Unterweltsherrscher → Hades und → Persephone so rührte, dass sie ihm seine Bitte, Eurydike auf die Oberwelt zurückkehren zu lassen, gewährten; jedoch unter der Bedingung, dass er sich beim Rückweg bis zum Ausgang der Unterwelt nicht nach der ihm folgenden Eurydike umsehe. Da O. aus leidenschaftlicher Liebe heraus dieses Gebot nicht einzuhalten vermochte, musste Eurydike für immer in die Unterwelt zurückkehren. Klagend durchirrte er nun Thrakien. Zum Frauenfeind geworden, wurde O. schließlich durch eine Schar wilder Thrakerinnen bei einer dionysischen Orgie in Stücke gerissen.

Osiris, ägyptischer Totengott, Gemahl der → Isis.

Osker, Stamm der → Italiker.

Ossa, waldreicher Gebirgszug, 1978 m hoch, in der thessalischen Küstenlandschaft Magnesia, südlich des → Olymp und nördlich des Pelion gelegen. Nach der gr. Sage versuchten die → Giganten den Himmel zu erobern, indem sie Olymp, O. und Pelion wie Sturmleitern übereinander türmten.

Ostia, Hafenstadt → Roms, an Mündung und Südufer des Tiber gelegen, im 4. Jh. v. Chr. gegründet; jetzt liegt O. durch Anschwemmungen des Tiber 4 km von der Küste entfernt. Während des 2. → Punischen Krieges Militärbasis, dann Handelshafen, in der Kaiserzeit Flottenstützpunkt und Haupthafen Roms; bes. → Claudius und → Trajan bauten mächtige Hafenanlagen. Niedergang O.s durch die Verlagerung der Residenz → Konstantins nach → Konstantinopel (330 n. Chr.). Seit 1908 werden Grabungen durchgeführt, die uns ein genaueres Stadtbild vom antiken Rom vermitteln als die Landstadt → Pompeji: fünfstöckige Mietshäuser, → Thermen, ein Theater, Magazine und Speicher, eine Feuerwehrkaserne, mehrere Tempel.

Ostrakismos, das Scherbengericht, wurde um 507 v. Chr. von → Kleisthenes zum Schutze der Verfassung in → Athen eingeführt. Die → Volksversammlung konnte jeden den Staat (wirklich oder angeblich) gefährdenden Bürger zu einer 10-jährigen Verbannung (ohne Ehr- oder Vermögensverlust) verurteilen; mindestens 6000 auf Tonscherben (*óstraka*) abgegebene Stimmen waren dazu Voraussetzung. Der O., der 417 v. Chr. wieder abgeschafft wurde, war häufig nur ein Mittel, einen missliebigen Bürger oder politischen Gegner kaltzustellen. → Aristeides. → Themistokles.

Otho. Marcus Salvius O., 32–69 n. Chr., Freund → Neros, der ihn 59 zum Statthalter von Lusitanien machte;

Ostrakon mit dem Namen des Themistokles. Um 471 v. Chr.

dort blieb er, bis er sich der Erhebung → Galbas gegen Nero anschloss. Da Galba ihn nicht zum Nachfolger ernannte, ließ er sich am 15. Januar 69 zum Kaiser ausrufen; am selben Tag wurde Galba von den Prätorianern ermordet. Während ihn der → Senat sowie die Truppen an der Donau und im Westen anerkannten, zwang ihn der Gegenkaiser Vitellius, den die → Legionen in Germanien zum Kaiser ausgerufen hatten, zur Schlacht bei Bedriacum in Oberitalien. Nach der Niederlage beging O. am 16. April 69 Selbstmord.

Ovịd. Publius Ovidius Naso, 43 v. Chr. – um 17 n. Chr., aus reichem Rittergeschlecht in Sulmo bei → Rom geboren; in den Rhetorenschulen der Hauptstadt wurde er auf die Senatorenlaufbahn vorbereitet. Studienaufenthalt in → Athen, Reisen nach Kleinasien und → Sizilien. Nach einer Tätigkeit als Triumvir, Anwalt und Schiedsrichter in Rom zog er sich vom öffentlichen Leben zurück, um ganz seinen dichterischen Neigungen zu leben. Mit den Zeitgenossen → Tibull und → Vergil kam O. nur flüchtig in Berührung, → Properz und → Horaz trugen ihm ihre Dichtungen vor. O. war dreimal verheiratet. 8 n. Chr. verhängte → Augustus die Verbannung auf Lebenszeit über ihn, und zwar nach Tomi (heute Constanza) am Schwarzen Meer, was O., den verwöhnten Großstadtmenschen, vernichtend traf. Der Grund für diese Strafe ist nicht bekannt; vielleicht wusste O. um die Skandalaffäre zwischen der jüngeren → Julia und D. Junius Silanus. Augustus weigerte sich, den O. zu begnadigen, so dass O. im Exil nach 9 Jahren vereinsamt starb. Das Werk O.s lässt sich nach 3 Lebensabschnitten gliedern: Jugend, Reifezeit und Jahre der Verbannung.

1. Jugend: a) *Amores*, 49 Liebeselegien, in denen O. die Erlebnisse eines Liebhabers eines Mädchens Corinna schildert, arm an echtem Gefühl; O. zeigt sich als distanzierender, objektivierender Beobachter der verwickeltsten psychologischen Paradoxa des Phänomens Liebe. – b) *He-*

roides, eine Sammlung fingierter Liebesbriefe, die berühmte Frauen der Heroenzeit an ihre fernen Liebhaber schreiben (z. B. → Penelope an → Odysseus, → Dido an → Aeneas). – c) *Ars amatoria*, die Liebeskunst, ein Meisterwerk seiner erotischen Jugendpoesie, das in 3 Büchern Ratschläge für Männer und Mädchen gibt. Mit scharfer psychologischer Beobachtung und raffinierter Sachkenntnis werden alle Künste der Verführung geschildert. – d) *Remedia amoris*, Ratschläge gegen das Übermaß an Liebesleidenschaft, in einem Buch.

2. Reifezeit: a) *Metamorphoses*, 256 Verwandlungssagen in 15 Büchern, ein mythologischer Zyklus, der, von der Entstehung der Welt an, die Metamorphose einer mythischen Gestalt in eine Pflanze, einen Berg, ein Tier usw. erzählt. Für das ganze MA bis in die Barockzeit eine Fundgrube der mythologischen Kenntnisse, mit weiter Wirkung auf Dichtung und bildende Kunst. Dass O. bei seiner Verbannung nach Tomi die Handschrift des noch unvollendeten Gedichts verbrannt, es dort aber nach Abschriften wiederhergestellt habe, erzählt er selbst. – b) *Fasti*, in 6 Büchern ein auf 12 Bücher berechneter Festkalender, eine Beschreibung der röm. religiösen Feste der Monate Januar bis Juni und ihrer Anlässe, dazu die Auf- und Untergänge der Sternbilder an den einzelnen Tagen; erzählende Sagen und geschichtliche Erinnerungen, die sich an bestimmte Gedenktage knüpfen, in elegischem Versmaß.

3. Zeit der Verbannung: a) *Tristia*, Klagegesänge in 5 Büchern, von denen das erste die Gefahren der Reise nach Tomi schildert, das 2., ein Schreiben an Augustus, die Unschuld des Dichters darzulegen sucht und die Bitte um einen anderen Aufenthaltsort enthält, während die restlichen 3 Bücher Klagen über das traurige Leben in Tomi, Aufforderungen an Freunde, ihm zu helfen, Vorwürfe wegen Untreue enthalten. – b) *Epistulae ex Ponto* in 4 Büchern, in denen er das trübselige Leben der Verbannung,

das raue Land und seine Bewohner schildert und immer wieder um Erleichterung seines Loses bittet.

Oxyrhynchos, Stadt in Mittelägypten, westlich des Nils, Blüte in der röm. Kaiserzeit; hier wurden zahlreiche, meist gr. → Papyri aus vorwiegend röm. Zeit gefunden.

P

Pacuvius. Marcus P., 220–130 v. Chr., aus → Brundisium, Neffe des → Ennius, röm. Tragödiendichter und Maler; widmete sich als erster röm. Dramatiker ausschließlich der Tragödie. In seinen Stücken gestaltete er vor allem Dramen des → Sophokles nach.

Paestum, um 600 v. Chr. unter dem Namen Poseidonia von der achäischen Kolonie Sybaris aus gegründete Stadt am Golf von Salerno; reiche Handelsstadt, bis sie um 400 v. Chr. von den Lukanern erobert wurde; seit 273 v. Chr. röm. Im 9. Jh. n. Chr. wegen der Sarazeneneinfälle und der Malariagefahr verlassen und nicht wieder besiedelt, von den Umwohnern als Steinbruch benutzt. In P. stehen die besterhaltenen gr. Tempel aus dem 6. und 5. Jh. v. Chr.

Paestum. Athena-Tempel (sog. Demeter-Ceres-Tempel)

Paian, feierliches Chorlied, urspr. als Jubel-, Dank- und Bitthymne (bes. vor der Schlacht und nach dem Sieg) an → Apollon gerichtet, später auch zu Ehren anderer Götter und in hellenist. Zeit sogar auf erfolgreiche Menschen gesungen.

Paionios aus Mende auf der → Chalkidike, gr. Bildhauer, der etwa von 450–410 v. Chr. wirkte. Er schuf die → Nike, die die Messenier und die Naupaktier um 421 v. Chr. in → Olympia aufstellten. Diese bei Ausgrabungen in Olympia im Jahr 1875 gefundene Plastik aus parischem Marmor, jetzt im Museum von Olympia, stand einst vor der Ostseite des Zeustempels in Olympia auf einem 9 m hohen Pfeiler. P. gelang es mit dieser Statue als Erstem, das Problem einer fliegenden Gestalt überzeugend zu lösen.

Paktolos, Fluss in → Lydien, durch → Sardes fließend; im Altertum soll er viel Goldsand mit sich geführt haben: → Midas.

Palaistra, urspr. Stätte für den Ringkampf, dann Bezeichnung für jede größere Sportanlage, seit dem 4. Jh. v. Chr. Synonym für → Gymnasion. Die röm. *palaestra* war entweder eine selbständige Anlage oder den → Thermen angegliedert.

Palatin, unter den 7 Hügeln → Roms der höchste (etwa 50 m) und zuerst besiedelte, auch *Palatium* genannt; seit → Augustus errichteten die röm. Kaiser auf dem P. ihre Paläste. Aus *Palatium* haben sich die Wörter »Palast« und »Pfalz« entwickelt.

Palimpsest, Beschreibstoff, dessen urspr. Text aus Sparsamkeitsgründen entweder abgewaschen (→ Papyrus) oder abgeschabt (Pergament, → Buch) und der dann neu beschrieben wurde; dieses Verfahren wandten besonders die Mönche des 7.–9. Jh.s häufig an. Die P.-Forschung hat wichtige, sonst verlorene Texte (durch Wiederlesbarmachen der Erstbeschriftung) zutage gefördert, z. B. → Ciceros *De re publica*, die Werke → Frontos, die *Institutiones* des → Gaius. Während man zu Beginn des 19. Jh.s noch mit Chemikalien arbeitete, um den ursprünglichen Text sichtbar zu machen, wendet man heute die Bestrahlung mit kurzwelligem Licht an.

Palinodie, dichterischer Widerruf eines vorangegangenen (verletzenden) Gedichtes.

Pallas, Beiname der → Athene.

Pan, Sohn des → Hermes, Schutzgott des Kleinviehs, der Hirten und Jäger; wurde bes. in → Arkadien verehrt. Man stellte ihn sich als Mischwesen mit Ziegenfüßen, Hörnern, spitzen Ohren und struppigem Haupthaar vor. P. soll die → Syrinx erfunden haben, eine aus einer Reihe von Rohrpfeifen bestehende Hirtenflöte. In einem Wettstreit mit → Apollon unterlag P. (→ Midas). Angeblich jagte er durch seine plötzlichen Flötenlaute den Menschen an abgelegenen Orten den »panischen« Schrecken (Panik) ein. Weil P. in der Nacht vor der Schlacht bei → Marathon die Perser erschreckt haben soll, führten die Athener seinen Kult (Pansgrotte) ein. Die Römer identifizierten ihn mit → Faunus.

Panaitios von → Rhodos, etwa 185–109 v. Chr., Stoiker, Lehrer des → Poseidonios. Nach seiner philosophischen Ausbildung in → Athen begab er sich nach → Rom, wo er den Freundeskreis des Publius Cornelius → Scipio Aemilianus mit der stoischen Philosophie vertraut machte. 143 v. Chr. begleitete er Scipio auf einer Gesandtschaftsreise durch Asien und nach → Ägypten. 129 übernahm er die Leitung der → Stoa in Athen. So wurde P. der Begründer des röm. Stoizismus. In seiner Lehre näherte er sich an die röm. Ideale an und milderte die Härte der altstoischen Ethik. Von der praxisbezogenen Ethik, auf die er mehr Wert legte, haben wir eine Vorstellung durch → Cicero, der sich in seinem Werk *De officiis* auf des P. Abhandlung *Über die Pflicht* stützt.

Panathenäen, das Hauptfest aller Athener, seit etwa 565 v. Chr. alle 4 Jahre im Hochsommer zu Ehren der → Athene veranstaltet. Den Höhepunkt der P. stellte die feierliche

Prozession dar, in der ein von vornehmen Mädchen gewobenes und reich besticktes Kleid für das Schnitzbild der Athene im → Erechtheion mitgeführt wurde. Dieser Vorgang ist auf dem Parthenonfries dargestellt. Die P., die mehrere Tage dauerten, waren mit einem musischen und gymnischen Agon sowie mit einem Pferderennen verbunden. Als Kampfpreis wurde häufig eine mit Öl gefüllte sog. panathenäische Preisvase überreicht.

Pandekten oder Digesten → Justinianus.

Pandora (gr. »die Allbeschenkte«), die von → Hephaistos geschaffene und von allen Göttern mit Reizen ausgestattete Frau wurde von → Zeus auf die Erde geschickt und öffnete ein Tonfass, das die Götter ihr mitgegeben und in das sie alle Übel geschlossen hatten; diese konnten nunmehr entweichen und sich über die ganze Welt verbreiten. P. und ihre Gaben waren als Strafe des Göttervaters für den Feuerraub des → Prometheus gedacht.

Panegyrikos, urspr. Rede vor einer gr. Festversammlung, etwa in → Delphi oder → Olympia, in der ein bestimmtes Thema im Tenor einer Lobrede abgehandelt wurde. Panegyrische Reden haben → Gorgias, → Lysias und → Isokrates verfasst, in → Rom schuf → Plinius d. J. mit seinem *Panegyricus* (Lobrede auf Kaiser → Trajan) das bekannteste Beispiel der Gattung.

Pannonien, das Gebiet zwischen Ostalpen, Donau und Save, von einem Volk illyr. Abstammung bewohnt. → Augustus begann die Unterwerfung des Landes, die erst nach Niederschlagung eines großen Aufstandes 6–9 n. Chr. endgültig gelang; es wurde nunmehr die kaiserliche → Provinz P. eingerichtet. In der Provinz, die vorwiegend der Grenzsicherung zu dienen hatte, lagen Kolonien und Militärstützpunkte: Vindobona (Wien), Carnuntum (Petronell-Altenburg), Aquincum (Budapest) u. a.

Pantheon (gr. »allen Göttern geweihter Tempel«), das besterhaltene antike Gebäude → Roms, der größte antike Kuppelbau, heute die Kirche S. Maria Rotonda. Der zy-

Rom. Pantheon (Santa Maria Rotonda). Inneres

lindrische Ziegelbau mit Giebelvorhalle wird nur durch eine runde Öffnung von 9 m Durchmesser im Scheitel der Kuppel erhellt. Das P. wurde unter → Hadrian 118–128 n. Chr. errichtet.

Papyrus, die einst in Sümpfen am Euphrat und Nil wachsende P.-Staude, aus der man seit dem 3. Jt. v. Chr.

Beschreibstoffe herstellte. P. wächst heute nur noch am Fluss Anapo auf → Sizilien. Das in dünne Streifen geschnittene Mark des Stengels wurde in 2 rechtwinklig zueinander angeordneten Lagen geklopft, gepresst und nach dem Trocknen geglättet. Aneinandergeklebt ergaben die so entstandenen Bogen lange Rollen. Für die Herstellung dieses Beschreibstoffes besaß in → Ägypten der Staat das Monopol. P. wurde in alle Welt exportiert, bis er vom 2. Jh. n. Chr. an allmählich durch das Pergament abgelöst wurde. Beschriebene P.-Blätter, sog. Papyri, wurden in Italien in → Herculaneum und sonst nur in Ägypten (im Wüstensand und in Gräbern) gefunden (→ Oxyrhynchos). Die gr. Papyri sind am zahlreichsten. Es handelt sich dabei vorwiegend um Akten, Urkunden, Briefe, die sehr wichtig für unsere Kenntnis des antiken Privatlebens sind. Daneben vermittelten uns die Papyri auch literarische Texte.

Paris, auch Alexandros genannt, Sohn des → Priamos und der → Hekabe, Bruder → Hektors. Die Mutter ließ ihn wegen eines unheilvollen Traumes aussetzen. Am Berg → Ida wuchs P. unter Hirten heran; verheiratet mit der → Nymphe Oinone. Während er die Herden hütete, bestimmten ihn die Göttinnen → Aphrodite, → Hera und → Athene im Streit um den Apfel der → Eris zum Schiedsrichter. P. entschied zugunsten der Aphrodite, die ihm die schönste Frau versprochen hatte. Durch Siege des P. bei Wettkämpfen in → Troja aufmerksam gemacht, erkannten ihn die Eltern wieder. Nun fuhr er nach → Sparta und entführte mit Aphrodites Hilfe die versprochene schönste Frau der Welt, → Helena. So wurde P. zum Urheber des → Trojanischen Krieges. P., in der *Ilias* als weichlich und feige charakterisiert, tötete mit → Apollons Hilfe durch einen Pfeilschuss → Achilleus. Dann wurde er durch einen giftigen Pfeil des → Philoktetes verwundet. Die um der Helena willen verlassene Oinone verweigerte ihm das Mittel gegen das Gift, so dass er an dieser Wunde starb.

Parmenides aus Elea in Unteritalien, um 540–470

v. Chr., Schüler des Xenophanes, Hauptvertreter der eleatischen Philosophie. Die erhaltenen Bruchstücke seines hexametrischen Lehrgedichtes *Über die Natur* lassen die Grundsätze seiner Lehre erkennen. Im Gegensatz zu → Heraklit vertritt P. die Unvergänglichkeit, Unveränderlichkeit und Unbeweglichkeit des Seins. Von der wirklichen Welt unterschied er die Scheinwelt der Meinungen, die auf den Sinneswahrnehmungen beruhten.

Parnạss, 2460 m hoher Kalkgebirgsstock in Mittelgriechenland, an dessen Südabhang → Delphi mit der Quelle Kastalia liegt. Als Sitz → Apollons und der → Musen wurde der P. zum Musenberg und Symbol der Dichtkunst.

Pạros, eine der größten → Kykladeninseln im Ägäischen Meer, berühmt durch den weißen, kristallinen Marmor. → Marmor Parium.

Pạrthenon → Akropolis.

Pạrther, iranisches Reitervolk, das um 250 v. Chr. aus dem Gebiet östlich vom Kaspischen Meer nach Süden vordrang. 174–136 v. Chr. erstreckte sich die Herrschaft der P. über ganz Iran und Mesopotamien. Die P. kontrollierten die wichtigsten Ost-West-Handelswege. Im 1. Jh. v. Chr. begannen die Konflikte mit → Rom. Im Kampf um die Westgrenze am Euphrat besiegten die P. → Lucullus 69 v. Chr., → Crassus 53 v. Chr. und → Antonius 36 v. Chr. → Augustus erhielt 20 v. Chr. die bei → Carrhae (unter Crassus) verlorenen → Feldzeichen nach Verhandlungen zurück. Doch kam es bis ins 3. Jh. n. Chr. immer wieder zu schweren Kämpfen zwischen Rom und den P. n.

Pạrzen → Moiren.

Pasịphaë, Gemahlin des → Minos.

Patrịzier, in → Roms Frühzeit die Mitglieder der ältesten röm. Familien, des Geburtsadels, die nach der Vertreibung der Könige die gesamte politische Macht in Händen hatten, indem sie die führenden Beamten sowie die Mitglieder der großen Priesterkollegien und des → Senats stellten. Ihr Einfluss beruhte auf ihrem Grundbesitz, großer Klientel und Vorrechten im Kriegsdienst. Seit dem Ständekampf verloren die P. ihre dominierende Stellung und teilten die Macht mit aufsteigenden plebejischen Familien; so entstand die Nobilität, der neue Beamtenadel (→ Nobiles).

Patroklos, Freund des → Achilleus, von → Hektor getötet.

Paullus. Lucius Aemilius P., → Konsul 182 und 168 v. Chr., siegte in seinem 2. Konsulat über König → Perseus bei → Pydna; Vater des → Scipio Africanus des J.

Pausanias. – **1.** Spart. Feldherr und Staatsmann, führte nach dem Tode des → Leonidas für dessen Sohn die Regentschaft. Er siegte in der Schlacht von → Plataiai 479 v. Chr. an der Spitze der verbündeten Griechen über die → Perser unter Mardonios. Später aufgrund seiner persischen Kontakte wegen Hochverrats verurteilt, floh er in einen Tempel, wo ihn die Spartaner unter scheinbarer Beachtung des Asylrechts durch Einmauerung dem Hungertod preisgaben (468 v. Chr.). – **2.** Enkel des vorigen, Spartanerkönig 408–394 v. Chr., befehligte 405 die Spartaner bei ihrem Angriff auf → Athen. Nach dem Sturz der → Dreißig Tyrannen in Athen ließ er die Wiedereinführung der → Demokratie zu. – **3.** Gr. Schriftsteller (um 115 – um 180 n. Chr.) aus Kleinasien, verfasste eine *Periégesis* (*Reisebeschreibung*) von Hellas in 10 Büchern. In diesem Reiseführer durch das gr. Mutterland beschreibt P. nicht nur Örtlichkeiten und Denkmäler, sondern geht auch auf Mythologie und Geschichte ein.

Pegasos (lat. *Pegasus*), göttliches Flügelross, das aus dem Kopf der von → Perseus enthaupteten → Medusa entsprang. Bellerophon fing das Pferd und besiegte damit die → Chimaira. P. schuf durch einen Hufschlag auf dem Musenberg Helikon die Quelle Hippokrene, die als den → Musen heilig galt.

Peirithoos, Sohn des → Zeus (oder des Ixion) und der

Gemahlin des Ixion (Dia), König der → Lapithen; bei seiner Hochzeit mit Hippodameia kam es zu dem wilden Kampf zwischen Lapithen und → Kentauren. Nach dem Tod seiner Frau verabredete P. mit seinem Freund → Theseus, für jeden von ihnen eine Zeustochter als Gemahlin zu gewinnen. So entführten sie zunächst für Theseus die blutjunge → Helena, die aber von ihren Brüdern, den → Dioskuren, zurückgebracht wurde, während P. und Theseus unterwegs waren, um aus dem → Hades für P. → Persephone zu rauben. Nach ihrer Entdeckung wurden sie an einen Felsen gefesselt; während Theseus von Herakles befreit werden konnte, muss P. in der Unterwelt ewig büßen.

Peisistratos, adeliger Athener, um 600–527 v. Chr., seit etwa 560 Alleinherrscher von → Athen; sein Regiment stützte sich auf Söldner und die Partei der Diakrier (landarme Bauern, Hirten, Tagelöhner), die er durch Verteilung der konfiszierten Güter des Adels förderte. Ferner sicherte er sich das Wohlwollen der Handel und Gewerbe treibenden Küstenbewohner (Paralier), indem er gute Handelsverbindungen zu anderen Städten schuf. Infolge der günstigen wirtschaftlichen Verhältnisse konnte sich Athen zu einem kulturellen Zentrum entwickeln. Es wurden prächtige Bauten errichtet: der später von den → Persern zerstörte Athenetempel, Vorläufer des → Parthenon, die erste Wasserleitung Athens. Blüte der schwarzfigurigen Vasenmalerei. P. stiftete die → Panathenäen und die → Dionysien. Auch soll er die Aufzeichnung der homerischen Dichtungen veranlasst haben. Bei seinem Tod ging die Tyrannis über Athen auf seine Söhne Hipparchos und Hippias über.

Pelias, König von Iolkos: → Argonauten. → Medea.

Peloponnes (»Insel des → Pelops«), die südliche Halbinsel Griechenlands, durch den → Isthmos von → Korinth mit Mittelgriechenland verbunden, gebirgig, von den Spartanern beherrscht.

Peloponnesischer Krieg, 431–404 v. Chr., der Krieg zwischen dem Peloponnesischen Bund unter → Sparta und dem athen. Seereich. Grund des P. K.s war das Streben beider Staaten nach Hegemonie in Griechenland, Auslöser war die Unterstützung → Kerkyras gegen die Mutterstadt → Korinth durch → Athen, der Angriff Athens auf das abgefallene Poteidaia, das von Korinth unterstützt wurde, und die Verhängung einer Handelssperre über → Megara durch Athen. Dem Peloponnesischen Bund gehörten alle Staaten der → Peloponnes außer → Argos und → Achaia an; darüber hinaus standen noch auf Spartas Seite die meisten mittelgriechischen Staaten und die Kolonien Korinths. Mit Athen waren verbündet die Städte des → Att. Seebundes, Thessalien und Teile Westgriechenlands. Nach harten, wechselvollen Kämpfen, die von einem labilen Frieden (dem sog. Nikiasfrieden, 421) unterbrochen wurden, kam es 404 v. Chr. zur Kapitulation Athens. Die Langen Mauern mussten geschleift, der Att. Seebund aufgelöst, die → Flotte bis auf 12 Schiffe ausgeliefert werden. → Lysander setzte das oligarchische Regime der → »Dreißig Tyrannen« ein. Damit verlor Athen seine politische Bedeutung in Griechenland. Infolge der gegenseitigen Ermattungsstrategie blieben letztlich in dem weltweiten Machtkampf nicht Sparta, sondern die → Perser Sieger, die von nun an dauernd in die gr. Politik eingriffen.

Pelops, Sohn des → Tantalos, Bruder der → Niobe, Vater des → Atreus und des Thyestes. Tantalos setzte ihn den Göttern, in Stücke geschnitten, als Speise vor, um ihre Allwissenheit zu prüfen. Diese aber erkannten den Betrug und riefen P. ins Leben zurück; doch mussten sie ein Schulterblatt, das → Demeter, geistesabwesend aus Schmerz um die geraubte Tochter, schon verzehrt hatte, durch Elfenbein ersetzen. Zu Pisa in → Elis errang er Hippodameia, die Tochter des Königs Oinomaos, indem er durch eine List über den König im Wagenrennen siegte. Als König von Elis wurde P. Herr über die ganze Halbin-

Penelope am Webstuhl. Attischer rotfiguriger Skyphos (Ausschnitt). Um 460–440 v. Chr.

sel, die nach ihm den Namen → Peloponnes erhielt. Im Ostgiebel des Zeustempels von → Olympia ist das Opfer vor dem Wagenrennen dargestellt.

Penaten, röm. Hausgötter, unter deren Schutz Haus und Familie standen; sie wurden am Herd verehrt. Als Schutzgötter des röm. Staates wurden sie im Vestatempel am heiligen Feuer des Staatsherdes verehrt. Im übertragenen Sinne bedeutet P. »Haus, Heimat«.

Penelope, Gattin des → Odysseus, auf dessen Heimkehr sie 20 Jahre wartete; die sie bedrängenden Freier hielt sie durch eine List hin: Angeblich wollte sie sich entscheiden, sobald sie für ihren Schwiegervater Laërtes ein Leichentuch gewebt habe; doch trennte sie nachts das am Tag jeweils Gewebte wieder auf. Nachdem die Freier dahintergekommen waren, versprach sie, den zu heiraten, der den Bogen des Odysseus spannen könne. Dies gelang aber nur dem als Bettler verkleideten Odysseus selbst.

Pentameter → Versbau.

Penthesilea, Tochter des → Ares, Königin der → Amazonen. Kämpfte im → Trojanischen Krieg auf Seiten des → Priamos, wurde von → Achilleus getötet.

Pentheus, König von → Theben, der sich der Einführung des Dionysoskultes widersetzte, aber von den → Mänaden zerrissen wurde. → Dionysos.

Pergament → Buch.

Pergamon, Festung und Stadt in Mysien, Hauptstadt des Pergamenischen Reiches unter der Dynastie der Attaliden, das Philhetairos, der Sohn des Attalos von Tios, 283 v. Chr. begründete. Seine Nachfolger erweiterten das Reich und machten P. zu einem kulturellen Zentrum: prächtige Bauten, berühmte → Bibliothek, Asklepieion. 133 v. Chr. ging P. durch das Testament Attalos' III. an die Römer, die es zur Hauptstadt der röm. → Provinz Asia machten. P. behielt bis ins 2. Jh. n. Chr. seine Bedeutung bei, von der die seit 1878 betriebenen Ausgrabungen zeugen: Ruinen von Tempeln, Theatern, Palästen und anderen Bauten. Am bedeutendsten ist der Zeus-Altar, der zur

Pergamon-Altar. Um 180–160 v. Chr. (Pergamon-Museum Berlin)

Verherrlichung des Sieges über die → Galater von Eumenes II. um 180 v. Chr. gestiftet wurde. Heute steht der Altar im Pergamon-Museum zu Berlin. → Buch.

Perikles, bedeutender athen. Staatsmann, um 495–429 v. Chr., aus altem Adelsgeschlecht; zusammen mit Ephialtes kämpfte er an der Spitze der demokratischen Partei gegen die Aristokraten unter → Kimon für eine Demokratisierung des öffentlichen Lebens: Entmachtung des → Areopags zugunsten des Rats der 500, der Geschworenengerichte und der → Volksversammlung. Nach der Ermordung seines Freundes (461 v. Chr.) setzte P., nunmehr alleiniger Führer der Demokraten, weitere Reformen durch: Richtersold und Schaugeld zum Besuch der Theateraufführungen aus der Staatskasse. Seit der Verbannung des Kimon (461) bestimmte P. die athen. Politik. Durch die Langen Mauern wurde → Athen mit seinen Häfen zu einer uneinnehmbaren Festung. 448 v. Chr. kam es zum Kalliasfrieden mit den → Persern und 445 zu einem 30-jährigen Frieden mit den Spartanern. 454 hatte P. die Bundeskasse des → Att. Seebundes von → Delos nach Athen verlegt; damit begann P., den Bund zu einem Herrschaftsinstrument Athens zu machen. P., der seit 443 jedes Jahr zum Strategen gewählt wurde, baute nunmehr mit dem Geld der Bundesgenossen die → Akropolis prächtig aus. Athen wurde der kulturelle Mittelpunkt Griechenlands, wo sich viele bedeutende Künstler (z. B. → Phidias, → Iktinos), Dichter und Schriftsteller (z. B. → Sophokles, → Herodot) sowie Wissenschaftler (→ Anaxagoras, → Protagoras) einfanden. Überzeugt von der Unvermeidlichkeit einer neuerlichen kriegerischen Auseinandersetzung mit → Sparta, traf P. die Vorbereitungen für seinen Kriegsplan, die Athener hinter den Langen Mauern in Sicherheit zu bringen und den Gegner zur See zu bezwingen. Als im 2. Jahr des → Peloponnesischen Krieges (430) unter den eng zusammengepferchten Menschen eine Seuche ausbrach, wurde P. unter dem Vorwand der Unterschlagung von Staatsgeldern verurteilt und abgesetzt; 429 jedoch wieder zum Strategen gewählt, starb er bald darauf an der Seuche.

Periöken (gr. »Umwohner«), in → Sparta die in Handel und Gewerbe tätigen, in eigenen Siedlungen ansässigen Bürger ohne politische Rechte, stellten einen großen Teil der → Hopliten.

Peripatetiker, die Schüler und Anhänger des → Aristoteles, benannt nach dem Peripatos, der Wandelhalle des Gymnasiums im → Lykeion, wo der Unterricht stattfand.

Peristyl, ein von einer Säulenhalle umgebener Hof oder Garten.

Persephone (röm. Proserpina), Tochter der → Demeter, Gemahlin des → Hades.

Persepolis, eine der Residenzstädte der Perserkönige, von → Dareios I. erbaut. Aus Rache für die Zerstörung → Athens durch die → Perser brannte → Alexander d. Gr. 330 v. Chr. P. nieder.

Perser, indogerm. Volk im Bergland östlich des Tigris, wo sie im 1. Jt. v. Chr. vom Aralsee und Kaspischen Meer aus eingewandert sind. Die Reiter und Bogenschützen eroberten unter → Kyros II. das Reich der → Meder (550 v. Chr.) sowie Kleinasien (546) und Babylonien (539). → Kambyses II. eroberte 525 v. Chr. → Ägypten. Die Versuche der Perserkönige, sich Europas zu bemächtigen, wurden endgültig durch die Eroberung Persiens durch → Alexander d. Gr. 330 v. Chr. vereitelt. Das Land war in 20 Verwaltungsbezirke (Satrapien) aufgeteilt, an deren Spitze ziemlich selbständige Statthalter (Satrapen) standen. Der Verkehr zwischen den Satrapien und der Zentralverwaltung in Susa vollzog sich auf eigens gebauten Staatsstraßen und durch eine Staatspost mit ständigem Kurierdienst. Der Handel wurde gefördert durch die einheitliche Goldwährung des Dareikos.

Perserkriege. Nach der in der 2. Hälfte des 6. Jh.s v. Chr. erfolgten Eroberung Kleinasiens, Babyloniens und

→ Ägyptens durch → Kyros II. und → Kambyses II. versuchte → Dareios I., das Perserreich bis nach Europa auszudehnen. Die Tatsache, dass → Athen und Eretria die → Jonier bei ihrem Kampf um Unabhängigkeit (499–494 v. Chr.) unterstützten, war für Dareios I. willkommener Anlass, gegen Griechenland vorzugehen. Doch wurden die → Perser zunächst 492 unter Mardonios am → Athos, 490 bei → Marathon geschlagen. 480 v. Chr. rückte → Xerxes mit einem ungeheuren Heer in Griechenland ein, nachdem er umfangreiche Vorbereitungen getroffen hatte (Verträge mit Thrakien, → Makedonien, Thessalien; Schiffsbrücke über den → Hellespont; Aushebung eines Kanals durch die Athoshalbinsel). Die Perser überwanden den Spartanerkönig → Leonidas, der bei den Thermopylen den Pass nach Mittelgriechenland sichern sollte, drangen bis Athen vor, das von den Bewohnern geräumt worden war, und zerstörten es. Doch im gleichen Jahr besiegte die athen. → Flotte bei → Salamis die Flotte der Perser entscheidend, während das pers. Landheer unter Mardonios 479 bei → Plataiai geschlagen wurde. Von nun an konnten die Griechen sogar zur Offensive übergehen. Die P. fanden ihren Abschluss durch den Frieden des Kallias (448 v. Chr.). Die Griechenstädte Kleinasiens blieben unter Wahrung ihrer Autonomie im pers. Reich, doch der Handel in der Ägäis und im Schwarzen Meer blieb den Griechen vorbehalten. Nach den P. entfaltete sich Griechenland wirtschaftlich und kulturell zur höchsten Blüte.

Perseus. – **1.** Sagenheld. Akrisios, König von → Argos, hatte das → Orakel erhalten, der Sohn seiner Tochter Danaë werde ihn töten; deshalb sperrte er sie ein. → Zeus jedoch nahte ihr in Gestalt eines goldenen Regens. Nachdem sie einen Sohn, den P., geboren hatte, setzte Akrisios beide in einer Kiste auf dem Meer aus, die zur Insel Seriphos getrieben wurde. Der dortige König Polydektes verliebte sich in Danaë, die ihn jedoch abwies. Da ihm der inzwischen herangewachsene, kraftvolle P. bei seiner Werbung im Wege stand, schickte Polydektes den Jüngling aus, ihm das Haupt der → Gorgo Medusa zu holen; auf diese Weise hoffte er, sich seiner entledigen zu können. Doch mit Hilfe der Götter → Hermes und → Athene konnte P. der Medusa tatsächlich das Haupt abschlagen. Auf dem Rückweg kam P. nach Äthiopien, wo er die Prinzessin Andromeda an einen Felsen geschmiedet fand, einem Ungeheuer preisgegeben, das das Land verwüstete. Er tötete es und erhielt Andromeda zur Gemahlin. Auf Seriphos versteinerte er mit dem Gorgonenhaupt Polydektes, der Danaë in der Zwischenzeit heftig bedrängt hatte. P. ging dann nach → Argos, wo er seinen Großvater Akrisios unbeabsichtigt durch einen Diskuswurf tötete. – **2.** König von → Makedonien 179–168 v. Chr., Sohn König Philipps V., trat in dem Bestreben, die maked. Hegemonie in Griechenland wiederherzustellen, der röm. Ostexpansion entgegen. Seine Bündnisse mit gr. Staaten und östlichen Herrschern hatten keinen Bestand, als → Rom 171 v. Chr. den dritten Maked. Krieg begann, der 168 mit der Niederlage des P. bei → Pydna gegen Aemilius → Paullus endete.

Persius. Aules P. Flaccus, 34–62 n. Chr., röm. Satirendichter, stammte aus etr. Ritterfamilie, verfasste in Anlehnung an → Lucilius und → Horaz 6 → Satiren, stoische Moralpredigten allgemein sittlichen Inhalts.

Petron(ius) Arbiter, Schriftsteller, 66 n. Chr. wegen angeblicher Teilnahme an der Verschwörung des → Piso von Kaiser → Nero in den Freitod gedrängt. P. schrieb den Roman *Satyrica*, von dem nur wenige Teile, darunter das Kernstück, die *Cena Trimalchionis* (*Gastmahl des Trimalchio*), erhalten sind. Der Roman spielt überwiegend in Süditalien; Held ist der Freigelassene Encolpios, der, vom Zorn des → Priapos verfolgt, von seinen zahllosen Abenteuern in derbem Realismus berichtet.

Phaedrus, lat. Fabeldichter um 15 v. Chr. – 45 n. Chr., aus Thessalien stammend, Freigelassener des → Augustus. Von seinen 5 Büchern *Fabulae Aesopiae* ist nur ein Auszug erhalten. Mit seinen in jambischen Senaren geschriebenen Fabeln führte er eine neue Gattung in die röm. Literatur ein. Ausgehend von der Übersetzung äsopischer Fabeln gestaltete P. aber auch originale Stoffe mit satirischen Anspielungen auf die eigene Zeit. Seine Fabeln wurden im MA viel gelesen.

Phaëthon, im gr. Mythos Sohn des → Helios und der Klymene, wurde als Knabe verspottet, dass er keinen Vater habe; daraufhin erfuhr er von seiner Mutter den Namen des Vaters, den er nun im fernen Osten aufsuchte. Er bat ihn, einen Tag lang den Sonnenwagen lenken zu dürfen. P. verlor aber bald die Herrschaft über das Gespann; die feurigen Sonnenrosse kamen der Erde zu nahe und steckten sie in Brand. Libyen wurde zur Wüste, die Äthiopier wurden schwarz gebrannt. Da wurde P. durch einen Blitz des → Zeus erschlagen und in den Fluss Eridanos geschleudert, an dessen Ufern ihn die Heliaden, seine Schwestern, beweinten, bis sie sich in Pappeln verwandelten und ihre Tränen zu Bernstein erstarrten.

Phaiaken (Phäaken), märchenhaftes Seefahrervolk auf der Insel Scheria, nahmen → Jason und → Odysseus gastfreundlich auf (*Odyssee*, 6. Buch). → Alkinoos, → Nausikaa.

Phaidra → Hippolytos.

Phallos (gr.), das männliche Geschlechtsglied und seine Nachbildung aus Holz, Stein, Leder als Fruchtbarkeitssymbol im Kult der → Demeter, des → Hermes und bes. des → Dionysos; die zu seinen Ehren abgehaltenen P.-Prozessionen, die von Liedern begleitet waren, sind die Vorläufer des → Chors der Komödie, dessen Mitglieder einen ledernen P. trugen. In der bildenden Kunst waren die → Hermen, die → Satyrn und → Priapos mit Phalloi versehen.

Pharos, Insel vor der Hafeneinfahrt von → Alexandria; an der Ostspitze stand der berühmte, zu den → sieben Weltwundern zählende Turm, der um 280 v. Chr. von Sostratos aus → Knidos im Auftrag des Ptolemäus II. Philadelphos erbaut wurde, und zwar als Signalturm zur Orientierung der Schiffe bei Tage; erst um die Mitte des 1. Jh.s wurde er als Leuchtturm verwendet. Der Turm, von dem alexandr. Münzen eine Vorstellung geben, wurde Vorbild sämtlicher Leuchttürme der Welt. Im 14. Jh. wurde er durch ein Erdbeben zerstört.

Pharsalos, Stadt in Thessalien, wo → Caesar 48 v. Chr. → Pompeius und die republikanische Armee entscheidend besiegte.

Pheidias (Phidias), der bedeutendste Bildhauer der Griechen, Athener, tätig um 460–430 v. Chr.; mit → Perikles befreundet, dessen künstlerischer Berater für die Ausgestaltung der → Akropolis er wurde; 447–438 v. Chr. war P. Leiter der Gestaltung des Bildschmuckes (→ Metopen, Fries, Giebel) des → Parthenons. Von seinen Werken ist kein Original erhalten, allerdings etliche röm. Kopien; von den erhaltenen Parthenonskulpturen kann ihm keine persönlich zugeschrieben werden. Als seine Meisterwerke gelten die Kultstatuen der → Athene im Parthenon und die des → Zeus in → Olympia.

Philemon und Baukis, in der gr. Sage frommes Ehepaar in → Phrygien; als → Zeus und → Hermes in menschlicher Gestalt auf der Erde ein Nachtlager suchten, wurden sie von den Reichen zurückgewiesen, von P. und B. jedoch in ihrer ärmlichen Hütte gastlich aufgenommen. Während die übrigen Bewohner dieser Gegend in einer von den Göttern gesandten Flut ertranken, blieben die beiden Alten verschont. Außerdem verwandelten die Götter die Hütte in einen Tempel, in dem P. und B. den priesterlichen Dienst versahen. Als sie nach Jahren gleichzeitig starben, wurde P. in eine Eiche, B. in eine Linde verwandelt.

Philipp II., maked. König, 359–336 v. Chr., Vater → Alexanders d. Gr., schuf die Voraussetzungen für die maked. Hegemonie in Griechenland. Zunächst machte er sich an die Neuordnung des maked. Heeres nach dem Vorbild

→ Thebens (→ Epameinondas), wo er sich 368/365 als Geisel aufgehalten hatte. Seit 357 eroberte er die an Metallvorkommen reiche Küste Thrakiens, so dass ihm erhebliche Mittel für militärische Unternehmungen zur Verfügung standen. 352 Eroberung Thessaliens, 348 Zerstörung von Olynthos, dem letzten athen. Vorposten auf der → Chalkidike. 340 kam es wegen der Bedrohung der Schifffahrt im Schwarzen Meer und neuer Einmischungen in Griechenland zur Gründung des antimakedonischen Hellenenbundes unter Führung der Thebaner und Athener, die aber 338 von P. bei → Chaironeia besiegt wurden. Im Gegensatz zu Theben behandelte P. → Athen schonend. 337 traten die Abgeordneten aller gr. Staaten mit Ausnahme → Spartas in → Korinth zum Abschluss eines panhellenischen Bundes unter maked. Führung zusammen; dem Makedonenkönig wurde der Oberbefehl im Krieg gegen die → Perser übertragen. 336 v. Chr. wurde P. bei der Hochzeitsfeier seiner Tochter ermordet.

Philippi, Stadt in → Makedonien. Hier wurden die Caesarmörder → Brutus und → Cassius 42 v. Chr. von → Octavian und → Antonius besiegt.

Philoktet(es), in der gr. Sage berühmter Bogenschütze, der den immer treffenden Bogen des → Herakles erbte. Auf der Fahrt nach → Troja von einer Schlange gebissen, setzten ihn die Griechen auf der Insel Lemnos aus, weil sie den Gestank der Wunde nicht ertragen konnten. Da gemäß einem Spruch des trojanischen Sehers Helenos Troja nur mit Hilfe von Pfeil und Bogen des P. genommen werden konnte, fuhren → Odysseus und → Diomedes (oder → Neoptolemos) zur Insel zurück und überredeten ihn, mit ihnen nach Troja zu kommen, wo er schließlich von Machaon, einem Sohn des → Asklepios, geheilt wurde und mit seinem Pfeil → Paris tötete. – Tragödie des → Sophokles.

Philomela, in der gr. Sage Tochter des Königs Pandion von → Athen, wurde von Tereus, dem Gemahl ihrer

Schwester Prokne, geschändet; damit sie nichts verraten könne, schnitt ihr Tereus die Zunge heraus und versteckte sie. Durch eine Stickerei in einem Kleid gelang es P. jedoch, der Schwester das Verbrechen und ihr Versteck kundzutun. Die beiden Schwestern setzten nun aus Rache Proknes Sohn Itys dem Tereus zum Mahle vor; als dieser den Frevel merkte, verfolgte er die beiden, wurde jedoch in einen Wiedehopf verwandelt; P. ließen die Götter zu einer Schwalbe, Prokne zu einer Nachtigall werden.

Phönizier, semit. Handels- und Seefahrervolk an der Küste Syriens, gründeten seit dem 2. Jt. v. Chr. mehrere Stadtstaaten (Sidon, Byblos, → Tyros). Zwischen 1200 und 900 v. Chr. beherrschte der Handel der P. das Mittelmeer von Syrien bis → Spanien. Dadurch wurden sie zu Trägern des Kulturaustausches zwischen dem Orient und den Griechen, durch die sie seit dem 8. Jh. v. Chr. allmählich aus ihrer beherrschenden Position gedrängt wurden. 538 v. Chr. gliederte sie → Kyros dem Perserreich ein; doch blieben ihre Städte noch bedeutende Handelszentren, bis → Alexander d. Gr. durch die Zerstörung von Tyros 332 v. Chr. ihre Handelsmacht im Mutterland endgültig brach. Ihre Kolonie → Karthago, die von da an Zentrum der phönizischen Handelsmacht war, wurde 146 v. Chr. von den Römern zerstört. Seitdem spielten die P., denen die Griechen die Vermittlung der semit. Konsonantenschrift verdankten, keine tragende Rolle mehr im Weltgeschehen.

Phoibos, Beiname → Apollons.

Phrixos und Helle, Kinder des Königs Athamas von → Theben und der Nephele, wurden von ihrer Stiefmutter → Ino gehasst und flohen deshalb auf einem von Nephele geschickten Widder mit goldenem Fell, der sie durch die Lüfte trug. Die Schwester stürzte ins Meer, das seitdem → Hellespontos (»Meer der Helle«) heißt; P. gelangte nach → Kolchis am Schwarzen Meer, wo er den Widder dem → Zeus opferte und das Goldene Vlies dem König Aietes schenkte, der es im Hain des → Ares an einer Eiche aufhängte. → Argonauten.

Phrygien, Landschaft im mittleren Kleinasien, in die im 12. Jh. v. Chr. thrakische Stämme eindrangen. Im 8. Jh. gründeten die Phryger ein Königreich mit der Hauptstadt Gordion. Seine größte Machtentfaltung erlebte P. unter König Midas II. (seit 738 v. Chr.), bis er 695 von den Kimmeriern vernichtend geschlagen wurde. Um 600 v. Chr. wurde P. lydisch, 546 pers., seit → Alexander d. Gr. maked., seit 133 v. Chr. röm. Die Griechen wurden von den Phrygern in der Religion (→ Semele, → Kybele) und in der Musik (Flöte, Phrygische Tonart) beeinflusst.

Phrynichos, um 500 v. Chr., Athener, der bedeutendste Tragiker vor → Aischylos, der neben mythologischen Themen als Erster zeitgeschichtliche Stoffe dramatisierte: 492 *Einnahme von Milet*, 476 *Phoenissen* (Lobpreis des Sieges von → Salamis).

Pierien, maked. Landschaft, sagenhafter Sitz der → Musen. → Pydna.

Pilum, Wurfspeer der röm. Legionäre, bis zu 2 m lang, Holzschaft mit Eisenspitze.

Pindar(os), 518–446 v. Chr., aus Kynoskephalai bei → Theben, Chorlyriker von adeliger Herkunft. Von den in 17 Bücher eingeteilten Liedern P.s, zu deren Texten er auch die Melodien schuf, sind die 11 Bücher religiösen Inhalts bis auf wenige Bruchstücke verloren; von den restlichen 6 Büchern mit profaner Dichtung sind dagegen die 4 Bücher der *Siegeslieder* (*Epinikien*) vollständig erhalten, die P. auf Bestellung für die Sieger bei den panhellenischen Wettkämpfen in → Olympia, → Delphi, → Nemea und auf dem → Isthmos von Korinth komponierte. Jedem Lied gab P. eine andere metrische Form; mit der Verherrlichung des Siegers (einschließlich Familie und Heimat) verband er Mythenerzählung und Spruchweisheit.

Piräus, Hafenstadt → Athens am Saronischen Golf; 493/492 baute → Themistokles den Hafen aus; um die

Mitte des 5. Jh.s v. Chr. wurde die Stadt nach den Plänen des → Hippodamos von → Milet angelegt und durch die Langen Mauern (etwa 6 km lang) mit Athen verbunden. Erst in hellenist. Zeit verlor der P. seine Bedeutung als Handelshafen an die Häfen im östlichen Mittelmeer. Zerstörung durch → Sulla 86 v. Chr.

Piso. Gaius Calpurnius P., adeliger, reicher Römer, 38 n. Chr. von → Caligula verbannt, von → Claudius nach → Rom zurückgerufen; unter → Nero trat er 65 n. Chr. an die Spitze einer Verschwörung, die jedoch aufgedeckt wurde und außer P. selbst viele andere, z. B. → Lukan und → Seneca, ins Verderben riss.

Pittakos von → Mytilene auf → Lesbos, einer der → sieben Weisen, wurde in den innenpolitischen Kämpfen zwischen Volk und Aristokraten 612 v. Chr. zum Aisymneten (Schiedsrichter) gewählt. Nach 10-jähriger Bemühung um Neuordnung des Staates soll er sein Amt freiwillig niedergelegt haben. Einige Adelige, darunter → Alkaios und → Sappho, hatten unter seiner Herrschaft vorübergehend ihre Heimat verlassen.

Plataiai (Plataä), Stadt im südlichen → Böotien, wo die Griechen unter → Pausanias 479 v. Chr. die → Perser besiegten.

Platon, 427–347 v. Chr., der bedeutendste gr. Philosoph; Neffe des → Kritias, stammte er aus einer adeligen Familie → Athens. Zuerst Dichter (→ Epigramme, Dithyramben, Tragödien), führte ihn der Umgang mit → Sokrates (seit 407 v. Chr.) zur Philosophie; nach dessen Tod (399) ging P. mit anderen Sokrates-Schülern nach → Megara, dann nach → Ägypten und → Kyrene. Heimgekehrt gewann er mit seinen ersten Dialogen gegen die → Sophisten begeisterte Schüler. 3 Reisen nach → Syrakus (388/387, 366, 361), dessen Tyrannen er für seine staatspolitischen Ideale gewinnen wollte, blieben erfolglos. 387 v. Chr. gründete P. in Athen die → Akademie, an der er bis zu seinem Tode lehrte und die Zulauf aus ganz Griechenland hatte. Von P.s

Werken, die mit Ausnahme der *Apologie* durchwegs in Dialogform gehalten sind und abgesehen von den *Gesetzen* jeweils Sokrates als Hauptperson vorführen, ist alles erhalten. Die Erscheinungsjahre seiner Werke sind nicht bekannt. – Die wichtigsten seiner 36 als echt geltenden Schriften: 1. Die sokratische Periode, in der er seinen Lehrer verteidigt oder dessen Gedanken darlegt: *Apologie* (Verteidigungsrede des Sokrates vor Gericht), *Kriton* (Sokrates im Gefängnis: Gehorsam gegen die Gesetze), *Laches* (Tapferkeit), *Euthyphron* (Frömmigkeit), *Protagoras* (Lehrbarkeit der Tugend), *Gorgias* (gegen die Rhetorik der Sophisten) u. a. – 2. Die mittlere, dichterisch reifste Schaffensperiode: *Menon* (Lehre von der Wiedererinnerung), *Phaidon* (Unsterblichkeit der Seele), *Phaidros* und *Symposion* (Eros als das Streben nach der Welt der Ideen), *Politeia* (der Idealstaat, von Philosophen geleitet) u. a. – 3. Die Werke der Altersperiode, in denen es um erkenntnistheoretische Fragen geht: *Parmenides* (Ideenlehre), *Theaitetos* (Voraussetzung des Wissens), *Sophistes* (Metaphysik), *Politikos* (der philosophisch gebildete Staatsmann), *Philebos* (Kritik der Lustlehre), *Timaios* (Physik, Weltbildungslehre), *Gesetze* (Staatsentwurf). – 4. Die Echtheit der 13 überlieferten Briefe ist umstritten. – Seine Schriften erweisen P. als einen Meister der Sprache, bes. wenn er die wichtigsten Thesen seiner Lehre durch mythologische Erzählungen veranschaulicht. P.s philosophische Lehre muss aus den Dialogen abgeleitet werden, da er sie (aus Misstrauen gegen die Verlässlichkeit des geschriebenen Wortes) nicht in direkter Form niedergelegt hat. Mit Hilfe der sokratischen Dialektik, Begriffe zu analysieren und gegenüberzustellen, strebt P. nach Erkenntnis des Guten und der Ideen, die im Gegensatz zum sinnlich Wahrnehmbaren stets unwandelbar sind. Erkenntnis ist nur durch die Vernunft möglich. Das logische Gesprächsverfahren soll zur Wiedererinnerung (Anamnese) führen, denn die Seele des Menschen lebte vor der Geburt im Bereich der ewigen

Ideen. Politisch schwebt P. ein Idealstaat vor, den Philosophen leiten, Wächter schützen und in dem ein 3. Stand (Arbeiter, Bauern, Handwerker) für die materielle Produktion sorgen soll.

Plautus. Titus Maccius P., aus Sarsina (→ Umbrien), etwa 250–184 v. Chr., der bedeutendste röm. Komödiendichter. Er kam in jungen Jahren nach → Rom, wo er am Theater als Schauspieler oder Bühnenarbeiter tätig war. Von den 130 Stücken, die ihm zugeschrieben wurden, sind 21 erhalten, z. B.: *Amphitruo* (Mythentravestie; → Amphitryon); *Aulularia* (*Goldtopfkomödie*, nach → Menander); *Captivi* (*Die Gefangenen*); *Menaechmi* (*Die Zwillinge*, Verwechslungskomödie); *Miles gloriosus* (*Der bramarbasierende Soldat*); *Mostellaria* (*Gespensterkomödie*); *Trinummus* (*Der Schatz*); *Rudens* (*Das Tau*, Erkennungsstück). Seine Komödien sind freie Bearbeitungen von gr. Stücken der sog. Neuen Komödie, wobei er bisweilen ganze Szenen seiner Vorlage änderte und 2 Stücke zu einem verschmolz (Kontamination). Durch Einlagen von *Cantica* (Arien) gab P. seinen Stücken den Charakter von Singspielen. So schuf P., dem Zeitgeschmack entsprechend, Stücke von derber Situationskomik, die heute noch sehr bühnenwirksam sind.

Plebs, die gesamte Masse des röm. Volkes im Gegensatz zu den → Patriziern; die Plebejer (Handwerker, Kleinbauern) besaßen in der ältesten Zeit nicht das volle Bürgerrecht: Der Zugang zu Staats- und Priesterämtern war ihnen verwehrt. Doch durch die wirtschaftliche Bedeutung und das militärische Potential der P. wuchs ihr Selbstbewusstsein, so dass sie im sog. Ständekampf bis etwa 300 v. Chr. die politische und auch gesellschaftliche Gleichberechtigung ertrotzte: 494 v. Chr. Einführung der → Volkstribunen, um 450 Aufzeichnung der Zwölftafelgesetze, 445 Aufhebung des Eheverbots zwischen Patriziern und Plebejern; 366 Zutritt der Plebejer zum Konsulat; seit 287 erhielten die *plebis scita*, die Beschlüsse der Plebejerversammlung, Gesetzeskraft für das Gesamtvolk. Nunmehr bildeten die reichen plebejischen Familien zusammen mit den Patriziern den Beamtenadel, die → Nobiles.

Pleiaden, in der gr. Sage 7 Töchter des → Atlas und der Pleione, darunter → Maia und Merope; von → Orion verfolgt, verwandelte sie → Zeus in einen Taubenschwarm und versetzte sie zusammen mit ihrem Verfolger als Sternbilder (Pleias, Siebengestirn) an den Himmel.

Plinius Secundus. – **1.** Gaius P. S. der Ältere, 23–79 n. Chr., aus Comum (Como) in Oberitalien, röm. Offizier, Verwaltungsbeamter und zuletzt Flottenkommandant von → Misenum; fand beim Ausbruch des Vesuvs als Opfer seiner wissenschaftlichen Neugier den Tod. Von seiner reichen schriftstellerischen Produktion (Kriegswesen, Geschichte, Grammatik, Naturwissenschaften) ist nur die *Naturgeschichte* (*Naturalis historia*), ein enzyklopädisches Sammelwerk in 37 Büchern, erhalten: allgemeine Erdkunde, Erdbeschreibung, der Mensch, die Tiere, Heilmittel, Mineralien. – **2.** Gaius P. S. der Jüngere, 62 – um 113 n. Chr., aus Comum (Como) in Oberitalien, Neffe und Adoptivsohn des Plinius d. Ä., röm. Beamter und Schriftsteller; rhetorische Ausbildung bei → Quintilian; 100 → Konsul. Seit 111 verwaltete er bis zu seinem Tod als kaiserlicher Statthalter die Provinz → Bithynia. Wir besitzen von ihm eine Sammlung von über 120 Briefen, die zwar an Freunde und Verwandte adressiert, aber zugleich als literarische Episteln zur Veröffentlichung vorgesehen waren; sie vermitteln ein interessantes Bild der vornehmen röm. Gesellschaft in der Zeit → Trajans (z. B. Lebensführung, Bildung, Literatur). Von besonderem kulturhistorischen Wert sind die beiden Briefe an → Tacitus über den Vesuvausbruch des Jahres 79 und die Korrespondenz mit Trajan über die Behandlung der Christen (10. Buch der Briefe).

Plutarch(os) aus → Chaironeia, um 45–120 n. Chr., der letzte bedeutende gr. Schriftsteller. Aus einer wohlhabenden Familie stammend, studierte P. in → Athen und schloss sich unter dem Einfluss seines Lehrers Ammonios der → Akademie an. Reisen nach Asien, → Alexandria und → Rom. Er war → Archon in seiner Vaterstadt, Apollonpriester in → Delphi, Ehrenbürger von Athen. Von seiner schriftstellerischen Produktion ist etwa ein Drittel erhalten: 1. 4 Einzelbiographien und 23 Parallelbiographien, in denen jeweils ein berühmter Grieche einem berühmten Römer gegenübergestellt ist, die sich in ihren Intentionen und Leistungen ähnelten (z. B. → Alexander – → Caesar, → Demosthenes – → Cicero, → Perikles – → Fabius Maximus, → Aristeides – → Cato Maior). – 2. Etwa 80 philosophische Schriften, die heute meist unter dem lat. Titel ·*Moralia* zusammengefasst sind und in denen P. häufig in Dialogform Probleme der praktischen Ethik, aber auch Themen aus Religion, Physik, Politik, Literatur, Pädagogik, Rhetorik erörtert.

Plutokratie (gr. »Herrschaft des Reichtums«), in der gr. Staatstheorie Entartungsform der → Aristokratie: Für die Auslese der Machthaber ist der Reichtum maßgebend.

Pluto(n) → Hades.

Plutos, Gott des Reichtums (der zunächst in landwirtschaftlichen Erzeugnissen bestand), Sohn des Sterblichen Jasion und der → Demeter. Da P. seine Gaben wahllos und ungerecht verteilt, gilt er als von → Zeus geblendet.

Polis, der gr. Stadtstaat, der eine Stadt mit dem umliegenden Territorium umfasste. Charakteristisch waren die Engräumigkeit, das Streben nach politischer und wirtschaftlicher Unabhängigkeit, der Kult einer Stadtgottheit. Erst in hellenist. Zeit entstanden Flächenstaaten.

Pollio. Gaius Asinius P., 76 v. – 5 n. Chr., röm. Politiker, General, Redner und Schriftsteller, Anhänger → Caesars und → Octavians; 40 v. Chr. → Konsul, 39/38 → Prokonsul in → Makedonien, zog sich um 30 vom aktiven politischen Leben zurück, um sich als Schriftsteller, Kritiker und Förderer begabter Dichter (→ Catull, → Horaz, → Vergil) zu betätigen. Begründer der ersten öffentlichen → Bibliothek in → Rom; P. führte den Brauch ein, literarische Werke vor deren Verbreitung durch den Buchhandel öffentlich vortragen zu lassen.

Pollux (gr. Polydeukes) → Dioskuren.

Polybios aus Megalopolis in Südarkadien, um 200–118 v. Chr., gr. Historiker. Nach der Niederlage der Griechen bei → Pydna wurde er 166 (–150) als einer von 1000 vornehmen Geiseln des Achäischen Bundes nach → Rom geschickt, wo er Freundschaft mit dem jüngeren → Scipio schloss. P. konnte Reisen durch Italien, nach → Sizilien, → Gallien und → Spanien unternehmen. Dabei wurde er zum Bewunderer Roms. Im 3. → Punischen Krieg begleitete er Scipio als militärischer Berater. Nach der Zerstörung → Korinths (146 v. Chr.) setzte sich P. mit Erfolg für eine schonende Behandlung Griechenlands ein. Sein Hauptwerk, die *Historien*, eine Weltgeschichte in 40 Büchern, behandelt die Jahre 264–145. Seine Absicht war es zu zeigen, auf Grund welcher Eigenschaften die Römer ihre Weltherrschaft über die verschiedenen Völker aufrichteten. Als wesentliche Ursache für die Größe Roms sah er die röm. Mischverfassung, die er im 6. Buch darstellt. In Anlehnung an sein Vorbild → Thukydides strebte er nach weitestgehender Objektivität. »Pragmatische Geschichtsschreibung« nannte P. seine an den Tatsachen orientierte, für die politisch Handelnden lehrreiche Art der Darstellung.

Polygnot(os) von Thasos, gr. Maler der 1. Hälfte des 5. Jh.s v. Chr., dessen Wandgemälde uns nur durch Beschreibungen (→ Pausanias) und Vasenbilder bekannt sind.

Polyhymnia, die → Muse des Gesanges.

Polyklet aus → Argos, wirkte in der 2. Hälfte des 5. Jh.s v. Chr. als der bedeutendste Bildhauer neben → Phidias. Berühmt ist seine Athletenstatue des Doryphoros (Speerträgers).

Polykrates, Tyrann von → Samos um 538–522 v. Chr.,

verschaffte sich dank seiner bedeutenden Kaperflotte große Reichtümer. So konnte er eine glänzende Hofhaltung pflegen, die auch Dichter und Gelehrte anzog (→ Anakreon, → Ibykos, → Pythagoras). P. baute eine Wasserleitung durch den Berg Ampelos und einen Heratempel. Bündnis mit König Amasis von → Ägypten. Der pers. Satrap Oroites lockte ihn in eine tödliche Falle. Schillers Ballade *Der Ring des Polykrates* geht auf eine Novelle bei → Herodot zurück.

Polyphem, → Kyklop, Sohn des → Poseidon. → Odysseus, der mit etlichen Gefährten in die Höhle des Riesen geraten war, konnte sich daraus nur durch Blendung des P. retten. Der Kyklop rächte sich dadurch, dass er Poseidon bat, die Heimfahrt des Odysseus durch Stürme zu vereiteln (→ Homer, *Odyssee*, 9. Buch).

Pomona, röm. Göttin der Baumfrüchte; Geliebte des Gottes Vertumnus.

Pompeji, Landstadt in → Kampanien südöstlich von → Neapel, im 6. Jh. v. Chr. von → Oskern gegründet, 63 n. Chr. durch ein Erdbeben zerstört, am 24. August 79 n. Chr. durch einen Ausbruch des Vesuv zugleich mit → Herculaneum und Stabiae verschüttet. 2000 der etwa 20 000 Einwohner fanden den Tod. Die Stadt blieb unter der Aschen- und Bimssteinschicht weitgehend unversehrt, doch die wertvollen Gegenstände wurden von den Überlebenden bald nach dem Unglück herausgeholt. Mit der systematischen Freilegung hat man 1860 begonnen. Sie zeigt die Anlage einer röm. Kleinstadt, vermittelt wertvolle Einblicke in das antike Alltagsleben (Geräte, Skelettfunde, Inschriften) und bewahrte uns einmalige Zeugnisse hellenist.-röm. Kunst in den Häusern der Wohlhabenden (Wandmalereien, Mosaikböden).

Pompeius, Name eines plebejischen Geschlechts. – **1.** Gnaeus P., 106–48 v. Chr., röm. Feldherr und Politiker. Während des Bürgerkriegs bewährte er sich unter dem Kommando seines Vaters Pompeius Strabo, → Konsul 89

v. Chr., als Soldat; sein erfolgreicher Kampf für → Sulla gegen → Marius und dessen Anhänger brachte ihm den → Triumph (79) und den Beinamen *Magnus* (»der Große«) ein. Nach Sullas Tod (78) engagierte er sich weiterhin für die Interessen der → Optimaten. Er vernichtete die Reste der Sklavenarmee des → Spartacus. Obwohl er noch kein reguläres Staatsamt bekleidet hatte, erhielt er zusammen mit → Crassus für 70 das Konsulat. Durch die Wiedereinführung des von Sulla aufgehobenen Volkstribunats suchte er sich mit den → Popularen zu verständigen. 67 wurde ihm gegen den Widerstand des → Senats durch ein Ausnahmegesetz das unumschränkte Kommando im Seeräuberkrieg übertragen, den er jedoch bereits nach 3 Monaten siegreich beenden konnte. 66 übertrug man ihm den Oberbefehl im Krieg gegen → Mithridates VI. Im Zuge der Beendigung dieses Krieges organisierte P. die röm. Herrschaft in Asien (Einsetzung von Klientelkönigen, Gründung der Provinzen → Bithynien, Pontos, Syrien, Eroberung von Jerusalem). Erst 61 wurde ihm für seine Verdienste ein Triumph bewilligt. Nachdem er sein Heer in → Brundisium entlassen hatte, verweigerte der Senat aus Furcht vor einer eventuellen Alleinherrschaft des P. die Bestätigung seiner Neuordnung Asiens und die Versorgung seiner Veteranen. Zur Sicherung seiner Absichten schloss er deshalb mit → Caesar und Crassus das sog. Erste Triumvirat (60). Caesar setzte als Konsul des Jahres 59 beim Volk die für P. erforderlichen Gesetze durch. 56 wurde das Bündnis in Luca erneuert, wobei P. das Konsulat für das Jahr 55 und die Statthalterschaft in → Spanien zugesprochen erhielt. Die Abwesenheit Caesars in → Gallien machte ihn zum Herrn → Roms, wo er darüber hinaus im Jahre 52 das Konsulat ohne Kollegen bekleidete. Nach dem Tod seiner Frau → Julia, der Tochter Caesars (54), und dem Tod des Crassus (53) löste sich das Triumvirat auf, P. näherte sich den Optimaten wieder an. Beim Ausbruch des Bürgerkriegs im Januar 49 erhielt er den

Oberbefehl über die Senatsstreitkräfte. Als Caesar den Rubico überschritten hatte, wich P. nach Griechenland aus. Am 9. August 48 wurden die Truppen des Senats bei → Pharsalos geschlagen. P., der nach → Ägypten floh, wurde bei der Landung heimtückisch ermordet. – **2.** Gnaeus P. Magnus, der ältere Sohn von 1., der in Afrika und Spanien an der Spitze der restlichen Senatstruppen weiter gegen Caesar kämpfte, verlor bei Munda (Spanien) Schlacht und Leben (45). Damit fand der Bürgerkrieg sein Ende. – **3.** Sextus P. Magnus, der jüngere Sohn von 1., kämpfte wie sein Bruder gegen Caesar, nach dessen Tod durch Senatsbeschluss an der Spitze der röm. → Flotte, gegen → Octavian und Marcus → Antonius. Er setzte sich auf → Sizilien fest und sperrte die Getreidezufuhr nach der Hauptstadt. Nach seiner Niederlage bei Mylae (36) durch → Agrippa wurde P. auf der Flucht nach → Milet (35) ermordet.

Popularen, die Partei in → Rom, die die Interessen des Volkes mit dem Ziel einer Agrarreform und einer stärkeren Beteiligung des Volkes am Staat vertrat. Die führenden Köpfe kamen meist aus den Reihen der → Nobiles (z. B. die → Gracchen, → Marius, → Caesar). Gegenpartei: → Optimaten.

Porsenna, König von Clusium (Chiusi) in Etrurien, der 507 v. Chr. → Rom belagert haben soll, um die vertriebenen Tarquinier wieder einzusetzen. Unter dem Eindruck der Heldentaten von → Horatius Cocles und Mucius Scaevola soll er die Belagerung aufgegeben haben. Nach einer anderen Sagenversion soll er jedoch Rom erobert und schmachvoll behandelt haben.

Poseidon, der gr. Gott des Meeres und der Gewässer, von den Römern mit → Neptun identifiziert. Urspr. war P. als einer der ältesten Götter, den bereits die → Achäer verehrt hatten, Gott der Rosse, dem zu Ehren bei den → Isthmischen Spielen Wagenrennen veranstaltet wurden. Ferner war P. der Gott des Erdbebens. Offenbar wurde P.

Poseidon. Silbermünze aus Paestum. Um 530 – 510 v. Chr.

erst von den seefahrenden → Joniern zum Gott des Meeres und des Fischfangs gemacht, der in den Tiefen des Meeres seinen Palast hat und mit einem Pferdegespann über die Meereswogen fährt. Mit dem Dreizack lässt er Quellen entspringen, die Erde erbeben und wühlt er das Meer auf. Man dachte sich ihn als Sohn des → Kronos und der → Rhea, Bruder von → Zeus, → Hades und → Hera, Gemahl der Nereide → Amphitrite, Vater zahlreicher unehelicher Nachkommen (z. B. → Polyphemos). Den Streit zwischen P. und → Athene um den Besitz → Attikas entschied Zeus zugunsten der Göttin; damals schenkte P. dem Land das Ross und eine Quelle auf der → Akropolis.

Poseidonia → Paestum.

Poseidonios aus Apameia in Syrien, um 135–51 v. Chr., gr. Philosoph, Naturforscher und Historiker, Schüler des → Panaitios; lehrte auf → Rhodos, wo ihn viele vornehme Römer wie → Pompeius und → Cicero hörten; Forschungsreisen im Mittelmeergebiet; mehrmaliger Aufenthalt in → Rom, wo er Zugang zu alten Adelsfamilien fand. Von seinem Geschichtswerk *Historien* (52 Bücher), in dem er die Jahre 144–85 v. Chr. behandelte und als erster Historiker eine genauere Darstellung der → Kelten und → Germanen brachte, sind, wie auch von den anderen Werken, nur Fragmente erhalten. Als der vielleicht universalste Gelehrte seiner Zeit versuchte er, die Einzelwissenschaften mit der Philosophie zu einer Einheit zu verbinden. Der Philosoph P., dessen Lehren die gesamte röm. Welt beeinflussten, lehrte als wichtigster Vertreter der mittleren → Stoa, dass alle Teile des Kosmos aufeinander einwirkten; dafür gebrauchte er den Begriff »Sympathie«.

Praetẹxta, *toga praetexta*, die von den hohen röm. Amtsträgern, Priestern und freigeborenen Knaben unter 17 Jahren getragene Toga, die mit einem Purpurstreifen besetzt war. Deshalb hieß die röm. Tragödie, in der röm. Stoff behandelt wurde, *fabula praetexta* → Naevius.

Prätor, in den Anfängen der röm. → Republik Titel der beiden → Konsuln. Seit 367 v. Chr. für die Rechtsprechung zuständig, und zwar verhandelte der *praetor urbanus* Fälle zwischen Vollbürgern, der *praetor peregrinus* Fälle, in denen Nichtbürger betroffen waren. Als die nach den Konsuln ranghöchsten Beamten wurden sie auch als Heerführer eingesetzt. Nach Ablauf ihres Amtsjahres übernahmen sie als Proprätoren die Statthalterschaft über eine → Provinz. Die Anzahl der P.en wuchs von anfänglich 2 auf 18 an. Jedem P. standen 6 → Liktoren zu.

Praxịteles, gr. Bildhauer des 4. Jh.s v. Chr., Sohn und Schüler des Athener Bildhauers Kephisodotos. Neben Bronzestatuen schuf er vor allem Marmorbilder, die in vollendeter Oberflächenbehandlung Götter von höchster menschlicher Schönheit darstellen. Bekanntestes Werk ist der → Hermes mit dem Dionysosknaben, in → Olympia gefunden.

Prịamos, Sohn des → Laomedon, der letzte König von

→ Troja, Gemahl der → Hekabe, Vater von 50 Söhnen und 50 Töchtern, darunter → Hektor, → Paris und → Kassandra. In → Homers *Ilias* (24. Gesang) begibt sich P., von → Hermes begleitet, ins Lager der Griechen zu → Achilleus und bittet ihn mit Erfolg um die Herausgabe der Leiche seines gefallenen Sohnes Hektor. Bei der Einnahme Trojas durch die Griechen erschlug ihn → Neoptolemos, der Sohn des Achilleus, am Altar des → Zeus.

Hermes und der Dionysosknabe. Marmorstatue des Praxiteles (oder Kopie). 2. Hälfte 4. v. Chr.

Priapos, aus Kleinasien stammender Fruchtbarkeitsgott, der seit der Mitte des 4. Jh.s v. Chr. in der gr. und dann auch in der röm. Welt als Feld- und Gartengott verehrt wurde; kunstlose Holzbilder von ihm, mit übergroßem → Phallos versehen, standen als Vogelscheuchen und zum Schutz gegen Diebe in Gärten. Allmählich wurde er zum Gott der sinnlichen Lust. Gedichte, zu Ehren des P. verfasst, heißen Priape(i)a.

Probus. – **1.** Marcus Aurelius P., röm. Kaiser 276–282 n. Chr., sicherte die Rheingrenze bes. durch Eingliederung von → Germanen in die Grenzarmeen. – **2.** Marcus Valerius P. aus Berytos, 1. Jh. n. Chr., röm. Philologe, der sich große Verdienste erworben hat durch die textkritischen Ausgaben der Werke des → Vergil, → Horaz, → Lukrez, → Terenz und → Persius.

Prodigien. Außergewöhnliche, ihrer Meinung nach den Naturgesetzen widerstrebende Ereignisse (z. B. Sonnenfinsternis, Erdbeben, Unwetter, Missgeburten) hielten die Römer für Warnungen der Götter, denen sie von Staats wegen mit bestimmten Sühnehandlungen (*procurationes*) begegneten; allerdings verloren die P. seit dem 2. Jh. v. Chr. ihre einschüchternde Wirkung.

Prokonsul (lat. *pro consule*, »anstelle des Konsuls«), als ehemaliger → Konsul (nach Ablauf des Amtsjahres) Statthalter einer senatorischen → Provinz.

Prokrustes, in der gr. Sage ein Räuber bei Eleusis, der alle Wanderer, deren er habhaft wurde, in ein Bett drückte, dem er sie durch Zuschneiden oder Strecken anpasste. Wurde schließlich von → Theseus bezwungen.

Proletarier, röm. Bürger, der nach der Klassifizierung des → Servius Tullius zur untersten Vermögensklasse gehörte, weil er nicht mehr als 1500 → Asse besaß; die P. waren vom Kriegsdienst und von der Steuerpflicht befreit, so dass sie dem Staat lediglich durch *proles* (»Nachkommenschaft«) dienen konnten.

Prometheus, Sohn des → Titanen → Iapetos, Bruder des Epimetheus, Vater des → Deukalion, Schöpfer und Freund der Menschen, für die er das Feuer, von → Zeus vorenthalten, vom Himmel holte. Zur Strafe schickte Zeus den Menschen die → Pandora, den P. jedoch fesselte er an einen Felsen des → Kaukasus, wo ihm ein Adler die täglich nachwachsende Leber abfraß; schließlich erlegte → Herakles den Adler und befreite P. Nach der gr. Sage verdanken die Menschen dem P. alle höhere Kultur.

Properz. Sextus Propertius, aus → Umbrien, um 50–15 v. Chr., bedeutender röm. Elegiker, stammte aus einer wohlhabenden Familie, verlor aber früh einen großen Teil seines Besitzes durch die Landenteignung → Octavians (41/40). Daraufhin ging P. nach → Rom und lebte dort als Dichter. Nach der Veröffentlichung seines 1. Elegienbuches *Cynthia* (um 28 v. Chr.) wurde er in den Dichterkreis des → Maecenas aufgenommen. Hier wie in den nächsten beiden Büchern geht es um seine glühende Liebe zu Cynthia. Im 4. und letzten Buch behandelt P. nach der Lösung des Liebesverhältnisses, gemäß dem Wunsch des → Augustus und des Maecenas, Themen aus der röm. Geschichte und Sage, sowie nach dem Vorbild der *Aitia* des → Kallimachos die Ursprungsgeschichten von röm. Kulten.

Propyläen, monumentale Toranlage zu Heiligtümern, Palästen, öffentlichen Gebäuden; am berühmtesten sind die P. der → Akropolis in → Athen.

Proserpina, der lat. Name für → Persephone, deren Kult anlässlich der Säkularfeier von 249 v. Chr. in → Rom eingeführt wurde.

Proskription, die von → Sulla 82 v. Chr. eingeführte Form der Ächtung zur Liquidierung der politischen Gegner. Das Leben der auf die Liste der Proskribierten Gesetzten war vogelfrei, ihre Güter wurden konfisziert und versteigert, ein Teil des Erlöses stand dem Denunzianten zu. Der Proskribierte konnte dagegen keine Rechtsmittel einsetzen. Die Freunde Sullas bereicherten sich durch P. Im Jahre 43 v. Chr. bedienten sich auch → Octavian und → Antonius der P.

Protagoras aus → Abdera, um 485–415 v. Chr., gr. → Sophist, Freund des → Perikles, unternahm Vortragsreisen und hielt Lehrkurse in ganz Griechenland und → Sizilien. Als Atheist wurde er schließlich aus → Athen verbannt und ertrank bei der Überfahrt nach Sizilien. Von seinen Werken sind folgende Titel bekannt: 1. *Über die Götter* mit dem berühmten erhaltenen Einleitungssatz: »Von den Göttern weiß ich nichts, weder ob es welche gibt, noch ob es keine gibt.« – 2. *Über die Wahrheit* mit dem überlieferten Eingangssatz als Kernsatz seiner Philosophie, dem sog. *Homo-mensura*-Satz: »Der Mensch ist das Maß aller Dinge«, wonach alles relativ zur menschlichen Wahrnehmung sei. – 3. *Über das Seiende.* – 4. *Antilogien* mit der These, über jede Sache gebe es 2 Reden, die einander gegenüberstünden.

Proteus, in der gr. Sage ein Meergreis, dem → Poseidon untertaner Meergott, der in der Nähe von → Ägypten die Robben → Amphitrites hütete. Wie die meisten Wassergottheiten besaß er die Gabe der Weissagung, von der er aber nur gezwungen Gebrauch machte. Dem Zwang suchte er sich durch die Fähigkeit, immer neue Gestalt anzunehmen, zu entziehen.

Provinz, Wirkungsbereich administrativer oder militärischer Art; dann: unterworfenes Gebiet außerhalb Italiens. Die P.n → Roms waren tributpflichtige Untertanengebiete ohne röm. Bürgerrecht, das den Provinzialen erst 212 n. Chr. von → Caracalla gewährt wurde. Als Statthalter fungierten meist auf ein Jahr → Prokonsuln und Proprätoren, die sich häufig in ihren P.n bereicherten (wie → Caesar in → Gallien, Verres auf → Sizilien). Die Steuern wurden von → Publicani eingetrieben.

Ptolemäer, maked.-gr. Dynastie in → Ägypten, 323–30 v. Chr., begründet von Ptolemaios I., einem Feldherrn → Alexanders d. Gr., nach dessen Tod (323) er sich bei der Teilung der Herrschaftsbereiche die Satrapie Ägypten übertragen ließ. Um 305 nahm Ptolemaios I. wie seine Rivalen, die übrigen → Diadochen, den Königstitel an. Seine Residenz → Alexandria baute er zum kulturellen Zentrum der hellenist. Welt aus (Gründung des → Museions); auch verfasste er eine *Geschichte Alexanders d. Gr.*, die → Arrian in seiner *Anabasis Alexanders* verwertete. Unter den späteren P.n verlor Ägypten immer mehr an Bedeutung und Selbständigkeit gegenüber → Rom, bis schließlich mit dem Tod von → Kleopatra 30 v. Chr. die Dynastie ausstarb und das Land röm. → Provinz wurde.

Publicani, Pächter von staatlichen Aufgaben, vor allem Steuerpächter der röm. → Republik in den → Provinzen. Die an den Staat im Voraus bezahlte Pachtsumme holten die vorwiegend aus dem Ritterstand kommenden P., die häufig in Gesellschaften (*societates publicanorum*) zusammengeschlossen waren, mit erheblichem Gewinn aus der

Provinzbevölkerung heraus. Erst die Kaiserzeit brachte Wandel, was zu einem Aufblühen der Provinzen führte.

Punische Kriege, die 3 Kriege zwischen → Rom und → Karthago. Nach der Sicherung ihrer Herrschaft in Unteritalien durch den Sieg im Krieg mit Tarent (282–272 v. Chr.) drangen die Römer in die Interessensphäre Karthagos ein, das seit 600 v. Chr. die führende Macht im Mittelmeer war. Der 1. P. K. (264–241 v. Chr.) wurde durch die Auseinandersetzungen um Messana auf → Sizilien ausgelöst. Der Krieg wurde durch Seesiege der Römer entschieden. Karthago verlor Sizilien und musste eine Kriegsentschädigung von 3200 → Talenten leisten. – Der 2. P. K. (218–201 v. Chr.) wurde ausgelöst infolge der Eroberung → Sagunts durch → Hannibal (219). Der Krieg endete nach anfänglichen schweren Verlusten Roms (218 an Ticinus und Trebia, 217 am Lacus Trasumenus, 216 bei → Cannae) mit der Niederlage Karthagos bei Zama (202) durch Publius Cornelius → Scipio, der den Ehrennamen *Africanus* erhielt. Im Friedensvertrag von 201 musste Karthago → Spanien abtreten, → Numidien an → Masinissa übergeben, eine Kriegsentschädigung von 10 000 Talenten entrichten und die Kriegsschiffe bis auf 10 → Triëren ausliefern. Damit war die Großmachtstellung der Karthager endgültig gebrochen. – Ursache für den 3. P. K. (149–146 v. Chr.) war die nochmalige wirtschaftliche Erstarkung Karthagos durch intensiv betriebene Agrarwirtschaft, Anlass der von Rom nicht genehmigte Krieg gegen Masinissa, der sein Gebiet auf Kosten Karthagos zu erweitern versuchte. P. Cornelius → Scipio Aemilianus eroberte und zerstörte die Stadt, die überlebenden Einwohner wurden in die Skaverei verkauft. Das Gebiet wurde zur → Provinz Africa, der Boden ging an röm. Grundbesitzer, die hier Getreide produzierten.

Pydna, Hafenstadt in → Pierien, dort Sieg des Aemilius → Paullus über → Perseus 168 v. Chr.

Pygmalion, in der gr. Sage König von → Kypros, Bildhauer, der sich in eine von ihm geschaffene elfenbeinerne Mädchenstatue verliebte; auf seine Bitten hin verlieh ihr → Aphrodite Leben.

Pyramus und Thisbe, Liebespaar zu Babylon, dessen Eltern gegen eine Verbindung waren; deshalb unterhielten P. und T. sich heimlich durch einen Spalt in der Wand ihrer aneinander stoßenden Häuser. Als sie sich verabredungsgemäß außerhalb der Stadt treffen wollten, flüchtete Thisbe, die zuerst ankam, vor einer Löwin in eine Höhle und verlor dabei ihren Schleier. P. fand den von dem Tier zerfetzten Schleier und glaubte seine Geliebte deshalb tot, so dass er sich selbst erstach. Da gab sich die zurückkehrende Thisbe ebenfalls den Tod.

Pyrrhos, König von → Epirus, mit dem maked. Herrscherhaus verwandt, Schwiegersohn des Ptolemaios I. von → Ägypten. P. strebte nach dem Vorbild → Alexanders d. Gr. ein westhellenisches Großreich an, bestehend aus Epirus, Unteritalien und → Sizilien. Die Bitte Tarents um Unterstützung gegen → Rom kam ihm daher sehr gelegen. An der Spitze eines Heeres setzte P. nach Italien über und übernahm den Oberbefehl über alle italischen Bundesgenossen Tarents. Die Schlachten bei Herakleia (280 v. Chr.) und bei Ausculum (279), in denen eine für die Römer völlig neue Waffe eingesetzt wurde, nämlich die Kriegselefanten des P., gewann der Molosserkönig zwar, doch unter großen Verlusten (daher »Pyrrhussieg«). Die nunmehr von P. angebotenen Friedensverhandlungen nahmen die Römer, von den Karthagern unterstützt, nicht an. Da setzte P. nach Sizilien über und entriss den Karthagern fast die ganze Insel (278–275). Die Verhandlungen mit → Karthago scheiterten an seinen maßlosen Bedingungen; die Griechenstädte Siziliens verständigten sich hinter seinem Rücken mit den Karthagern. Nach Unteritalien zurückgekehrt, wurde er bei Beneventum (275 v. Chr.) von den Römern geschlagen, so dass er sich nach Epirus zurückziehen musste. In weiterer Verfolgung seiner Großmachtpläne kam er bei einem Angriff auf die → Peloponnes in → Argos ums Leben (272 v. Chr.).

Pythagoras aus → Samos, 6. Jh. v. Chr., gr. Philosoph und Mathematiker, wanderte um 530 nach Unteritalien aus, wo er in Kroton die Gemeinde der Pythagoreer gründete, einen nach ethisch-religiösen Grundsätzen organisierten Geheimbund von aristokratisch-konservativer Einstellung. P. hielt die Seele des Menschen, da göttlichen Ursprungs, für unsterblich; er lehrte die Seelenwanderung und begründete damit das Verbot des Fleischgenusses. Der Mensch sei ein Teil des Kosmos, weil er durch seine Seele, d. h. seinen Geist, mit dem Allgeist eng verwandt sei. In der Geometrie hat P. die Lehre von den Proportionen begründet. In der Musik entdeckte er die Abhängigkeit der musikalischen Harmonie von gewissen Zahlenverhältnissen in den Längen und Kürzen der verschiedenen Saiten. Für P. und seine Anhänger waren Zahl und Maß die die Welt beherrschenden Prinzipien. Die Schule der Pythagoreer existierte in Unteritalien noch bis in die 2. Hälfte des 4. Jh.s v. Chr.

Pythia, Priesterin des → Apollon in → Delphi, die in ekstatischem Zustand → Orakel erteilte.

Pythien, die Pythischen Spiele, die seit Beginn des 6. Jh.s v. Chr. jeweils im 3. Jahr einer → Olympiade zu Ehren → Apollons in → Delphi gefeiert wurden: musische und athletische Wettkämpfe sowie Wagenrennen.

Q

Quadriga, in ältester Zeit Streit-, dann Rennwagen mit 4 nebeneinander eingespannten Pferden, Fahrzeug des Triumphators (→ Triumph); in der Kaiserzeit stand die Q. nur noch dem Kaiser zu. In der bildenden Kunst Symbol des Sieges.

Quästor, in der Königszeit Untersuchungsrichter in Mordfällen, in der → Republik als vom Volk gewählter unterster Beamter der → Ämterlaufbahn zuständig für die Verwaltung der Finanzen in → Rom und in den → Provinzen. Unter → Sulla wurde die Zahl der Q.en auf 20 (von urspr. 2) erhöht.

Quintilian. Marcus Fabius Quintilianus, aus Calagurris in → Spanien, um 35–96 n. Chr., berühmter Redner und Lehrer der Beredsamkeit. Nach Abschluss seiner Studien betätigte er sich in seiner Heimat als Anwalt und Lehrer der Beredsamkeit, bis ihn → Galba 68 n. Chr. mit nach → Rom brachte, wo er der erste öffentliche, vom Staat bezahlte Professor für → Rhetorik wurde. Darüber hinaus übertrug ihm → Domitian die Ausbildung seines Großneffen. Nachdem sich Q. um 90 ins Privatleben zurückgezogen hatte, gab er etwa 95 sein Werk *Über die Erziehung zum Redner* (*De institutione oratoria*) in 12 Büchern heraus. Berühmt ist das 10. Buch als erste Geschichte der gr.-röm. Literatur. Sein Ideal ist → Cicero.

Quiriten, lat. *quirites*, ehrenvolle Bezeichnung der röm. (Zivil-)Bürger (bes. in der → Volksversammlung).

R

Raetia, röm. → Provinz, 15 v. Chr. von → Drusus und → Tiberius erobert: Graubünden, Tirol, das von den kelt. Vindelikern bewohnte Gebiet zwischen Alpen, Lech und Donau. Seit → Diokletian hieß das Alpengebiet R. I, das Alpenvorland R. II. In einigen Tälern der Schweiz und Italiens (R. I) spricht man heute noch das aus dem Vulgärlatein hervorgegangene Rätoromanisch.

Rechtswesen. – 1. In → Athen wurden Gesetze durch Abstimmung in der → Volksversammlung beschlossen und an öffentlichen Plätzen bekannt gemacht. Während der → Areopag der Gerichtshof für Kapitalverbrechen war, mussten sich Volksversammlung und Rat (Gremium von 500 Bürgern) mit Vergehen von Beamten und schweren Verbrechen gegen den Staat befassen. Alle sonstigen Fälle waren Angelegenheit der Volksgerichte. Ein Gerichtsbeamter bereitete den Fall für die Verhandlung vor und war der Vorsitzende des jeweiligen Gerichtes. Alle gerichtlichen Urteile fällten die Richter allein und unabhängig. Sie wurden aus einer Liste ausgewählt, die zu Anfang eines jeden Jahres aufgestellt wurde, und mit einem Tagegeld besoldet. Ein Rechtsmittel gegen die Entscheidung des Gerichts gab es nicht. Die Mehrzahl der privatrechtlichen Klagen kam vor einen Schlichter, gegen dessen Entscheidung ein Gericht angerufen werden konnte, vor dem Kläger und Beklagter Reden halten durften. Die Parteien mussten ihren Rechtsstreit selbst führen und persönlich vor Gericht auftreten, sie konnten sich jedoch von sog. Logographen ihre Reden schreiben lassen. – **2.** Das Recht der Gesetzgebung ist in → Rom von alters her ein Recht des Königs und der Gemeinde, wobei der König vorschlägt und die Gemeinde zustimmt oder ablehnt. Das Recht, eine Volksversammlung einzuberufen und zu leiten, und damit das Recht der Befragung und Antragstellung gingen auf die Amtsnachfolger des Königs über, auf die → Konsuln und → Prätoren. 451/450 v. Chr. wurden die bestehenden Regelungen im Zwölftafelgesetz erstmals schriftlich niedergelegt. Nach den Antragstellern bekam jedes Gesetz seinen Namen. Ein wichtiger Bestandteil des röm. Rechtes wurde allmählich das *ius honorarium*, das von den Trägern der Ehrenämter geschaffene Amtsrecht. Wer das Recht in Anspruch nehmen wollte, musste beim Prätor Klage erheben; dieser entschied, ob in der Sache überhaupt ein Prozess möglich war. Aus der Richterliste (Senatoren, → Ritter) mussten die Parteien sich auf einen Schiedsmann einigen. Konnte diesem der Kläger die vorgebrachten Beschuldigungen nicht plausibel machen, wurde der Beklagte freigesprochen. Bei Zivilprozessen war eine Berufung nicht möglich. Da es – wie in Griechenland – weder Staatsanwalt noch Untersuchungsrichter gab, musste auch bei Strafsachen ein Kläger beim Prätor die Klage anmelden. Nach Annahme der Klage wurde der Beschuldigte zum Verhör geladen und ein Termin vor einem Geschworenengericht anberaumt. Nach Auszählung der Stimmtäfelchen verkündete der Prätor das Urteil. Schwereren Strafen entzog sich der Betroffene häufig vor Abschluss des Prozesses durch freiwillige Verbannung. Kapitalverbrechen konnten nur vor den Komitien verhandelt werden. Die Ausbildung zum Richter oder Anwalt erfolgte durch die Praxis, indem der Interessierte als Schüler eines Rechtskundigen zuhörte, wenn dieser Auskunft erteilte, wenn der Prätor die Klage entgegennahm, wenn der Richter den Fall entschied oder wenn der Anwalt sprach.

Remus → Romulus.

Republik, von lat. *res publica*, »öffentliche Sache, Gemeinwesen, Staat« im Gegensatz zu *res privata*, »Sache des Einzelnen«. An der *res publica* waren theoretisch alle Schichten und Stände des röm. Volkes in den Funktionen Magistrat, → Senat und → Volksversammlung beteiligt; sie entsprach nicht der gr. → Demokratie im Sinne einer uneingeschränkten Souveränität des Volkes, sondern war eine Mischform aus 3 Verfassungsformen: Monarchie, → Aristokratie und Demokratie. Seit → Cicero bedeutet *res publica* »Freistaat« im Gegensatz zur Monarchie. Die Regierungsform R. herrschte in → Rom seit der Vertreibung der Könige 509 v. Chr. bis zur Gründung des Prinzipats 27 v. Chr.

Rhadamanthys, Sohn des → Zeus und der Europa, Bruder des → Minos, weiser, gerechter König auf → Kreta, zusammen mit Minos und Aiakos Totenrichter im → Hades.

Rhea, gr. *Rheía*. – **1.** Tochter des → Uranos und der → Gaia, Gattin des → Kronos, Mutter des → Zeus; oft mit → Kybele identifiziert. – **2.** R. Silvia, Rea Silvia oder Ilia, Tochter des Albanerkönigs Numitor, der von seinem Bruder Amulius des Thrones beraubt wurde. Amulius machte R. zur → Vestalin, damit ihm keine Nachkommen des rechtmäßigen Königs gefährlich werden könnten. Doch wurde sie durch → Mars Mutter der Zwillinge → Romulus und Remus (und somit Stammmutter der Römer). Daraufhin ließ sie Amulius in den Tiber werfen, doch der Flussgott rettete sie und nahm sie zur Gemahlin.

Rhetorik, Redekunst, Theorie und Technik der Rede zum Zweck der Überredung und wirksamen Meinungsbeeinflussung, gibt Regeln und Mittel zur wohlgeordneten, wohlklingenden sprachlichen Ausformung von Gedanken und Erkenntnissen an die Hand. – **1.** Die R. hat ihren Anfang genommen auf dem griechisch besiedelten → Sizilien, wo → Gorgias aus Leontinoi (um 483–385 v. Chr.) der klassische Vertreter der älteren R. geworden ist. Durch Reisen machte er die in seiner Heimat entwickelte R. in Griechenland bekannt. Auf ihn geht auch die Einteilung in 3 Redegattungen zurück: Gerichtsrede, politische Rede und Fest- oder Gelegenheitsrede. → Aristoteles hat in seiner Schrift *Rhetorik* das System der R. formuliert: die Voraussetzungen für einen guten Redner, Methoden des Erwerbs der Redekunst, die 3 Hauptarten der Rede, die Arbeitsstadien des Redners, die Redeteile, die Stilqualitäten (dazu gehörig: die rhetor. Stilmittel, s. Anhang), die Stilarten. Die Ausbildung in R. wurde Bestandteil der Jugenderziehung in → Athen. Ihren Höhepunkt erreichte die gr. R. im 4. Jh. v. Chr. mit den Rednern → Lysias (Gerichtsrede), → Isokrates (Festrede) und → Demosthenes (politische Rede). – **2.** Da man die Wirksamkeit der R. in Politik und vor Gericht in → Rom erkannt hatte, wurden ab dem 2. Jh. v. Chr. junge Männer aus gutem Haus von gr. Rhetoren in Rom oder in Rednerschulen in Griechenland (z. B. in → Athen oder → Rhodos) zu Rednern ausgebildet. Dadurch kam der alte röm. Brauch, die Redekunst durch die Praxis zu erlernen, nämlich durch Begleiten und Beobachten eines angesehenen Redners, allmählich aus der Mode. Die theoretischen Werke der Römer zur R. (z. B. die rhetorischen Schriften → Ciceros oder *De institutione oratoria* des → Quintilian) sind ein Abbild des gr. Systems der Rhetorik. Von Cicero als einzigem der röm. Redner sind Reden erhalten, die uns einen Eindruck von röm. Beredsamkeit geben können. Er verkörpert in hohem Maß den *orator perfectus*, den idealen Redner. Blüte und Verfall der R. hingen auf das Engste mit den politischen Verhältnissen zusammen. Mit dem Verlust der politischen Freiheit unter den Kaisern verlor die R. in Rom ihre Bedeutung.

Rhọdos, etwa 1400 qkm große, fruchtbare Insel vor der Südwestküste Kleinasiens, um 1000 v. Chr. von → Doriern besetzt, die die Städte Lindos, Kamiros und Ialysos gründeten. Die günstige Lage machte R. bald zu einem Handelszentrum und zu einer Seemacht, die auch ein Seerecht begründete, das sogar ins röm. Recht überging. Seit frühester Zeit exportierte R. Vasen mit ornamentalen Tierfriesen. Bis zu seinem Abfall 411 v. Chr. war R. Mitglied des → Attischen Seebunds. 408/407 gründeten die Inselstädte eine → Republik mit der gemeinsamen Hauptstadt

R. (am Nordende der Insel), die nach dem Entwurf des → Hippodamos errichtet wurde. Zur Erinnerung an die erfolglose Belagerung der Insel durch Demetrios Poliorketes (305/304 v. Chr.) stellten die Rhodier um 300 eine zwischen 30 und 40 m hohe Kolossalstatue des → Helios, des Hauptgottes der Insel, an der Hafeneinfahrt auf. Dieser »Koloss von R.«, eines der → sieben Weltwunder, wurde 227 v. Chr. durch ein Erdbeben zerstört. In der hellenist. Zeit entwickelte sich R. zum größten Handelszentrum des östlichen Mittelmeeres. Im 2. und 1. Jh. v. Chr. war R. ein kulturelles Zentrum durch die hier wirkenden Philosophen (→ Panaitios und → Poseidonios) und eine bedeutende Redner- (→ Molon) und Künstlerschule (→ Laokoon). Viele bekannte Römer studierten auf R. (→ Cicero, → Caesar, → Tiberius u. a.).

Ritter, lat. *equites*, unter den Königen und am Anfang der → Republik die aus den → Patriziern gebildete Reiterei; der Staat stellte den R.n 2 Pferde und das Futter, doch erhielten sie keinen Sold. Als die vom Staat finanzierte Reiterei den Erfordernissen nicht mehr genügte, wurden auch Bürger herangezogen, die auf eigene Kosten ein Pferd unterhalten konnten. Aus ihnen entwickelte sich seit dem 2. Jh. v. Chr. der nichtadelige Stand der Ritter, der als Geldadel den 2. Stand nach den Senatoren darstellt. Voraussetzung für die Aufnahme in den Ritterstand (*ordo equester*) waren freie Geburt und ein Mindestvermögen von 400 000 → Sesterzen. Standesabzeichen waren ein schmaler Purpurstreifen an Tunika und Reitermantel, ein goldener Fingerring; Privileg: Sitzplatz in den ersten 14 Reihen des Theaters. Sie betätigten sich als Unternehmer, Bankiers und als Steuerpächter (→ Publicani). In der Kaiserzeit stellten die R. die meisten hohen Beamten (Offiziere, Richter, Finanz- und Verwaltungsbeamte).

Rom, lat. *Roma*, nach → Varro am 21. April 753 v. Chr. gegründet, doch sind Besiedlungsspuren aus dem 15. Jh. v. Chr. festgestellt worden; im 10. Jh. v. Chr. siedelten die

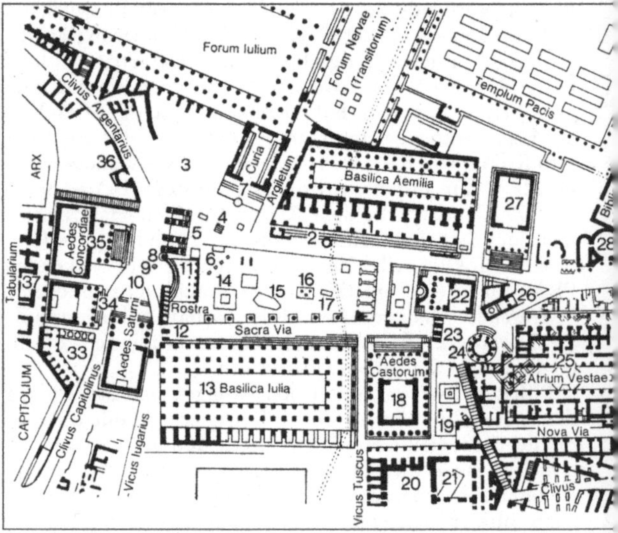

Rom. Forum Romanum. Lageplan

1 Basilica Aemilia
2 Heiligtum der Venus Cloacina
3 Comitium (mit Curia Hostilia, Basilica Porcia, Graecostasis)
4 Lapis Niger
5 Bogen des Septimus Severus
6 Dezennalienbasis Diokletians
7 Curia Julia; westlich: Secretarium Senatus
8 Umbilicus Urbis
9 Altar des Vulcanus
10 Tempel des Saturn
11 Rostra; dabei: Militarium aureum
12 Bogen des Tiberius
13 Basilica Julia
14 Säule des Kaisers Phokas
15 Lacus Curtius
16 Reiterstandbild Domitians
17 Reiterstandbild Konstantins
18 Tempel der Dioskuren
19 Quelle der Juturna
20 Empfangshalle der Palatin-Paläste
21 Domitianischer Gebäude-komplex
22 Tempel des Caesar
23 Bogen des Augustus
24 Tempel der Vesta
25 Haus der Vestalinnen
26 Regia
27 Tempel des Antoninus Pius und der Faustina
28 »Tempel des Romulus«, Tempel des Jupiter Stator (der Penaten)

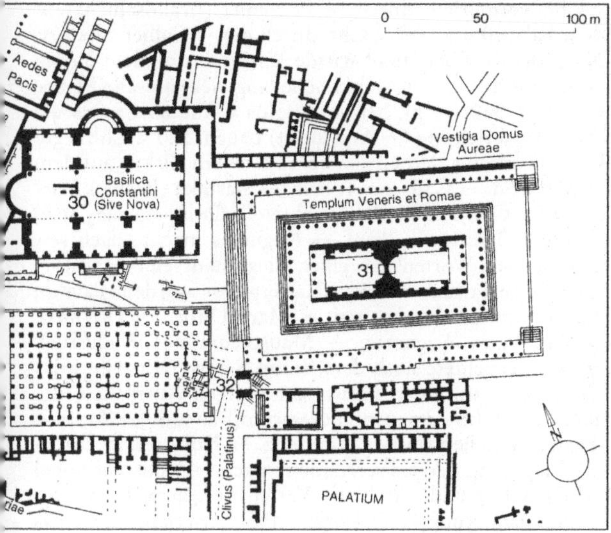

29 Bibliothek Vespasians (?)
30 Maxentius-/Konstantins-Basilika
31 Tempel der Venus und der Roma
32 Bogen des Titus
33 Halle der Dei Consentes
34 Tempel des Vespasian
35 Tempel der Concordia
36 Carcer Tullianus/Mamertinus
37 Tabularium

→ Latiner auf dem → Palatin, auf dem Quirinal seit 800 v. Chr. die → Sabiner. Unter der etr. Königsherrschaft, die etwa von 700 bis 509 v. Chr. dauerte, entwickelte sich die in 4 Regionen eingeteilte Siebenhügelstadt (*Septimontium*). Für das Jahr 509 v. Chr. ist die Weihung des Jupitertempels auf dem → Kapitol gesichert. Die Stadt wurde 507

v. Chr. vermutlich durch → Porsenna (Brandschicht auf dem Palatin) und 387 v. Chr. durch die → Gallier zerstört. Nach dem Galliereinfall wurde R. durch die (dem König → Servius Tullius zugeschriebene) sog. Servianische Mauer gesichert. 312 v. Chr. ließ → Appius Claudius Caecus die erste Wasserleitung (→ Aquädukt) bauen. 220 v. Chr. legte C. → Flaminius den Grundstein zu einem Zirkus auf dem → Marsfeld, → Cato zur 1. röm. → Basilika (Basilica Porcia 184 v. Chr.). 55 v. Chr. errichtete → Pompeius das erste steinerne Theater in Rom. → Augustus machte nach seinen eigenen Worten aus einer Ziegelstadt eine Marmorstadt (z. B. Forum Augusti, Kaiserpalast auf dem Palatin, Tempel des → Caesar und → Mars Ultor, → Thermen, → Ara Pacis Augustae, → Mausoleum des Augustus). → Nero errichtete nach dem Brand Roms (64 n. Chr.) das Goldene Haus, einen Palast von riesigen Ausmaßen, der aber 80 n. Chr. dem Amphitheatrum Flavium (→ Amphitheater) weichen musste, dem sog. → Kolosseum. Durch die Verlegung der Kaiserresidenz nach → Konstantinopel (330 n. Chr.) und durch die Verwüstungen während der Völkerwanderung (410 Alarich, 455 Geiserich) büßte das antike R. seine Bedeutung ein.

Romulus und Remus, in der röm. Sage Zwillingskinder der → Rhea Silvia, wurden auf Befehl des Amulius in einem Kasten ausgesetzt, doch blieben sie wegen der Überschwemmung des Tiber an einem Feigenbaum hängen. Die Kinder wurden von einer Wölfin gesäugt (Kapitolinische Wölfin) und dann von dem Hirten Faustulus aufgezogen. Herangewachsen, setzten sie ihren Großvater Numitor wieder in seine Rechte als König von → Alba Longa ein. Bei der Gründung einer Stadt am Unterlauf des Tiber erschlug Romulus den Remus im Streit; die Stadt auf dem → Palatin erhielt den Namen Rom. Nach langer Herrschaft wurde Romulus zu den Göttern entrückt und später unter dem Namen Quirinus göttlich verehrt.

S

Sabiner, Bewohner des Berglandes im Nordwesten von → Rom, siedelten seit etwa 800 v. Chr. auch auf dem Quirinal. Nach der röm. Sage kam es unter → Romulus aus Frauenmangel in Rom zum Raub der Sabinerinnen. Seit 268 v. Chr. hatten die S. das volle Bürgerrecht.

Säulenordnung. – **1.** Dorische Säule (seit dem 7. Jh. v. Chr.): Säule ohne Basis, geschwellter Schaft, mit 16–20 → Kanneluren, die scharfkantig gegeneinander abgesetzt sind. Das dorische → Kapitell setzt sich zusammen aus: → Abacus (glatte quadratische Platte), Echinus (runder Kessel) und dem Säulenhals mit 3 Einkerbungen. Das dorische Gebälk besteht aus glattem → Architrav und einem Triglyphenfries, der sich aus → Triglyphen und → Metopen zusammensetzt. Dabei liegt je eine Triglyphe über der Mitte einer Säule und eines Intercolumniums (Abstand zwischen 2 Säulen): Zweimetopensystem. – **2.** Jon. Säule (seit dem 6. Jh. v. Chr.): Säule mit Basis und mit 24 Kanneluren, die durch Stege getrennt sind. Kapitell: Abacus, 2 Voluten (Schnecken); das jon. Gebälk besteht aus waagrecht gegliedertem Architrav und durchlaufendem Fries (glatt oder reliefgeschmückt). – **3.** Korinthische Säule: unterscheidet sich von der jon. Säule nur durch das Kapitell, das die Form eines Akanthusblätterkelches hat. Die korinthische Säule kam gegen Ende des 5. Jh.s v. Chr. auf (s. Abb. S. 280–282).

Sagunt(um), ostspanische Stadt südlich des Ebro, mit Rom verbündet, 219 v. Chr. nach achtmonatiger Belagerung von → Hannibal erobert und zerstört: Anlass zum 2. → Punischen Krieg.

Salamis. Insel vor der Westküste → Attikas, um 600 v. Chr. von den Athenern erobert. 480 v. Chr. Seesieg der Griechen über die Perser (→ Perserkriege) in der Meerenge zwischen S. und dem Festland.

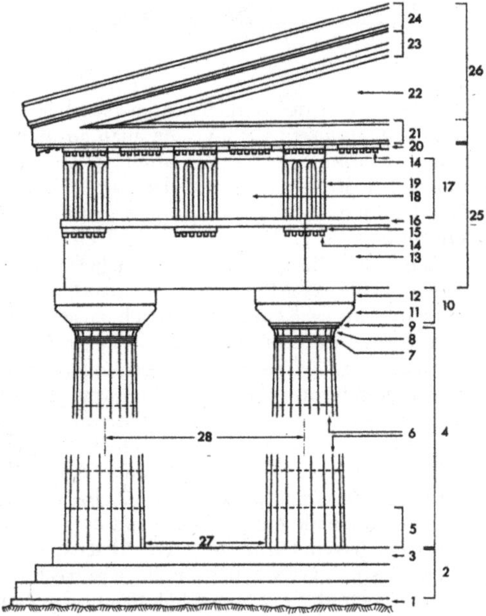

Dorische Ordnung

1 Euthynterie (darunter: Stereobat)
2 Krepis, Krepidoma
3 Stylobat
4 Säulenschaft
5 Säulentrommel
6 Kanneluren (Rillen mit Graten)
7 Fuge, Kerbe
8 Hypotrachelion, Säulenhals
9 Anuli, Riemchen
10 Kapitell
11 Echinus
12 Abakus
13 Architrav
14 Guttae, Tropfen
15 Regula
16 Taenia, Leiste
17 Triglyphon
18 Metope
19 Triglyphe
20 Mutulus und Via
21 Geison
22 Tympanon
23 Schräggeison
24 Sima
25 Gebälk
26 Kranz
27 Interkolumnium
28 Joch

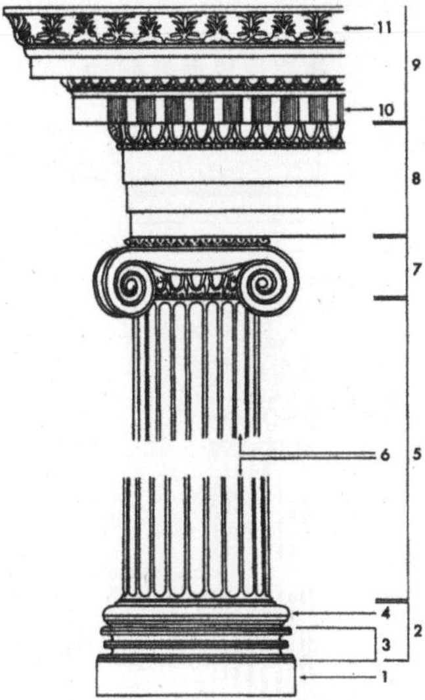

Ionische Ordnung

1 Plinthe
2 Basis (jüngere, sog. ephesische Form)
3 Doppelter Trochilus (2 Hohlkehlen)
4 Torus, Wulst
5 Säulenschaft
6 Kanneluren mit Steg
7 Kapitell
8 Epistyl, Architrav, mit (von unten nach oben) 3 Faszien, Astragal und Ionischem Kyma
9 Geison, Kranzgesims
10 Zahnschnitt
11 Sima, Rinnleiste

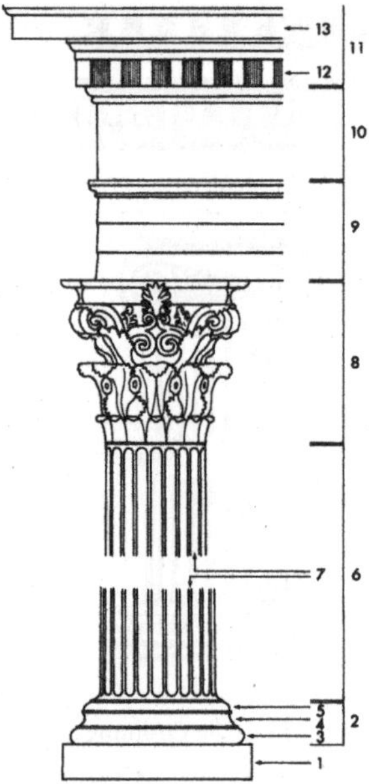

Korinthische Ordnung

1 Plinthe
2 Basis
3 Torus, Wulst
4 Trochilus, Kehle
5 Torus, Wulst
6 Säulenschaft
7 Kanneluren mit Steg
8 Kapitell
9 Epistyl oder Architrav, mit 3 Faszien
10 Fries
11 Geison, Kranzgesims
12 Zahnschnitt
13 Sima, Rinnleiste

Sallust. Gaius Sallustius Crispus, aus Amiternum (Sabinerland), 86–35 v. Chr., röm. Historiker. Zunächst betätigte er sich politisch als Gegner der → Nobiles und Anhänger → Caesars. 54 → Quästor, 52 → Volktribun, 50 Ausschluss aus dem → Senat; doch Caesar machte ihn bald zum Quästor, so dass er wieder in den Senat aufgenommen werden musste. 46 wurde er Statthalter der neuen → Provinz Africa; mit den Reichtümern, die er aus dieser Provinz zog, legte er in → Rom den Luxuspark *Horti Sallustiani* an. Nachdem er sich nach Caesars Tod von der Politik zurückgezogen hatte, widmete er sich der Geschichtsschreibung. Werke: *De coniuratione Catilinae* (*Die Catilinarische Verschwörung* des Jahres 63 v. Chr.). – *Bellum Iugurthinum* (*Der Krieg gegen →Jugurtha*, 111–105). – *Historiae* (eine nur in Fragmenten erhaltene Zeitgeschichte der Jahre 78–67).

Samniten, kriegerisches Gebirgsvolk in Samnium; → Italiker. Ende des 5. Jh.s v. Chr. eroberten sie → Kampanien, 438 → Capua, 420 → Cumae. Das Vordringen Roms nach Süden verursachte schwere Kämpfe. Ihren letzten Aufstand machten sie 91 v. Chr. (→ Bundesgenossen). Die Reste der durch die vielen Kriege und Aufstände dezimierten, nunmehr auf Seiten des → Marius stehenden S. rottete → Sulla 82 v. Chr. aus.

Samos, von → Joniern besiedelte Insel vor der Westküste Kleinasiens, durch Weinbau bekannt, seit dem 8. Jh. v. Chr. reger Seehandel. → Polykrates brachte S. im 6. Jh. zu höchster Blüte. → Pythagoras. S. ist berühmt als Kultstätte der → Hera, die hier den ältesten bekannten gr. Tempel, einen Holzbau aus dem 8. Jh. v. Chr., hatte. An seiner Stelle wurde um 560 v. Chr. ein Heraion errichtet, das als der erste jon. Tempel überhaupt gilt. Seit 129 v. Chr. war S. als Bestandteil der → Provinz Asia röm.

Sappho, von → Lesbos, um 600 v. Chr., gr. Lyrikerin. In → Mytilene unterhielt S. eine Bildungsanstalt für junge

Mädchen, wo man Gesang und Tanz pflegte. Legende ist, dass sie aus unglücklicher Liebe zu dem schönen Fährmann Phaon vom leukadischen Felsen (→ Leukas) in den Tod gesprungen sei. Von ihren in äolischem Dialekt geschriebenen Liedern, die die Alexandriner in 9 Büchern herausgaben, sind 2 vollständig und andere in Fragmenten erhalten. Ein Buch enthielt Hochzeitslieder (Chorgesänge), die übrigen umfassten Einzellieder, die in mannigfaltigen metrischen Formen, aber in einfacher Sprache und mit sparsamen mythologischen Anspielungen die persönlichen Empfindungen und die leidenschaftliche Zuneigung zu Mädchen ihres Kreises ausdrücken. Besondere Wirkung auf die Römer → Catull und → Horaz.

Sạrdes, Hauptstadt von → Lydien, nach der Eroberung durch die → Perser (546 v. Chr.) Residenz des Satrapen.

Sati̱re (lat. *sạtira* oder *sạtura lanx*: mit allerlei Früchten gefüllte Schüssel, im übertragenen Sinn: Sammlung von Gedichten vermischten Inhalts), von den Römern entwickelte Literaturgattung: Gedicht oder Prosastück in lockerem Gesprächsstil. Das Wort S. geht auf → Ennius zurück, der um 200 v. Chr. eine Sammlung von kleineren Gedichten in verschiedenen Versmaßen über die verschiedensten Themen zum Zwecke der Belehrung herausgab. Doch der eigentliche Begründer der S., die die Schwächen der Menschen und politisch-gesellschaftliche Zustände verspottet und anprangert, war → Lucilius. Des von ihm vornehmlich verwendeten → Hexameters bedienten sich auch die folgenden Satiriker → Horaz, → Persius und → Juvenal. Eine andere Form von S. führte → Varro mit der Menippeischen S. ein, die, eine Mischung aus Prosa und Versen, die Diatriben (satirische Moralpredigten) des Kynikers → Menippos nachahmten. In dieser Gattung fand Varro Nachfolger in → Seneca (*Apocolocyntosis*), → Petronius und → Lukian.

Satụrnier, ältestes Versmaß der röm. Dichtung, von → Livius Andronicus, → Naevius und → Appius Claudius

Caecus benutzt: ein Langvers, der aus 2 dreihebigen Kurzzeilen besteht. Im 2. Jh. v. Chr. wurde der S. durch den → Hexameter abgelöst.

Saturn(us), altröm. Saat- und Erntegott, der früh mit dem gr. → Kronos gleichgesetzt wurde. Nach der Sage kam S.-Kronos, von → Zeus gestürzt, nach Latium, lehrte die Bevölkerung den Ackerbau und brachte als deren König das Goldene Zeitalter über das Land. 497 v. Chr. wurde ihm am Fuß des → Kapitols ein Tempel errichtet, in dessen Keller der Staatsschatz untergebracht war. Sein Fest, die *Saturnalia*, wurde am 17. Dez. eröffnet und dauerte bis zu 7 Tagen: eine Art Karneval zum Abschluss der Feldarbeit.

Satyr, Natur- und Fruchtbarkeitsdämon im Gefolge des → Dionysos. Der S. hatte zwar menschliche Gestalt, aber mit Ohren, Schwanz und Hufen eines Pferdes oder Bocks, zottiger Behaarung und aufgeworfener Nase. Seit dem 4. Jh. v. Chr. verlor der S. immer mehr den tierischen Charakter. Beliebtes Motiv in der bildenden Kunst.

Schule und Unterricht. – **1.** In der Regel waren die gr. Schulen in klassischer Zeit privat. Vom 7. bis 14. Lebensjahr besuchten meist nur die Knaben den Unterricht des *grammatistés*, um Lesen, Schreiben und Rechnen zu lernen. Die nächste Schulstufe war die Grammatikerschule. Ziel der höheren Schule war eine umfassende Bildung: Literatur, Geometrie, Arithmetik, Musik und Astronomie. Im Mittelpunkt stand jedoch die literarische Unterrichtung durch den *grammatikós*, insbes. die Lektüre der Klassiker wie → Homer. Die höchste Stufe der Bildung lag in den Händen der Rhetoren und Philosophen. – **2.** Die Geschichte des röm. Schulwesens beruht auf der Übernahme und Umbildung des gr. Schulsystems. Die Elementarschulen waren private Einrichtungen, für die es bis in → Ciceros Zeit keinerlei gesetzliche Bestimmungen gab. Der Grundschullehrer hieß *ludi magister* oder *litterator*. Der strenge Grundschulunterricht wurde vom 7. bis

11./12. Lebensjahr besucht, in Rom in stärkerem Maße als in Griechenland auch von Mädchen. Die Angehörigen der oberen Stände schickten ihre Kinder danach in die nächsthöhere Schulstufe zum *grammaticus*, was in etwa unserem Gymnasium entspricht. Griechen, meist → Sklaven, lehrten in gr. Sprache gr. Literatur. Wie in Griechenland wurden die Klassiker, ferner ins Lateinische übersetzte gr. Literatur, schließlich mehr und mehr original röm. Literatur behandelt. Seit der Zeit des → Augustus gab es auch die lat. Grammatikerschule mit → Vergil als Fundament der literarischen Bildung. Wie die gr. Grammatikerschule fand auch die gr. Hochschulbildung in Rom Eingang, wie dort war ihr Hauptinhalt → Rhetorik. Bis in die Spätantike blieb der Hochschulunterricht zweisprachig (Griechisch und Latein).

Scipio, Beiname der berühmtesten Familie der patrizischen → Cornelier, die eine bedeutende Rolle in der röm. Geschichte des 3. und 2. Jh.s v. Chr. spielten. Hier seien genannt: **1.** Publius Cornelius S. Africanus maior (der Ältere), um 236–183 v. Chr., übernahm im 2. → Punischen Krieg 211 den Oberbefehl in → Spanien. 205 v. Chr. → Konsul, ging er nach → Sizilien, um von dort 204 nach Afrika überzusetzen, wodurch er → Hannibal dazu brachte, zum Schutz der Vaterstadt ebenfalls nach Afrika zurückzukehren: 202 Sieg bei Zama über Hannibal. S. erhielt den Ehrennamen *Africanus*. 199 → Zensor, 194 Konsul. 187 wurde S. zusammen mit seinem Bruder wegen angeblicher Unterschlagung eines Teils der Kriegsbeute angeklagt. Die Anschuldigung blieb zwar ohne Wirkung, doch zog er sich auf sein Landgut bei Liternum zurück, wo er 183 v. Chr. starb. – **2.** Publius Cornelius S. Aemilianus Africanus minor (der Jüngere), um 185–129 v. Chr., Sohn des → Aemilius Paullus, von Publius, dem Sohn des Zama-Siegers, adoptiert; Teilnehmer an der Schlacht bei → Pydna (168). 147 erhielt er mit dem Konsulat den Oberbefehl im 3. → Punischen Krieg; 146 zerstörte er

→ Karthago. 142 Zensor. 134 zum 2. Mal Konsul, führte er das Heer nach Spanien, um → Numantia zu erobern (133), deshalb erhielt er auch den Beinamen *Numantinus.* Als Freund der gr. Kultur, der → Polybios zum Lehrer und Freund hatte, strebte er – zusammen mit seinem Freundes-, dem sog. Scipionenkreis, dem u. a. → Panaitios, → Laelius, → Lucilius und → Terenz angehörten, danach, der gr. Geisteswelt in Rom Eingang zu verschaffen.

Seian. Lucius Aelius Seianus, Günstling des → Tiberius und seit 17 n. Chr. alleiniger Prätorianerpräfekt, der fast unumschränkt, besonders seit der Abwesenheit des Kaisers (26), in → Rom herrschte. Durch die von ihm angestiftete Ermordung des Kaisersohnes Drusus d. J. (23) hoffte er auf eine Heirat mit dessen Witwe → Livia Julia, um selbst Kaiser zu werden. Doch Tiberius ließ ihn 31 verhaften und hinrichten.

Selene (lat. → *Luna*), die Mondgöttin, Tochter des → Hyperion und der → Titanin Theia, Schwester des → Helios und der Eos, der Göttin der Morgenröte; später oft mit → Artemis und → Hekate identifiziert.

Seleukiden, maked. Dynastie in Kleinasien, 312–64 v. Chr., begründet von Seleukos I. Nikator, einem Feldherrn → Alexanders d. Gr., der 323 die Satrapie Babylon erhielt.

Seleukos → Seleukiden.

Semele, urspr. thrak.-phrygische Erdgöttin; in der gr. Sage Tochter des → Kadmos, Geliebte des → Zeus. → Dionysos.

Semiramis, gr. Name einer Königin von → Assyrien, der die Griechen die sog. hängenden Gärten von Babylon zuschrieben, eines der → sieben Weltwunder.

Senat, in der Königszeit beratendes Gremium, setzte sich aus den Ältesten der patrizischen Geschlechter zusammen; die Zahl der Mitglieder wuchs von 100 über 300 (zu Beginn der → Republik) und 600 (seit → Sulla) auf 900 (unter → Caesar) an; → Augustus reduzierte wieder auf

600. Seit dem Ende des Ständekampfes kamen die Senatoren aus den Reihen der → Nobiles. Voraussetzung war die Bekleidung eines curulischen Amtes, seit Sulla der Quästur, ein Mindestalter von 30 Jahren (von Sulla festgelegt) bzw. von 25 Jahren (seit Augustus, der darüber hinaus den Besitz von 1 Million → Sesterzen verlangte). 312 v. Chr. wurde den → Zensoren das Recht zur Senatorenernennung und zur Entziehung der bis dahin lebenslänglichen Senatorenwürde übertragen. In der Kaiserzeit ernannte der Kaiser die Senatoren, die als Standesabzeichen einen breiten Purpurstreifen an der Tunika, rote Lederhandschuhe und einen goldenen Ring trugen. Die Funktionen des in der Kurie (→ Curia) oder in einem Tempel tagenden, von den → Konsuln einberufenen S.s: Kontrolle der Staatsfinanzen und der Beamten, Bestimmung der Außenpolitik, Oberaufsicht über die militärischen Operationen, Zuständigkeit für Verträge, Verkündung des Staatsnotstandes (*senatus consultum ultimum*), Einflussnahme auf die Gesetzgebung der → Volksversammlung. Dass die Beamten, allen voran die Konsuln, mehr oder weniger zu einem Vollzugsorgan des S.s wurden und die Volksversammlung auf die formale Überwachung der staatlichen Gesetzgebung beschränkt wurde, beruht nicht auf der Verfassung, sondern auf Gewohnheitsrecht; denn weder die jährlich wechselnden Beamten noch die Volksversammlung konnten den immer komplizierter werdenden Staatsapparat überblicken und steuern. In der Kaiserzeit wurde der S. mehr und mehr entmachtet.

Sẹneca. Lucius Annaeus S., aus Corduba in → Spanien, 4 v. – 65 n. Chr., Philosoph und Schriftsteller. 33 wurde er als → Quästor Mitglied des → Senats. Auf Veranlassung → Messalinas wurde er 41 n. Chr. von → Claudius nach Korsika verbannt wegen eines angeblichen Verhältnisses mit einer Schwester des → Caligula. Erst 49 berief ihn → Agrippina zurück und betraute ihn mit der Erziehung → Neros. 50 wurde S. → Prätor, 55 → Konsul. Nach dem Regierungsantritt Neros (54) war S. als dessen Ratgeber zusammen mit dem Prätorianerpräfekten Burrus Leiter des röm. Staates, bis ihm Nero seit der Ermordung seiner Mutter Agrippina (59) immer mehr das Vertrauen entzog. Nach dem Tod des Burrus (62) zog sich S. ganz von Nero zurück. In die Verschwörung des → Piso verwickelt, wurde er vom Kaiser gezwungen, Selbstmord zu begehen. S.s Werke sind nur teilweise erhalten: 1. Philosophische Abhandlungen stoischer Prägung über Fragen der Ethik und der praktischen Lebensführung, z. B. *Der Zorn*, *Die Milde*, *Die Kürze des Lebens*, *Das glückliche Leben*, *Die Wohltaten*. – 2. Eine Sammlung von 124 Briefen (*Epistulae morales ad Lucilium*) gilt als sein reifstes Werk, gedacht als ein unsystematischer Lehrgang der Philosophie. – 3. *Naturwissenschaftliche Untersuchungen* (*Naturales quaestiones*), bis ins MA als Lehrbuch der Physik verwendet. – 4. *Apocolocyntosis* (*Verkürbissung*), eine Menippeische → Satire auf den ermordeten Kaiser Claudius. – 5. 9 Tragödien mit gr. Stoffen (z. B. *Hercules furens*, *Medea*, *Thyestes*) und die einzige erhaltene Fabula → praetexta *Octavia*, die, in ihrer Echtheit umstritten, das Schicksal der durch Nero verstoßenen Kaiserin → Octavia darstellt.

Septimius Severus, röm. Kaiser 193–211 n. Chr., 146 in → Leptis Magna geboren, verheiratet mit der Syrerin Julia Domna; 190 → Konsul. Nach der Ermordung des Kaisers Pertinax (193) wurde er als Statthalter der → Provinz → Pannonien von seinen → Legionen zum Kaiser ausgerufen und vom → Senat anerkannt. Nach dem Sieg über die gleichzeitig ausgerufenen Gegenkaiser Pescennius Niger (Syrien) und Clodius Albinus (Britannien) führte er erfolgreich Krieg gegen die → Parther (197–199) und errichtete die Provinz Mesopotamien. S., der 1. sog. Soldatenkaiser, schränkte den Einfluss des Senats ein und verließ sich hauptsächlich auf das Heer. An die Spitze der Militär- und Zivilverwaltung stellte er je einen bedeutenden Juristen, die sich auch um die Erneuerung der Rechtspflege zu kümmern hatten. Bei der Besetzung der Stellen in Verwaltung, Heer und Leibgarde war für S. das Herkunftsland (Italien oder Provinzen) unmaßgeblich. Damit waren die Provinzialen mit den → Italikern gleichgestellt. Errichtete in → Rom den Severusbogen (202) zur Verherrlichung seines Sieges über die Parther.

Servius Tullius, nach der Sage der 6. röm. König, 578–534 v. Chr., soll von seinem Schwiegersohn → Tarquinius Superbus ermordet worden sein. Die sog. Servianische Mauer in → Rom stammt aus dem 4. Jh. v. Chr. Ferner wird ihm die Servianische Verfassung zugeschrieben: Gliederung der Bürgerschaft nach 5 Vermögensklassen in 193 Zenturien (→ Zenturie).

Sesterz, kleinste Silbermünze der → Republik, die zunächst 2 ½, später 4 → Asse wert war; seit → Augustus aus Messing. → Geld.

Sibyllinische Bücher, eine Sammlung von Weissagungen und Kultvorschriften der Sibylle von → Cumae; von den urspr. 9 S.n B.n wurden die letzten 3 von → Tarquinius Priscus erworben und im Keller des Jupitertempels auf dem → Kapitol unter strengster Verwahrung gehalten; nur in Notzeiten wurden sie auf Anweisung des → Senats von einem eigenen Priesterkollegium befragt. Nach der Vernichtung der S.n B. infolge eines Tempelbrandes (83 v. Chr.) wurden die Sprüche neu gesammelt, im Apollontempel untergebracht und weiterhin befragt; erst um 400 n. Chr. wurden sie durch den röm. Feldherrn Stilicho endgültig vernichtet.

Sieben Weise, gr. Philosophen und Staatsmänner des 7./6. Jh.s v. Chr., die als Urheber von einprägsam formulierten Lebensregeln galten: → Thales (»Halte Maß«); → Solon (»Nichts zu sehr«); Periandros; Kleobulos (»Maßhalten ist das Beste«); Chilon, → Ephor in → Sparta (»Erkenne dich selbst«); Bias von Priene (»Die meisten Menschen sind schlecht«; *Omnia mea mecum porto* »Ich trage all das Meinige bei mir«); → Pittakos (»Alles zur rechten Zeit«). Daneben werden auch andere Männer unter die s. W.n gerechnet.

Sieben Weltwunder: die Mauern Babylons mit den sog. hängenden Gärten der → Semiramis, die Zeusstatue des → Phidias in → Olympia, der Koloss von → Rhodos, die ägyptischen Pyramiden in Memphis, das → Mausoleum in → Halikarnassos, das Artemision (Tempel der → Artemis) in → Ephesos. Später wurde vor allem der Leuchtturm von → Pharos noch unter die s. W. gerechnet.

Silen, älterer → Satyr im Gefolge des → Dionysos, dem Wein sehr zugetan; S. soll in der Trunkenheit schön gesungen und geweissagt haben. → Midas; → Marsyas.

Silius Italicus, 26–101 n. Chr., Staatsmann und Epiker, 68 → Konsul. In seinem → Epos *Punica* (17 Bücher) behandelt er den 2. → Punischen Krieg, wobei ihm hauptsächlich → Livius als historische Quelle und → Vergil als dichterisches Vorbild dienen.

Silvanus, Gott des Waldes, der Felder und der Herden; jährlich einmal brachten ihm die Bauern im Wald ein Sühneopfer dar (Speck, Fleisch, Wein), bei dem keine Frauen zugelassen waren. Später wurde er mit dem gr. → Pan gleichgesetzt.

Simonides von Keos, um 556–468 v. Chr., gr. Lyriker, wirkte seit etwa 476 v. Chr. bei → Hieron I. auf → Sizilien. S. dichtete wie → Pindar Siegeslieder (*Epinikia*) – gegen Honorar – für die Sieger an den panhellenischen Wettkämpfen, Klagelieder (*Threnoi*), → Elegien, Dithyramben (kultische Chorlieder zu Ehren des → Dionysos), Trinklieder (*Skolia*) und → Epigramme, die ihn besonders berühmt machten.

Sirenen, Unheilsdämonen, wie die → Harpyien als Vögel mit Frauenköpfen dargestellt; auf einer Insel sitzend, lockten sie durch bezaubernden Gesang die Vorübersegelnden an; diese scheiterten in den Klippen und wurden ein Opfer der S. In der *Odyssee* sind sie Jungfrauen, deren betörendem Gesang → Odysseus mit seinen Gefährten nur dadurch widersteht, dass er deren Ohren mit Wachs zustopft und sich selbst an den Schiffsmast binden lässt. Daraufhin stürzen sich die S. ins Meer.

Sisyphos, in der gr. Sage der schlaueste aller Sterblichen, galt als König von → Korinth. Er überlistete Menschen, Götter und sogar den Thanatos (Tod), den → Zeus schickte, um ihn wegen seiner Vergehen zu holen. Doch S. fesselte ihn, so dass niemand mehr sterben konnte. → Ares musste den Tod befreien. Bevor ihn → Hermes endlich in den → Hades hinabbrachte, wusste er sich nochmals durch eine List auf der Oberwelt zu halten. Als Sühne musste S. in der Unterwelt auf einen Berg einen Felsblock wälzen, der jedesmal wieder in die Tiefe rollte.

Sizilien, große Insel vor der Südwestspitze Italiens, gebirgig, jedoch fruchtbare Küstenebenen. Bevor im 8. Jh. v. Chr. die Griechen nach S. kamen, hatten die → Phönizier bereits Handelsplätze angelegt. Die Griechen, zunächst hauptsächlich → Jonier, seit dem 7./6. Jh. v. Chr. vorwiegend → Dorier, gründeten ihre Städte im Osten und Süden von S., z. B. → Syrakus, → Akragas, Messana. Den Westen S.s beherrschte seit dem 6. Jh. v. Chr. → Karthago. Im 5. Jh. v. Chr. erlebte S. eine wirtschaftliche Blüte, die es auch zu einem Anziehungspunkt für gr. Künstler und Wissenschaftler werden ließ. 415 v. Chr. wurde S. in den → Peloponnesischen Krieg verwickelt. Aufgrund der daraus resultierenden Schwächung der Griechenstädte brachte Karthago ganz S. außer Syrakus unter seinen Einfluss. Nach dem 1. → Punischen Krieg wurde S. erste → Provinz (241 v. Chr.) und eine der Kornkammern Roms. → Großgriechenland.

Sklaven. – 1. Bei → Homer gibt es verschiedene Arten von Unfreien: Kriegsgefangene, erbeutete Frauen, Dienerschaft im Haus, Ackerknechte, die alle dadurch gekennzeichnet sind, dass die Herren ein Besitzrecht an ihnen haben. Ihren Ursprung hatte die Unfreiheit wohl stets in

Gewaltanwendung oder in einer Notlage, sei es durch Krieg, Raub, Unterwerfung oder Verschuldung. Die Freiheitsberaubung zum Zweck des Menschenhandels und der Verkauf des Menschen als Marktware hat die Sklaverei zu einer gesellschaftlichen Normalität gemacht. Die Sklaven waren tätig im Haushalt als Diener und Erzieher, als Landarbeiter und Handwerker, in Manufakturbetrieben und in Bergwerken; sie konnten auch an Dritte vermietet werden. Es gab Staatssklaven für öffentliche Aufgaben und Tempelsklaven. In hellenistischer Zeit nahm die Sklavenzahl weiter zu, bes. durch Kriege und Piratentum. Von politischen Rechten waren sie gänzlich ausgeschlossen, als Freigelassene konnten sie jedoch gesellschaftlich aufsteigen. – **2.** Wie im Orient und in Griechenland gab es auch bei den Römern seit alters die Institution der Sklaverei. Zu den zahlreichen Kindern der Dienerschaft, die als Sklaven geboren wurden, kam die nicht geringe Zahl der Freien, die aus verschiedenen Gründen in Abhängigkeit gerieten: Kriegsgefangenschaft, Menschenraub und Schuldknechtschaft. Unter der Aufsicht der → Ädilen übten die Sklavenhändler in aller Öffentlichkeit ihr Gewerbe aus. Die größten Sklavenhalter waren die Kaiser. Die Rechtsstellung des S. brachte es mit sich, dass er nichts besitzen durfte, keine rechtmäßige Ehe eingehen konnte und keine rechtliche Handhabe gegen Misshandlungen durch seinen Herrn besaß. Eine Möglichkeit, dem Sklaventum zu entkommen, war, sich freizukaufen, oder die Freilassung durch seinen Herrn. Unter dem Einfluss von Philosophie (→ Seneca) und Religion kam es langsam zu einer Humanisierung des Sklavenstrafrechts (→ Spartacus).

Skylla und Charybdis, nach → Homers *Odyssee* 2 Meerungeheuer in der Straße von Messina; S. hauste in einer Höhle und schnappte mit ihren 6 Hundemäulern nach den vorbeifahrenden Seeleuten. Gegenüber lauerte Ch., ein Meeresstrudel, den Seefahrern auf; dreimal täglich sog sie das Wasser in die Tiefen der Erde ein und spie es wieder aus.

Sokrates aus → Athen, 470–399 v. Chr., gr. Philosoph; Sohn des Steinmetzen Sophroniskos und der Hebamme Phainarete; verheiratet mit Xanthippe, Vater von 3 Söhnen. 399 v. Chr. wegen → Asebie und Verführung der Jugend zum Tode verurteilt; eine Flucht aus dem Gefängnis lehnte er ab. S. hatte seinen Bildhauerberuf aufgegeben und widmete sich, wahrscheinlich in sehr bescheidenen Verhältnissen lebend, der Philosophie. Da er selbst nichts geschrieben hat, ist uns sein Leben und sein Philosophieren hauptsächlich durch seine Schüler → Platon und → Xenophon bekannt. S. beschäftigte sich nicht mit Naturphilosophie, sondern mit den Grundfragen der Ethik. Auf den Straßen und → Gymnasien Athens ging S., Urbild des rastlosen Wahrheitssuchers, mit der ihm eigenen Methode, die er Maieutik (»Hebammenkunst«) nannte, der Erkenntnis des Sittlichen, der Tugenden, nach: Er verstand es, durch unbeirrbares Fragen die im Bewusstsein des Gesprächspartners schlummernden Erkenntnisse ans Licht zu fördern, aber ebenso, sein Gegenüber der völligen Unwissenheit zu überführen und somit die Möglichkeit sicheren Wissens radikal in Frage zu stellen. Entsprechend lautete S.' Credo: »Ich weiß, dass ich nichts weiß.«

Solon aus → Athen, um 640 – um 560 v. Chr., Staatsmann und Dichter, einer der → sieben Weisen; aus adeliger, aber nur mäßig begüterter Familie stammend, betätigte er sich als weitgereister Kaufmann. 594 v. Chr. wurde er zum → Archon gewählt und mit der Neuordnung der Verfassung beauftragt, um im Streit zwischen Adel und Volk einen Ausgleich zu suchen. Maßnahmen: Aufhebung der Hypothekenschulden und der Schuldknechtschaft (*seisáchtheia*), Rückkauf versklavter Bürger auf Staatskosten, Festsetzung des Maximalumfangs von Grundbesitz, Förderung von Handwerk und Wirtschaft, Münzreform, Reform des Erb- und Familienrechts. In seiner Verfassung gliederte S. die Bürger entsprechend ihrem Vermögen in 4 Klassen: 1. die *pentakosiomédimnoi* (»Fünfhundertscheffler«: Jahresmindesteinkommen an Getreide, Wein oder Öl von 500 Scheffel): ihnen standen die höchsten Ämter, aber auch die → Leiturgia zu; – 2. die Ritter mit mindestens 300 Scheffeln: Kriegsdienst auf eigenem Pferd; niedere Ämter; – 3. die Zeugiten mit 200 Scheffeln: Kriegsdienst in einer eigenen Hoplitenausrüstung; niedere Ämter; – 4. die Theten (Lohnarbeiter) mit weniger als 200 Scheffeln: dienten als Leichtbewaffnete, konnten kein Amt übernehmen, hatten aber Stimmrecht in der → Volksversammlung. – In → Elegien, jambischen und trochäischen Versen, von denen etwa 270 erhalten sind, erklärt und verteidigt S. seine Politik, erteilt Ratschläge und fordert zur Besonnenheit auf. – Doch S. konnte weder bei den Aristokraten noch beim Volk Zufriedenheit schaffen.

Sophịsten, die Vertreter einer philosophischen Bewegung im Griechenland des 5./4. Jh.s; sie zogen lehrend von Stadt zu Stadt, um in geschlossenen Kursen gegen Honorar Allgemeinwissen (Philosophie, Ethik, Kunst, Literatur, Grammatik, Mathematik, Astronomie, Staatslehre, Kriegstechnik) und → Rhetorik (»die schwächere Sache zur stärkeren machen«, → Protagoras) zu vermitteln. Bildungsziel: Tüchtigkeit im privaten und politischen Leben. Bedeutende S.: Protagoras; → Hippias von Elis; → Gorgias. – Die sog. 2. Sophistik im 2./3. Jh. n. Chr. vermittelte, lediglich reproduzierend, eine Allgemeinbildung, die auf den überlieferten Klassikern basierte.

Sọphokles, aus dem attischen → Demos Kolonos bei → Athen, 496–406 v. Chr., Tragiker; aus wohlhabender Familie stammend, hatte er wichtige Ämter inne: 443 v. Chr. Schatzmeister des Seebundes, 441/440 Stratege zusammen mit → Perikles im Samischen Krieg. Von seinen rund 130 Dramen sind 7 erhalten: → *Aias*, → *Antigone* (441 v. Chr.), *Trachinierinnen* (nach dem Chor, den Frauen aus der gr. Stadt Trachis darstellen; → Deianeira schickt ihrem Gemahl → Herakles ein mit dem Blut des → Nessos getränktes, als Liebeszauber gedachtes, aber tödlich wirkendes Hemd); *König* → *Ödipus*, → *Elektra*, → *Philoktet* (409), *Ödipus auf Kolonos* (401 vom Enkel des S. aufgeführt). Die *Spürhunde*, ein Satyrspiel, in 400 Versen erhalten. – Den ersten seiner 18 Siege an den → Dionysien trug er 468 davon. S. erhöhte die Zahl der Schauspieler von 2 auf 3, die Choreuten von 12 auf 15. → Chor.

Spanien → Hispania.

Sparta, Stadt der Lakedaimonier, in der südlichen → Peloponnes am Eurotas zwischen den Gebirgszügen Parnon (im Osten) und Taygetos (im Westen) gelegen; um 1100 v. Chr. von einwandernden → Doriern als offene, feldlagerartige Siedlung in 4 Dörfern gegründet. Das Gebiet von Lakonien, das im 8. Jh. v. Chr. unterworfen war, mussten die → Heloten für die in S. herrschende Klasse, die Spartiaten, bearbeiten; die → Periöken waren eher für Handel und Gewerbe zuständig. Auch die Einwohner von → Messenien wurden zu Heloten gemacht. Die bes. Herrschaftsform der Spartiaten, von einer einzigen Bastion aus ein unterdrücktes Land unter Kontrolle zu halten, bedingte einen ganz bestimmten Lebensstil, der völlig auf die militärische Aufgabe ausgerichtet war. Die Erziehung der Knaben, die vom 7. Lebensjahr an in staatliche Obhut genommen wurden, zielte vorwiegend auf Kriegstugenden ab: körperliche Tüchtigkeit, Tapferkeit, Standhaftigkeit, Gehorsam; vom 20. bis 60. Lebensjahr gehörten die Spartiaten dem Heeresverband an, der sich in Zelt- und Tischgemeinschaften gliederte; sie betrieben täglich militärische und sportliche Übungen. Eine Ansammlung von Privatvermögen war nicht möglich. Zum Verlassen des spartanischen Gebiets war eine behördliche Genehmigung erforderlich. Nach der Verfassung des → Lykurgos, die nur den Spartiaten politische Rechte zugestand, wählte die Volksversammlung (*apélla*) den Rat der (28) Alten (*gerusía*) und die 5 → Ephoren, die die Macht der 2 Könige an der Spitze des Staates immer mehr beschnitten. Staatsprinzip war die gegenseitige Überwachung der 4 Organe. Zur Machtpolitik und Hegemonie S.s: Messenien; → Perserkriege; → Peloponnesischer Krieg; → Agesilaos. S. wurde 146 v. Chr. innerhalb der röm. Provinz → Achaia eine *civitas foederata* ohne weitere Bedeutung.

Spartacus, ein freigeborener Thraker, von den Römern wegen Desertion versklavt, dem zusammen mit 70 anderen Fechtern die Flucht aus einer Gladiatorenschule zu → Capua gelang (73 v. Chr.). Durch den Zulauf vieler anderer → Sklaven und auch von → Proletariern hatte er bald ein Heer von 60 000 Mann beisammen, mit dem er Süditalien verwüstete und nach Norden zog. Schließlich drängte → Crassus sie zurück und besiegte sie (71 v. Chr.); S., der Anführer des größten antiken Sklavenaufstandes, fiel. Die Reste der Sklavenarmee vernichtete → Pompeius, 6000 Gefangene ließ er entlang der → Via Appia kreuzigen.

Sphinx, in der gr. Sage geflügelte Löwin mit dem Oberkörper und Kopf einer Frau; vor → Theben sitzend, gab sie den Vorübergehenden folgendes Rätsel auf: »Was geht am Morgen auf 4, am Mittag auf 2, am Abend auf 3 Beinen?«. Wer diese Frage nicht beantworten konnte, wurde von der S. getötet. Als → Ödipus die richtige Lösung (der Mensch als Kind, Erwachsener und Greis mit Stock) fand, stürzte sie sich in die Tiefe.

Stater, urspr. Gewichtseinheit, 1/3000 des → Talents, dann große Münze aus Gold (att., 8,6 g) oder Silber (att., 17,4 g), Hauptzahlungsmittel in hellenist. Zeit. → Geld.

Stele, Grabstein oder Inschriftpfeiler, häufig mit Reliefschmuck.

Stoa, gr.-röm. Philosophenschule, benannt nach der *S. poikile* (Bunte Halle, → Polygnotos) in → Athen, in der die von → Zenon von Kition um 300 v. Chr. gegründete Schule sich häufig zusammenfand. In der Geschichte der S. unterscheidet man 3 Perioden: die Frühe S. (Zenon, → Kleanthes, → Chrysippos), die Mittlere S. (→ Panaitios,

→ Poseidonios) und die Späte S. (→ Seneca, → Epiktetos, → Marcus Aurelius). Die S. gliederte die Philosophie in die Bereiche Logik, Physik und Ethik, der die Stoiker die größte Bedeutung beimaßen. Stoisches Ideal ist der Weise, der vernunft- und naturgemäß lebt, frei von Affekten ist, Leiden unerschütterlich erträgt, gottesfürchtig ist und auf dem Wege der Grundtugenden Gerechtigkeit, Tapferkeit, Besonnenheit das Ziel des menschlichen Lebens, die Glückseligkeit (*eudaimonía*), erstrebt. – Alle Menschen sind miteinander innerlich verwandt, weil sie alle Kinder der alles durchwaltenden Weltvernunft (*lógos*) sind: Auch → Sklaven und → Barbaren sind Menschen. – Der Mensch soll sich in den Lauf der Welt ergeben, weil das Weltgeschehen vernünftig ist. – Das Urfeuer bringt in bestimmter Folge alle Dinge, also auch die (vergängliche) Welt, immer wieder neu aus sich hervor.

Strabon aus Amaseia (Pontos), 63 v. Chr. – um 20 n. Chr., gr. Historiker und Geograph. Von seinen *Historischen Kommentaren*, die in 47 Büchern die Zeit von 144 bis 27 v. Chr. behandelten, sind nur wenige Fragmente erhalten. Die Informationen, die S. in seiner Beschreibung der damals bekannten Welt (*Geographika*, 17 Bücher) gibt, beruhen weniger auf eigener Anschauung als auf zuverlässigen Quellen, wie z. B. → Poseidonios. In dem Werk finden sich für uns wertvolle Exkurse über Geschichte, Mythologie und Kunst.

Suda, ein um 1000 n. Chr. in → Byzanz entstandenes gr. Lexikon, das in etwa 30 000 alphabetisch geordneten Artikeln Worterklärungen, historische und biographische Daten sowie Zitate aus gr. und röm. Schriften bringt.

Sueton. Gaius Suetonius Tranquillus, wahrscheinlich aus Hippo Regius in Nordafrika, um 70–140 n. Chr., röm. Schriftsteller; befreundet mit dem jüngeren → Plinius, Geheimsekretär bei → Hadrian. Von seinen zahlreichen Werken sind erhalten: *De vita Caesarum*, Biographien der 12 röm. Kaiser von → Caesar bis → Domitian; einige Abschnitte aus *De viris illustribus* (*Berühmte Männer*), in denen Dichter, Redner und Historiker behandelt werden: die Lebensbeschreibungen von → Terenz, → Horaz, → Lukan, → Vergil, → Plinius d. Ä. Die Viten sind nach den gleichen Rubriken strukturiert, z. B. Familie, Erziehung, Kriegsleistungen usw. Es geht S. hauptsächlich um Unterhaltung der Leser, nicht um wissenschaftlich exakte Darstellung.

Sulla. Lucius Cornelius S., 138–78 v. Chr., röm. Feldherr und Politiker, → Optimat, 107 v. Chr. unter Konsul → Marius → Quästor im Krieg gegen → Jugurtha, dessen Auslieferung er durchsetzte; im Anschluss an die Prätur (93) Proprätor in → Kilikien. Nach erfolgreichem Einsatz im Bundesgenossenkrieg (89) wurde S. 88 → Konsul und Oberbefehlshaber im Krieg gegen → Mithridates. S. war bereits bei seinem Heer in → Kampanien, als Marius durch Volksbeschluss seine Ernennung zum Oberbefehlshaber durchsetzte. Da zog S. gegen Rom und vertrieb die Marianer. Nun brach er nach dem Osten auf, vertrieb Mithridates aus Griechenland und zwang ihn zum Frieden von Dardanos (85). 83 kam S. nach Italien zurück, wo mittlerweile die zurückgekehrten Marianer ein Schreckensregiment führten. Nach einjährigem Bürgerkrieg wurde S. durch die Schlacht am Collinischen Tor (82) zum Herrn Roms. An die 6000 gefangene → Samniten, die auf Seiten der Marianer gekämpft hatten, ließ er niedermetzeln. Mit der → Proskription ging er gegen die politischen Gegner und sonstige missliebige Personen vor. Als → Diktator mit außerordentlichen, unbefristeten Vollmachten reformierte er die → Ämterlaufbahn und suchte durch Gesetze die Herrschaft des → Senats zu sichern. 79 dankte er ab und zog sich auf sein Landgut in Puteoli zurück.

Syrakus, 733 v. Chr. von → Korinth gegründete Stadt an der Ostküste → Siziliens, die sich im Lauf der Zeit zur bedeutendsten Stadt Siziliens, zu einer der größten und schönsten Städte des Altertums entwickelte. Nach der Eroberung von S. durch → Marcellus wurden die meisten Kunstwerke nach Rom gebracht (212 v. Chr.); → Archimedes.

Syrinx. – **1.** Blasinstrument aus mehreren Rohren. – **2.** In der gr. Sage eine hübsche → Nymphe, die, vor den Liebkosungen → Pans fliehend, in Schilfrohr verwandelt wurde, dem der Wind süß klagende Töne entlockte. Pan schuf daraus seine Flöte.

T

Tacitus. Publius (oder Gaius) Cornelius T., 55–120 n. Chr., der bedeutendste röm. Geschichtsschreiber; vermutlich als Sohn eines → Ritters im transalpinischen → Gallien geboren, kam T. früh nach → Rom, wo er → Rhetorik studierte. 78 heiratete er die Tochter des Konsuls Agricola; er zeichnete sich als Redner und Anwalt aus, bevor er die → Ämterlaufbahn antrat: 88 → Prätor, 97 → Konsul, vermutlich 112 Statthalter der → Provinz Asia. Erst nach dem Tod → Domitians (96) begann T. mit der Veröffentlichung seiner Werke. Zunächst erschienen kleinere Schriften: *De vita Iulii Agricolae* (98), Biographie seines Schwiegervaters mit eingehender Beschreibung seiner Eroberung → Britanniens; *De origine et situ Germanorum* (98), eine als *Germania* bekannte geographisch-ethnographische Monographie, in der T. mit einer gewissen Idealisierungstendenz Herkunft und Lebensweise der → Germanen sowie im 2. Teil die einzelnen Stämme beschreibt; *Dialogus de oratoribus* (*Dialog über die Redner*, 102), in dem T. den Niedergang der klassischen Beredsamkeit in dem monarchischen Ordnungssystem, das keine großen Redner mehr brauche, begründet sieht. – Als erstes seiner beiden großen Werke erschienen die *Historiae* (105), die in 14 Büchern die Jahre 69–96 behandelten; es sind nur die ersten 4 Bücher erhalten, die knapp 2 Jahre beschreiben. Die *Annales*, eigentlich *Ab excessu divi Augusti* (115), behandelten in 16 Büchern die Jahre 14–68; erhalten sind die Bücher 1–6 (→ Tiberius) und 11–16 (→ Claudius, → Nero). – T., der als Senator die zunehmende Entmachtung seines Standes mit Verbitterung sah, schrieb eine Geschichte Roms und der Kaiser, nicht des → Imperiums. Dabei wird die Gestaltung des an sich trockenen historischen Stoffes durch den an sein Vorbild → Sallust anknüpfenden Stil (prägnante, bilder- und antinomienreiche Sprache) und durch seine Meisterschaft in der Zeichnung von Charakteren und einzelnen Ereignissen zum Kunstwerk, das nicht unterhalten, sondern belehren will.

Talent, größte gr. Gewichts- und Münzeinheit, in → Attika 26,2 kg, 60 → Minen. → Geld.

Tantalos, in der gr. Sage Sohn des → Zeus, Vater von → Pelops und → Niobe, König in → Phrygien; setzte als Tischgenosse der Götter diesen seinen Sohn als Speise vor, um ihre Allwissenheit zu prüfen; diese aber erkannten den Betrug. Zur Strafe musste er in der Unterwelt büßen: Bis zum Kinn stand er im Wasser, über seinem Kopf hingen herrliche Früchte; doch er musste ewig hungern und dürsten, da die Früchte und das Wasser jedes Mal zurückwichen, wenn er die Hand danach ausstreckte oder den Mund zum Trinken öffnete.

Tarquinius Priscus, der 5. röm. König (616–578 v. Chr.), aus dem etr. Tarquinii, kam als Vormund der Söhne des Ancus Marcius, des 4. röm. Königs, auf den Thron. Die → Cloaca Maxima, der → Circus Maximus und der kapitolinische Jupitertempel in → Rom sollen von ihm erbaut worden sein.

Tarquinius Superbus, Sohn des → T. Priscus, der 7. und letzte König Roms (534–509 v. Chr.), Schwiegersohn des → Servius Tullius, den er ermordet haben soll. Nach 25 Jahren Gewaltherrschaft löste die Schändung der → Lucretia durch seinen Sohn Sextus T. die Vertreibung der Könige aus.

Tartaros, Teil der Unterwelt, wo die Schlechten für ihre Missetaten büßen.

Teiresias, der alte, blinde Seher von → Theben; → Ödipus.

Telemachos, Sohn des → Odysseus und der → Penelope; → Homers *Odyssee*.

Terenz. Publius Terentius Afer, um 190–159 v. Chr., nach → Plautus der bedeutendste lat. Komödiendichter; in

→ Karthago geboren, kam er als → Sklave nach Rom in das Haus des Senators Terentius Lucanus, der ihn ausbilden ließ und ihm schließlich die Freiheit gab. T. gehörte zum Kreis des → Scipio. Seine 6 Stücke, die in den Jahren 166–160 aufgeführt wurden, sind erhalten: *Andria* (*Das Mädchen von Andros*, 166), *Heautontimorumenos* (*Der Selbstquäler*, 163), *Eunuchus* (*Der Eunuch*, 161), *Phormio* (161), *Hecyra* (*Die Schwiegermutter*, 165/160), *Adelphoe* (*Die Brüder*, 160). Diese Stücke sind Bearbeitungen gr. Vorlagen aus der sog. Neuen att. Komödie (bes. → Menander), wobei T. sich strenger ans Original hielt als → Plautus. Durch Verzicht auf Arien (*Cantica*) wurden seine Komödien wieder Sprechstücke, durch Verzicht auf derbe Komik und vulgäre Sprache entsprachen sie dem Geschmack eines gebildeten Publikums, verloren aber an Bühnenwirksamkeit für die breite Masse.

Terpsichore, die → Muse des Tanzes und der Chorlyrik; Attribut: → Kithara.

Thalia, → Muse der Komödie und der ländlichen Dichtung; Attribute: komische Maske und Hirtenstab.

Thales, aus → Milet, um 625–547 v. Chr., Begründer der Naturphilosophie, der erste der → sieben Weisen; stammte aus vornehmer Familie, lernte auf Handelsreisen Phönizien und → Ägypten kennen, erwarb sich politische Verdienste um Milet; sagte die Sonnenfinsternis vom 28. Mai 585 v. Chr. voraus. Mit der These, alles sei aus dem Wasser entstanden, ist er der erste Grieche, der eine rein natürliche Ursache der Dinge angenommen hat. Er stellte eine Reihe von geometrischen Lehrsätzen auf.

Theben, Hauptstadt → Böotiens; seit etwa 2000 v. Chr. wurden die vorindogerm. Bewohner von gr. Einwanderern verdrängt; um 1400 v. Chr. wurde die Kadmeia (→ Kadmos), ein myken. Palast, errichtet (→ Kret.-myk. Kultur). T. ist Schauplatz der Sagen von → Ödipus, → Antigone und der Sieben gegen T. Im 6. Jh. v. Chr. wurde T. unter den böotischen Städten die mächtigste. Nach der

Niederlage der Spartaner bei Leuktra 371 durch → Epameinondas und Pelopidas hatte T. bis zur Schlacht bei Mantineia 362 die Hegemonie in Griechenland inne. 338 wurden die vereinigten Heere der Thebaner und Athener von → Philipp von Makedonien bei → Chaironeia besiegt. 335 strafte → Alexander d. Gr. einen Aufstand T.s mit der völligen Vernichtung der Stadt; nur die Tempel sowie die Häuser → Pindars und des Kynikers Krates verschonte er. Schließlich zerstörte → Sulla das seit 146 v. Chr. unter röm. Herrschaft stehende T., weil es mit → Mithridates sympathisierte (87).

Themis, Tochter des → Uranos und der → Gaia, Mutter der → Horen, Göttin der Sitte und Rechtsordnung sowie des Gastrechts.

Themistokles, athen. Staatsmann, um 524–459 v. Chr., Führer der demokratischen Partei; baute als → Archon 493/492 den → Piräus aus. Nach der Verbannung des → Aristeides (482), der als Führer der adeligen Grundbesitzer gegen die Flottenpolitik des T. opponierte, begründete er durch den Bau von 100 → Trieren aus den Erträgen der staatlichen Silberbergwerke von Laurion die athen. Seemacht. 480 besiegte T. als Stratege mit dieser → Flotte den Perserkönig → Xerxes bei → Salamis. → Athen, das die → Perser zerstört hatten, wurde unter T. wiederaufgebaut und gegen den Willen → Spartas mit einem Mauerring umgeben. 471 erzwangen die politischen Gegner Aristeides und → Kimon seinen Sturz durch → Ostrakismos. Als er in Abwesenheit wegen angeblichen Hochverrats (Perserfreundschaft) zum Tode verurteilt worden war, kam er auf seiner Flucht bis zum Perserkönig → Artaxerxes I. (465), der ihm neben einigen anderen Städten Magnesia übertrug, wo T. 459 v. Chr. starb.

Theokrit, aus → Syrakus, um 300–260 v. Chr., hellenist. Dichter, der am Hof → Hierons II. in seiner Vaterstadt, auf der Insel → Kos und schließlich in → Alexandria am Hof des Ptolemaios II. lebte. T. hat hauptsächlich → Epigramme geschrieben und Idyllen, durch die er zum Begründer der gr. Hirtendichtung (→ bukolische Poesie) wurde. In den 30 erhaltenen *Eidyllia*, vorwiegend in dorischem Dialekt geschrieben, schildert T. in realistischen, dramatischen Szenen das einfache Leben der Hirten auf dem Land, aber auch das Großstadttreiben, ferner behandelt er Stoffe aus der Heldensage und erotische Themen. Vorbild → Vergils, dessen *Eklogen* jedoch eine idealisierende Tendenz zeigen.

Theophrạst von Eresos (→ Lesbos), 371–287 v. Chr., gr. Philosoph, Aristotelesschüler und seit 322 (nach dem Tod des Gründers) Leiter der Schule der → Peripatetiker. Universalgelehrter wie sein Lehrer, beschäftigte er sich mit religiösen, ethischen, psychologischen, historischen und bes. naturwissenschaftlichen Problemen. Durch seine *Lehrmeinungen der Naturphilosophen* (*Physikon doxai*) wurde er zum Begründer der Philosophiegeschichte. Erhaltene Werke: *Pflanzenkunde*, *Die Ursachen der Pflanzen*, *Charaktere*, eine Typologie von 30 menschlichen Schwächen.

Thẹrmen, Warmbad, Badeanlage, bei den Griechen gegenüber den Römern unbedeutend, die T. seit dem 2. Jh. v. Chr. kannten und in der Kaiserzeit bes. schätzten. Fast jede Stadt verfügte über ein solches öffentliches Badehaus; → Agrippa hatte 25 v. Chr. die ersten öffentlichen T. errichtet. Daneben gab es eine Reihe von Privatbädern, die Eintrittsgeld verlangten, während die Benutzung der kaiserlichen Bäder frei war. Die T. umfassten folgende Räumlichkeiten: Auskleideraum, Sportplatz, Warmluftraum, Schwitzbad, Warmwasserbad, mittelwarmes Bad, Kaltwasserbad, Schwimmbad. Die Erhitzung des Wassers und der Räume erfolgte durch die → Hypokausten. Dadurch, dass die öffentlichen T. Wandelgänge, Gärten, Terrassen, bisweilen auch Bibliotheken und Läden boten, wurden sie allgemeiner Treffpunkt und gesellschaftliches Zentrum. Kaiserthermen in → Rom errichteten: → Nero, → Titus,

→ Trajan, → Caracalla, → Diokletian. T. in Deutschland: Trier, Badenweiler.

Theseus, Nationalheros der att. Sage, Sohn des Königs Aigeus oder des → Poseidon, erzogen bei seinem Großvater in Troizen. Als junger Mann holte er das Schwert und die Sandalen, die sein Vater dort verborgen hatte, unter einem Felsen hervor und machte sich mit diesen als Erkennungszeichen gedachten Gegenständen auf nach → Athen. Unterwegs befreite er die Welt u. a. von → Prokrustes. Als → Minos den jährlichen Tribut von 7 Jungfrauen und 7 Jünglingen als Opfer für → Minotauros verlangte, fuhr T. freiwillig mit nach → Kreta, wo sich die Tochter des Königs, Ariadne, in ihn verliebte. Sie gab ihm ein Garnknäuel, das er am Eingang des von → Daedalus erbauten Labyrinths festband und abspulte. Nach der Tötung des Minotauros kam er mit Hilfe des Fadens wieder heraus. Dann floh er mit den geretteten jungen Leuten und mit Ariadne, die er aber unterwegs auf → Naxos zurückließ; → Dionysos, der sie fand, machte sie zu seiner Gattin. Nach dem Tod seines Vaters, der sich ins Meer gestürzt hatte, weil sein Sohn nicht, wie für den Fall eines glücklichen Ausgangs verabredet, bei der Ankunft weiße Segel gesetzt hatte, wurde T. König von Athen. Durch die → Amazone Antiope wurde er Vater des → Hippolytos. Weitere Abenteuer erlebte er mit seinem Freund → Peirithoos.

Thespis aus → Attika, soll der Begründer der Tragödie geworden sein, indem er 534 v. Chr. bei den großen → Dionysien dem → Chor einen Einzelsprecher gegenüberstellte.

Thetis, in der gr. Sage Meergöttin, Tochter des → Nereus, gezwungenermaßen Gattin des Peleus, Mutter des → Achilleus, nach dessen Geburt sie wieder ins Meer zurückkehrte; doch ihrem Sohn, den sie durch ein heiliges Feuer unverwundbar gemacht hatte, stand sie immer bei.

Thukydides, aus → Athen, um 460 – um 400 v. Chr., der bedeutendste gr. Historiker, aus adeliger Familie stammend. Da er als Stratege 424 seinen militärischen Auftrag, → Chalkidike vor den Spartanern zu sichern, nicht durchführen konnte, lebte er 20 Jahre in der Verbannung. In dieser Zeit beschäftigte er sich weiter mit seiner Lebensaufgabe, die er sich schon zu Beginn des Krieges gestellt hatte, nämlich die *Geschichte des → Peloponnesischen Krieges* zu schreiben, wozu er fortwährend Informationen bei beiden Parteien sammelte. Das Werk, nach seinem Tod in 8 Büchern herausgegeben, reicht nur bis zum Jahr 411. Buch 1 bringt die Vorgeschichte und die Ursachen des Krieges. Die Bücher 2–8 behandeln die Jahre 431–411. T. war der erste Historiker, der eine objektive Darstellung der Fakten versuchte und eine Interpretation des Geschehens aus den inneren Gesetzmäßigkeiten sowie aus den Motiven der Handelnden anstrebte; damit wurde T. zum Begründer der wissenschaftlichen und pragmatischen Geschichtsschreibung. Die bes. an Wendepunkten des Geschehens eingefügten Reden, die teils authentisch, teils von ihm sinngemäß gestaltet sind, haben den Zweck, die Ursachen der Ereignisse und die Antriebe der Akteure zu analysieren.

Thyestes → Atreus.

Thyrsos → Dionysos.

Tiberius Claudius Nero, 42 v. Chr. – 37 n. Chr., röm. Kaiser seit 14 n. Chr., Sohn des T. Claudius Nero und der → Livia Drusilla, die sich 38 nach der Scheidung mit → Octavian vermählt hatte; T. wuchs im Haus seines Stiefvaters auf, der ihn schließlich 4 n. Chr. adoptierte. Schon früh wurde er mit wichtigen Aufgaben betraut: 26 v. Chr. Militärtribun in → Spanien; nach dem Tod des → Drusus Oberbefehl in Germanien (8 v. Chr.). Nach dem Tod des → Agrippa (12 v. Chr.) hatte sich T. auf Befehl des → Augustus von seiner Frau Vipsania → Agrippina trennen und die Witwe Agrippas, die Kaisertochter → Julia, heiraten müssen. Aus Erbitterung über die offenkundige Abneigung des Kaisers gegen ihn und über den Lebenswandel seiner Gemahlin zog er sich 6 v. Chr. ins freiwillige Exil nach → Rhodos zurück. Mit der Verbannung Julias 2 v. Chr. wurde auch diese Ehe wieder geschieden. Nach dem Tod seiner beiden Enkel rief ihn Augustus 2 n. Chr. zurück. 6–9 befriedete er → Pannonien endgültig; nach der Niederlage des → Varus übernahm er die Sicherung der Rheingrenze. 14 n. Chr. bestätigte ihn der → Senat als Nachfolger des Augustus. Außenpolitisch begnügte er sich mit der Wahrung des Besitzstandes, innenpolitisch erreichte er durch eine saubere, sparsame Verwaltung Wohlstand der → Provinzen und des Mutterlandes; doch das anfänglich gute Verhältnis zum Senat wurde durch eine Serie von Majestätsbeleidigungsprozessen schwer belastet. T., der sich immer mehr zum Menschenverächter und Sonderling entwickelte, zog sich 26 nach → Capri zurück und überließ → Rom dem ehrgeizigen Prätorianerpräfekten → Seian, der durch sein Schreckensregiment den T. vollends in Verruf brachte; 31 ließ der Kaiser seinen ehemaligen Günstling hinrichten. Als er 37 wieder nach Rom zurückkehren wollte, starb er unterwegs in → Misenum.

Tibull(us). Albius T., um 50–19 v. Chr., röm. Elegiker; wohlhabender → Ritter, mit → Horaz befreundet. Von T., neben → Properz dem bedeutendsten röm. Elegiendichter, sind 2 Bücher mit 16 → Elegien erhalten, in denen er seine Liebe zu Delia und Nemesis zum Ausdruck bringt und das friedvolle Landleben preist.

Tiryns, Stadt und Burg in der Argolis (→ Argos), seit dem 3. Jt. besiedelt. 1884/85 legten Schliemann und Dörpfeld die zuletzt (14./13. Jh. v. Chr.) errichtete Burg aus myken. Zeit (→ Kret.-myken. Kultur) frei. Bereits die Alten wunderten sich über die → kyklopischen Mauern. Die Räume und das → Megaron waren reich geschmückt (Fresken, Ornamente). Die auf der Nordhälfte des Burgberges etwas später befestigte und in die Gesamtanlage als Fluchtburg einbezogene Unterburg wies überdeckte Galerien, Kasematten und Magazinräume auf. Während der

Einwanderung der → Dorier wurde T. zerstört; in dem erhalten gebliebenen Megaron wurde ein Heraheiligtum eingerichtet. 468 v. Chr. von Argos zerstört.

Titanen, Kinder des → Uranos und der → Gaia, darunter → Okeanos, → Themis und → Kronos, der seinen Vater entthronte und selbst die Weltherrschaft übernahm. → Zeus, ein Sohn des Kronos, durch eine List vor seinem Vater gerettet, begann mit seinen Brüdern → Pluton und → Poseidon, unterstützt von den → Kyklopen, den Kampf gegen Kronos und die übrigen Titanen, die nach 10-jährigem Ringen in das Unterweltsgefängnis → Tartaros geworfen wurden.

Titus Flavius Vespasianus, 39–81 n. Chr., röm. Kaiser 79–81; Sohn → Vespasians, den er 67 als Legat nach Judäa zur Niederschlagung des jüdischen Aufstandes begleitete. Nach der Ausrufung seines Vaters zum Kaiser (69) beendete T. den Krieg mit der Einnahme Jerusalems (70). Zur Erinnerung an diesen Sieg wurde ihm in → Rom ein Triumphbogen errichtet, den 81 → Domitian einweihte. Seit 71 war T. Prätorianerpräfekt und Mitregent, bis er nach dem Tod seines Vaters Kaiser wurde und eine gerechte Herrschaft ausübte. Er weihte das → Kolosseum ein und errichtete die T.-Thermen. Durch die Unterstützung der überlebenden Bewohner von → Herculaneum und → Pompeji beim Ausbruch des Vesuvs 79 und durch Wiederaufbaumaßnahmen nach dem Brand Roms 80 machte er sich beim Volk sehr beliebt, so dass sein früher Tod allgemein betrauert wurde.

Trajan. Marcus Ulpius Traianus, 53–117 n. Chr., röm. Kaiser seit 98; in Italica (→ Spanien) als Sohn einer Senatorenfamilie geboren. In Syrien diente er unter seinem Vater, der dort 76/77 Statthalter war, als Militärtribun (→ Tribunus). 91 → Konsul, 97 Statthalter in Obergermanien (Ausbau des → Limes), im gleichen Jahr von → Nerva adoptiert. Nach dem Tod Nervas (98) trat T. als erster Adoptivkaiser und erster Kaiser provinzialröm. Herkunft die

Herrschaft an. Außenpolitik: 101–106 Unterwerfung der Daker und Einrichtung der → Provinz Dacia (die 113 in → Rom aufgestellte Trajanssäule stellt Szenen aus diesem Krieg dar); 106 Unterwerfung der Nabatäer, Einrichtung der Provinz Arabia Petraea (→ Arabien); 114–117 siegreicher Krieg gegen die → Parther, Einrichtung der Provinzen Armenia, Mesopotamia und Assyria (→ Assyrien). Damit erreichte das röm. → Imperium unter T. seine größte Ausdehnung. Innenpolitik: Seine senatsfreundliche Haltung brachte ihm den Ehrentitel *optimus princeps* ein. T. förderte Handel und Verkehr durch die Anlage bzw. den Ausbau von Häfen (z. B. → Ostia), Straßen, Brücken. Mit den Einnahmen aus der neuen Provinz Dacia errichtete er das schönste der Kaiserforen, das → *Forum Traiani* mit 2 Bibliotheken und der → *Basilica Ulpia*. T. starb fern von Rom in → Kilikien. Durch Adoption war → Hadrian zum Nachfolger bestimmt.

Tribụnus, urspr. Vorsteher einer der 3 röm. Tribus. – **1.** *T. militum*, Militärtribun, Stabsoffizier der → Legion; der T., aus dem Ritter- oder Senatorenstand kommend, wurde entweder vom Volk gewählt oder vom Feldherrn bestimmt. – **2.** *T. plebis*, Volkstribun. Seit 494 v. Chr. konnte die → Plebs jährlich aus ihren Reihen Beamte zu ihrem Schutz wählen; diese Interessenvertreter, seit der Mitte des 5. Jh.s v. Chr. auf 10 angewachsen, waren unantastbar (*sacrosanctus*), hatten ein Vetorecht gegen jeden Beschluss der Magistrate, ein Coercitionsrecht (Verhaftung durch → Ädilen) und Rogationsrecht (Einberufung der Plebs zur Beschlussfassung). In der Kaiserzeit verlor das Volkstribunat mehr und mehr an Bedeutung. Seit → Augustus nahmen die Kaiser die Befugnisse des Volkstribunats (*tribunicia potestas*) für sich in Anspruch.

Triẹre, Dreiruderer, der Haupttyp des gr. Kriegsschiffes; das Schiff von etwa 50 m Länge und 5 m Breite wurde von 170 Ruderern in 3 gegeneinander versetzten Reihen auf 3 Decks vorwärts bewegt (→ Flotte).

Triglyphe, Platte mit 3 parallelen Langkerben am Fries des dorischen Gebälks.

Triptolemos, in der gr. Sage Heros von Eleusis, durch → Demeter Erfinder und Lehrer des Ackerbaus.

Triton, in der gr. Sage Sohn → Poseidons und der → Amphitrite, Meergott mit menschlichem Oberkörper, sonst fischleibig; mit seiner Muscheltrompete erregte oder beruhigte T. das Meer. Seit der hellenist. Zeit stellte man sich Tritonen als Meerdämonen im Gefolge Poseidons vor.

Triumph, Siegeszug, mit dem ein siegreicher Feldherr → Roms vom → Senat geehrt werden konnte; Voraussetzung: der Tod von mindestens 5000 Feinden. Der Festzug, vom → Marsfeld abgehend, endete auf dem → Kapitol; Zusammensetzung: zuerst Senatoren, dann Beutestücke, Gefangene, die Opfertiere, hierauf der triumphierende Imperator, in der Purpurtoga und mit Lorbeer auf dem Haupt, in der → Quadriga; schließlich das Heer.

Troja oder Ilion, Stadt im Nordwesten Kleinasiens, auf einem Hügel zwischen den Flüssen Skamandros und Simoeis nahe der Meeresküste gelegen; die Grabungen von Schliemann und Dörpfeld (1871–94) sowie des Amerikaners Blegen (1932–38) auf dem Hügel Hisarlik ergaben 9 Siedlungsschichten, die die Amerikaner in 46 Abschnitte einteilten. T. I war in der 1. Hälfte des 3. Jt.s v. Chr. ein befestigter Fürstensitz, nicht so prächtig wie T. II (2600–2200), ebenfalls durch Brand zerstört. Von Bedeutung dann erst wieder T. VI (1700–1300), das einem Erdbeben zum Opfer fiel. Es wird vermutet, dass die Schicht VIIa das homerische T. ist, das nach → Eratosthenes 1184 v. Chr. zerstört wurde. Die Schicht IX stammt aus röm. Zeit. – T. ist der Mittelpunkt vieler gr. Sagen: → Ganymedes; → Laomedon; der → Trojanische Krieg (→ Homers *Ilias*); → Priamos; → Paris; → Helena; → Agamemnon; → Achilleus; → Hektor; → Penthesilea; → Aeneas.

Trojanischer Krieg. Sagenhafter 10-jähriger Kampf der Griechen gegen die Trojaner; Anlass war die Entführung der → Helena durch → Paris, einen Sohn des Trojanerkönigs → Priamos. Unter dem Kommando des → Agamemnon zogen viele Helden, darunter → Menelaos, der Gemahl der Helena, → Achilleus und → Odysseus, gegen → Troja zu Felde. Auf Seiten der Trojaner kämpften unter der Führung des → Hektor u. a. seine Brüder Paris und Helenos sowie Rhesos, der König der Thraker, und → Penthesilea, Königin der → Amazonen. Im 10. Kriegsjahr kam es zu einem Zwist zwischen Agamemnon und Achilleus, der beleidigt war, weil ihm Agamemnon sein Ehrengeschenk Briseis wegnahm. Nur diese Episode von 51 Tagen schildert → Homer in seiner *Ilias*. – Durch die Erkenntnisse aus den Grabungen in Troja ist es unbezweifelbar, dass die Sage vom T. K. einen historischen Hintergrund hat. Für Troja VIIa ist eine gewaltsame Zerstörung nachgewiesen.

Tullus Hostilius, der 3. König → Roms, der → Alba Longa vernichtete (→ Horatii); Erbauer der → Curia Hostilia.

Tyche (gr. »Zufall, Schicksal, Glück«), bei den Griechen Göttin des Zufalls und der Fügung. Die bildende Kunst stellt sie ähnlich wie → Fortuna, mit der T. im 1. Jh. v. Chr. gleichgesetzt wird, mit Füllhorn und Steuerruder (Schicksalslenkerin) oder Flügeln bzw. mit Rad oder Kugel (Symbol ihrer Flüchtigkeit) dar.

Tyndareos, König von → Sparta und Gemahl der → Leda.

Tyros, alte bedeutende Handelsstadt der → Phönizier, die hier Glas, Metall, Purpur und Webereierzeugnisse herstellten. Trotz seiner wechselvollen Geschichte (unter der Oberhoheit → Assyriens, der → Perser, → Seleukiden und Römer) blieb T. bis zur Eroberung durch die Araber 638 n. Chr. eine bedeutende Handelsstadt. In der röm. Kaiserzeit war T. Hauptstadt der → Provinz Syrien. Urspr. lag T. auf einer Insel vor der syrischen Küste; bei der Belagerung der Stadt trieb → Alexander d. Gr. 332 v. Chr. vom Festland aus einen Damm zur Insel hinüber, so dass T. infolge des Schwemmlandes schließlich fest mit der Küste verbunden war. Mutterstadt → Karthagos.

Tyrtaios, gr. Elegiker des 7. Jh.s v. Chr., der im 2. Krieg der Spartaner gegen → Messenien die Krieger durch seine Kampflieder zum Sieg anspornte. Von seinem Werk sind nur wenige Fragmente erhalten.

U

Umbrien, mittelitalienisches Bergland östlich des Tiber, von den Umbrern, einem Stamm der → Italiker, bewohnt, nachdem sie dort von → Etruskern und → Galliern zusammengedrängt worden waren; seit dem 4. Jh. v. Chr. mit → Rom verbündet.

Unterwelt → Hades.

Urania, → Muse der Astronomie; Attribut: Weltkugel.

Uranos, Sohn und Gemahl der → Gaia, Vater der → Titanen.

Utica, älteste Kolonie der → Phönizier in Afrika, im 9. Jh. v. Chr. gegründet; nach der Zerstörung → Karthagos 146 v. Chr. Hauptstadt der → Provinz Africa (bis 46 v. Chr.). → Cato Uticensis.

V

Varro, Marcus Terentius V., aus Reate im → Sabinerland, 116–27 v. Chr., Dichter und bedeutendster Gelehrter → Roms. Aus einer wohlhabenden Familie stammend, in Rom ausgebildet, bekleidete er eine Reihe von Ämtern, 49 wurde er im Bürgerkrieg als Legat des → Pompeius in → Spanien von → Caesar besiegt. Dieser begnadigte ihn und beauftragte ihn mit der Errichtung einer öffentlichen → Bibliothek, zu deren Realisierung es allerdings nicht mehr kam, da er nach dem Tod Caesars auf die Proskriptionsliste (→ Proskription) des → Antonius gesetzt wurde (43); mit dem Leben davongekommen, widmete er sich wissenschaftlichen Arbeiten. Sein Gesamtwerk umfasste etwa 75 Schriften in etwa 620 Büchern. Sein Hauptwerk, die *Antiquitates rerum humanarum et divinarum* (41 Bücher), stellte enzyklopädisch die Geschichte der politischen und kultischen Entwicklung Roms dar. Dieses nicht erhaltene Werk wurde die Grundlage für zahlreiche Forschungen der Folgezeit und von vielen Kompilatoren benutzt. Zahlreiche Fragmente sind von seinen Menippeischen Satiren erhalten (→ Menippos; → Satire). 3 Bücher *De re rustica*, eine lehrhafte Darstellung der röm. Landwirtschaft in Dialogform, sind erhalten; ebenso von den 25 Büchern *De lingua Latina* (Etymologie und Grammatik des Lateinischen) die Bücher 5–10. – Varro erfuhr durch die Aufstellung seiner Büste zu seinen Lebzeiten (38) in der von Asinius → Pollio errichteten Bibliothek eine einmalige Ehrung.

Varus. Publius Quinctilius V., → Konsul 13 v. Chr., 6–4 Statthalter von Syrien, ging 6 n. Chr. als Statthalter nach Germanien, wo er durch seine rücksichtslos betriebene Romanisierung den Aufstand des → Arminius auslöste. Nach der verlustreichen Niederlage im Teutoburger Wald

(9 n. Chr.) stürzte er sich selbst ins Schwert. Bekannt ist der Ausruf des → Augustus: *Quintili Vare, legiones redde!* (»Varus, gib mir die Legionen zurück!«).

Veji, alte Stadt der → Etrusker, einige Kilometer nördlich von → Rom, die südlichste Stadt des etr. Städtebundes; 396 v. Chr. nach langer Belagerung von → Camillus erobert; das Gebiet wurde → *ager publicus*, die Einwohner versklavt. Die Archäologen brachten wertvolle Funde zutage, z. B. den berühmten → Apollo von V. aus Terrakotta (um 500 v. Chr.).

Venus, Göttin der Liebe, früh der gr. → Aphrodite gleichgesetzt; ihr erster Tempel in → Rom wurde 295 v. Chr. beim → Circus Maximus errichtet; 215 v. Chr. erhielt V. ein Heiligtum auf dem → Kapitol. → Caesar führte 46 v. Chr. mit der Errichtung eines Tempels auf dem → Forum Iulium den Kult der *Venus Genetrix* als der Stammmutter der → Julier (über → Aeneas) ein.

Vergil. Publius Vergilius Maro, aus Andes bei Mantua, 70–19 v. Chr., bedeutender röm. Dichter. Aus einer einfachen, aber wohlhabenden Bauernfamilie stammend, studierte V. in Mailand und → Rom → Rhetorik und Philosophie; doch er schlug nicht die Beamtenlaufbahn ein, sondern wandte sich früh der dichterischen Tätigkeit zu, angeregt wohl auch durch den Umgang mit den → Neoterikern. 41 verlor er durch die Landverteilung an → Octavians Veteranen das väterliche Gut, er erhielt jedoch durch die Vermittlung des Asinius → Pollio eine Entschädigung, die ihm fortan den Lebensunterhalt ermöglichte. Seine Kunst vermittelte ihm früh den Eintritt in den Kreis des → Maecenas. V. hielt sich im Verlauf seines Lebens, das 19 v. Chr. in → Brundisium endete, häufig und gerne in Neapel auf. – Werke: 1. *Bucolica* oder *Eklogen*, entstanden 42–37, 10 Gedichte, in denen V., von → Theokrit beeinflusst, das glücklich-ruhige Leben der Hirten von → Sizilien und → Arkadien besingt; doch finden sich in dieser Traumwelt immer wieder Anspielungen auf die Zeitgeschichte. – 2. *Georgica*, entstanden 36–29; dieses Lehrgedicht über den Landbau in 4 Büchern behandelt Ackerbau, Baumzucht, Viehzucht und Bienenzucht; letzten Endes geht es jedoch in diesem Gedicht um eine idealisierte Darstellung jener bäuerlichen Lebensform, aus der heraus Rom zu Größe gelangt war. – 3. *Aeneis*, entstanden etwa 29–19, das röm. Nationalepos in 12 Büchern; das unvollendete Werk, nach dem Tod des Dichters herausgegeben, schildert die Abenteuer des Trojanerhelden → Aeneas, der nach langwierigen, harten Kämpfen in Latium schließlich eine neue Heimat findet und somit Ahnherr des röm. Volkes wird. Der verherrlichte Held verkörpert alte Römertugenden: Beobachtung der Pflicht gegenüber Göttern, dem Vaterland und den Angehörigen (*pietas*), Seelengröße, Tapferkeit, Standhaftigkeit, Unerschütterlichkeit, Entsagung, aber auch Menschlichkeit. Die Gründung Roms wird zurückgeführt auf das Schicksal und den Willen der Götter. → Augustus ist durch 3 Vorverweise auf sein Friedensreich als Gipfelpunkt der ganzen gottgewollten Entwicklung in den Kosmos der Dichtung miteinbezogen. Entsprechend fügt sich dieses Werk mit seinen etwa 10 000 Hexametern in die Reformbestrebungen des Augustus. Dichterisches Vorbild der *Aeneis* waren die Epen → Homers, wobei die Bücher 1–6 den Irrfahrten der *Odyssee*, die Bücher 7–12 den Kampfschilderungen in der *Ilias* verpflichtet sind.

Versbau (Metrik). Die gr. und röm. Metrik beruht auf dem geordneten Wechsel von Längen (Zeichen: –) und Kürzen (Zeichen: ◡), ist also von den Quantitäten, nicht von den Akzenten (Betonung) abhängig. Der Versfuß bestimmt sich nach der jeweiligen Abfolge der Längen und Kürzen; die wichtigsten Versfüße sind: Jambus (◡–), Trochäus (–◡), Anapäst (◡◡–), Daktylus (–◡◡), Spondëus (––). Die Aneinanderreihung von Versfüßen ergibt verschiedene Versmaße; die beiden bekanntesten sind: 1. der daktylische Hexameter, bestehend aus 5 Daktylen und einem Spondëus oder Trochäus, wobei die Daktylen jeweils durch einen Spondëus ersetzt werden können (was beim 5. Daktylus nur sehr selten geschieht): –⏕–⏕–⏕–⏕–⏑⏑–⏒. – 2. Der Pentameter ergibt sich durch Verdoppelung von zweieinhalb Daktylen, von denen aber nur die ersten beiden durch Spondeen ersetzt werden können: –⏕–⏕– | –⏑⏑–⏑⏑⏒; der Pentameter bildet mit dem Hexameter das Distichon (Zweizeiler) der → Elegie oder des → Epigramms.

Vespasian. Titus Flavius Vespasianus, aus dem Sabinerland (→ Sabiner), 9–79 n. Chr., röm. Kaiser 69–79. Der Sohn eines Steuereinnehmers war unter → Claudius 43/44 im Britannienfeldzug Legat, 51 → Konsul, 59 Statthalter in Afrika, 67 Oberbefehlshaber im Krieg gegen die jüdischen Aufständischen; 69 riefen ihn die Ostlegionen zum Kaiser aus. Auch die → Legionen in → Pannonien und Moesien waren für V., sie marschierten nach Italien und errangen bei Cremona einen Sieg über Vitellius, der schließlich ermordet wurde. Nun beauftragte V. seinen Sohn → Titus mit der Fortführung des Kampfes gegen die Juden und begab sich nach → Rom. Seine Hauptsorge galt der Wiederherstellung der inneren Ordnung, der Disziplinierung der Truppen und der Sanierung der zerrütteten Staatsfinanzen. V. errichtete in Rom das → Kolosseum und das → Forum Pacis mit einem Tempel der Friedensgöttin; die → Provinzen förderte er durch Straßenbau. 77 schickte er Agricola, den Schwiegervater des → Tacitus, zur Eroberung → Britanniens aus.

Vesta, altitalische Göttin des Staatsherdes, in deren Rundtempel auf dem → Forum Romanum in → Rom ihre Priesterinnen, die → Vestalinnen, das ewige Feuer unterhalten mussten, von dem nach röm. Anschauung das Wohl des Staates abhing. → Hestia.

Vestalinnen, die 6 Priesterinnen der → Vesta, mussten sich vornehmlich um das heilige Feuer kümmern; junge Mädchen im Alter von 6–10 Jahren wurden in die Amtswohnung (*Atrium Vestae*) neben dem Tempel aufgenommen und mussten 30 Jahre im Dienst bleiben. Eine V., die die vorgeschriebene Keuschheit verletzte, wurde lebendig begraben.

Via Appia, die wichtigste Straße von → Rom in Richtung Süden nach → Capua, später bis → Brundisium verlängert; der → Zensor → Appius Claudius Caecus hat diese Straße 312 v. Chr. angelegt.

Volkstribun → Tribunus.

Volksversammlung. – **1.** → Athen und andere gr. Staaten mit demokratischer Verfassung: Voraussetzung zur Teilnahme an der V. (*ekklesía*) waren Vollbürgerschaft und ein Mindestalter von 20 Jahren; Tagungsort war urspr. die → Agora, dann die Pnyx, ein halbrund terrassierter Hügel im Westen der Stadt, schließlich das Dionysostheater; seit → Perikles erhielten die Teilnehmer Diäten; durch Handaufheben oder durch Stimmtäfelchen wurde abgestimmt. Grundsätzlich durfte jeder als Redner auftreten. Zuständigkeit der V.: Mitwirkung bei der Gesetzgebung, Wahl der Beamten, → Ostrakismos, Entscheidung über Krieg und Frieden, Verträge, Verwendung öffentlicher Gelder, Kultangelegenheiten. → Sparta. – **2.** → Rom zur Zeit der → Republik: Die Volksversammlung in Rom (*comitia*) hatte gegenüber dem → Senat und den Beamten im Vergleich zur athen. V. eine schwache Stellung; es sind 3 Arten von Komitien zu unterscheiden: a) die Kuriatskomitien aus der Königszeit, zuständig für Familienrecht und Bestätigung bei Amtseinsetzungen; b) die Zenturiatskomitien (Einteilung der Bürger nach → Zenturien), zuständig für die Entscheidung über Krieg und Frieden, Todesstrafen, Gesetzesbeschlüsse und für die Wahl der → Konsuln, → Prätoren und → Zensoren. c) Tributkomitien, nach *tribus* (Stadtteilen) gegliedert, zuständig für die Wahl der niederen Beamten und der → Volkstribunen. – Die Zenturiatskomitien als eigentliche Heeresversammlung fanden auf dem → Marsfeld statt, die übrigen auf dem *Comitium* zwischen → Forum und → Curia. – In der Kaiserzeit ging die Bedeutung der V. immer mehr zurück.

Vulcanus (Volcanus), Gott des Feuers und der Schmiedekunst, später → Hephaistos gleichgesetzt; der Sohn des → Jupiter und der → Juno, Gemahl der → Venus, schmiedet in seiner Werkstätte unter einem feuerspeienden Berg (z. B. → Aetna) für Götter und Heroen Waffen. 214 v. Chr. wurde dem V. außerhalb der Stadt, auf dem → Marsfeld, ein Tempel errichtet. → Ostia, das wegen seiner Getreidespeicher besonders gefährdet war, verehrte V. als Hauptgott.

X

Xẹnophon, aus → Athen, 430–354 v. Chr., Schriftsteller und Historiker; aus vornehmer, wohlhabender Familie stammend, Schüler des → Sokrates, aristokratisch und spartafreundlich gesinnt. 401 beteiligte sich X. am Kriegszug des → Kyros (2.) gegen seinen Bruder → Artaxerxes II.; nach der Niederlage bei Kunaxa führte er die etwa 10 000 gr. Söldner zurück. 396 begleitete X. den Spartanerkönig → Agesilaos gegen die → Perser und stand 394 bei Koroneia auf seiner Seite im Kampf gegen → Theben und Athen. Daraufhin verbannten ihn die Athener; so zog er sich auf ein Gut in Skillus bei → Olympia zurück, das er von den Spartanern als Entschädigung bekommen hatte. Hier lebte er, mit Landwirtschaft, Reitsport und Schriftstellerei beschäftigt, bis er wegen der spart. Niederlage bei Leuktra (371) nach → Korinth fliehen musste. Die bedeutendsten seiner Schriften sind: *Anabasis* (in 7 Büchern), schildert den gefahrvollen Zug der 10 000 Söldner vom pers. Binnenland ans Meer; *Hellenika* (in 7 Büchern), gr. Geschichte der Jahre 411–362, als Fortsetzung des → Thukydides gedacht; *Agesilaos*, eine Lobrede auf seinen verstorbenen Freund; die sokratischen Schriften *Verteidigung des Sokrates* (→ Apologie), *Erinnerungen an Sokrates* und *Symposion* (sokratische Gespräche über → Eros bei einem Gastmahl); *Oikonomikos*, eine Lehrschrift über Hauswirtschaft; die *Erziehung des Kyros* beschreibt die Entwicklung des älteren → Kyros zum idealen Herrscher.

Xẹrxes, Perserkönig 485–465 v. Chr.; Sohn des → Dareios I. → Perserkriege. Fiel einer Verschwörung Adeliger zum Opfer.

Z

Siehe auch unter C

Zenon. – **1.** Z. von Elea, 5. Jh. v. Chr., gr. Philosoph und Schüler des → Parmenides, dessen Lehren er verteidigte, indem er die Unmöglichkeit der Bewegung und der Vielheit zu beweisen suchte. Z. gilt als der Erfinder der Dialektik. – **2.** Z. von Kition (→ Zypern), gr. Philosoph, um 332–262 v. Chr., Gründer der → Stoa.

Zensor, innerhalb der röm. → Ämterlaufbahn das vornehmste Amt. Die Zensur wurde jeweils 2 ehemaligen → Konsuln für einen Zeitraum von 5 Jahren übertragen. Sie hatten folgende Aufgaben zu erfüllen: 1. Aufstellung des Bürgerverzeichnisses für Steuer- und Aushebungszwecke; 2. Verteilung der Bürger auf die 3 Stände nach Vermögen, Herkunft und sittlichem Wohlverhalten; 3. Beurteilung des Leumunds der Senatoren und → Ritter; 4. Überwachung des Staatsbudgets.

Zenturie (»Hundertschaft«), eine dem → Servius Tullius zugeschriebene Einteilung des röm. Volkes bei Volksabstimmungen und den Fußtruppen (→ Heerwesen). Der Anführer einer Z. war der Zenturio.

Zeus, der höchste gr. Gott, wie der röm. → Jupiter auf den alten Himmelsgott der Indogermanen zurückgehend. Z. war Sohn des → Kronos und der → Rhea, Bruder von → Poseidon, → Hades, → Hestia, → Demeter und → Hera. Nach dem Sturz des Vaters und dem Sieg über die → Titanen teilten die 3 Brüder Besitz und Herrschaft der Welt unter sich auf, Z. übernahm den Himmel. Z. war ein äußerst fruchtbarer Gott: Mit → Hera, seiner rechtmäßigen Gemahlin, zeugte er → Ares, → Hephaistos und → Hebe; weitere Kinder von anderen Frauen: → Apollon, → Artemis, → Hermes, → Persephone, → Aphrodite, → Dionysos, → Horen, → Moiren, → Musen, → Herakles, → Perseus,

Zeus als Blitzschleuderer. Bronzestatuette aus Dodona. Um 470 v. Chr.

→ Dioskuren. Z. hatte folgende Funktionen: 1. Wettergott (Wolkenversammler), der, über Blitz und Donner verfügend, das Wetter bestimmt (Regen, Schnee, Gewitter). – 2. Schützer von Haus und Besitz. – 3. Hüter von Recht, Gesetz, Sitte, Vertrag und Eid sowie der Gastfreundschaft. – 4. Gott der Weissagung, der seinen Willen durch Träume, Blitz und Donner, Vogelflug, Meteore und Orakel kundtut. – Z., dem Adler und Eiche heilig waren, hatte seine Hauptkultstätten in → Dodona und → Olympia, wo ihm zu Ehren die → Olympischen Spiele gefeiert wurden.

Zypern → Kypros.

Anhang

Rhetorische Stilmittel

Alliteration: gleicher Anlaut bei aufeinander folgenden Wörtern, z. B.: *Patent portae: proficiscere!* – »Die Tore sind offen: verschwinde!«

Anadiplose: Wiederholung des letzten Wortes eines Satzes am Anfang des nächsten Satzes, z. B.: *Locutus est de amicitia. Amicitia autem est …* – »Er hat von Freundschaft gesprochen. Freundschaft aber heißt …«

Anapher: Wiederholung desselben Wortes oder derselben Wortgruppe am Anfang aufeinander folgender Sätze oder Satzteile, z. B.: *Horribile dictu, horribile visu (est)* – »Es ist schrecklich davon zu reden, es ist schrecklich anzuschauen«.

Antithese: Gegenüberstellung entgegengesetzter Begriffe oder Meinungen, z. B.: *Ars longa, vita brevis (est)* – »Die Kunst währt lange, das Leben ist kurz«.

Aposiopese: bewusstes Abbrechen inmitten der Rede, z. B.: *Quos ego –! sed motos praestat componere fluctus* – »Ha, euch soll –! doch besser ich zähme das Toben der Wellen« (Vergil).

Apostrophe: die Abwendung des Redners von seinem Publikum und direkte Anrede (meist abwesender) Personen oder lebloser Dinge, z. B.: *Adsunt ex Achaia legati neque te, Massilia, praetereo* – »Gesandte aus Achaia sind hier, aber auch dich, Marseille, übergehe ich nicht«.

Archaismus: bewusste Verwendung veralteter Wörter oder Wortformen, z. B.: *deum delubra* für *deorum templa* – »die Tempel der Götter«; *duellum* für *bellum* – »Krieg«.

Asyndeton: eine Reihe gleichgeordneter Wörter, Satzteile oder Sätze ohne verbindende Konjunktionen, z. B.: *Veni, vidi, vici* – »Ich kam, sah und siegte«.

Chiasmus: symmetrische Überkreuzstellung von einander entsprechenden Satzgliedern, z. B.: *Cornibus tauri, apri dentibus se tutantur* – »Mit Hörnern schützen sich die Stiere, die Eber mit Zähnen«.

Ellipse: Weglassung sinngemäß zu ergänzender Wörter, z. B.: *Cicero Attico salutem (dicit)* – »Cicero grüßt Atticus« (Briefanfang);

oder: *Vita somnium breve (est)* – »Das Leben ist ein kurzer Traum«.

Enallage: Verschiebung der Wortbeziehung, z. B.: *hesterna felicitate pugnae* – »durch den Erfolg in der gestrigen Schlacht«.

Epipher: Wiederholung eines Wortes am Ende aufeinander folgender Wortgruppen oder Sätze, z. B.: *Poenos populus Romanus iustitia vicit, armis vicit, liberalitate vicit* – »Das römische Volk hat die Punier durch Gerechtigkeit, mit den Waffen und durch Großzügigkeit besiegt«.

Epitheton ornans: schmückendes Beiwort, das eigentlich unnötig ist, z. B.: *nix candida* – »weißer Schnee«; oder: *velocia flumina* – »schnelle Flüsse«.

Euphemismus: verhüllende Beschreibung einer unangenehmen, anstößigen oder unheilbringenden Sache durch einen abmildernden oder beschönigenden Ausdruck, z. B.: *pacare* »befrieden« für *subigere* »unterwerfen«; oder: *vita decedere* »aus dem Leben scheiden« für *mori* »sterben«.

Exclamatio: Ausruf leidenschaftlicher Empfindung, z. B.: *O tempora, o mores!* – »Was für Zeiten, was für Sitten!«; oder: *O me miserum!* – »O ich Unglücklicher!«

Geminatio: Wiederholung desselben Wortes oder derselben Wortgruppe, z. B.: *Erit, erit illud profecto tempus* – »Es wird jene Zeit kommen, ja sie wird wirklich kommen«.

Hendiadyoin: zwei Begriffe werden bei- statt untergeordnet: *proditio atque ignavia* – »feiger Verrat«.

Hyperbaton: Sperrung, Trennung zweier zusammengehöriger Wörter durch eingeschobene Wörter, z. B.: ***Brevis** a natura nobis **vita** data est* – »Ein kurzes Leben ist uns von der Natur gegeben worden«.

Hyperbel: Übertreibung des Ausdrucks oder der Formulierung im Positiven wie im Negativen, z. B.: *nive candidior* – »weißer als Schnee«; *luce clarior* – »heller als das Sonnenlicht«.

Klimax: Reihung von Wörtern oder Sätzen mit steigender Aussageintensität, z. B.: ***Facinus** est vincire civem Romanum, **scelus** verberare, prope **parricidium** necare* – »Es ist eine Schandtat, einen römischen Bürger festzunehmen, ein Verbrechen, ihn zu schlagen, aber geradezu Hochverrat, ihn zu töten«.

Litotes: verstärkte Hervorhebung eines Begriffes durch Verneinung des Gegenteils, z. B.: *non ignoro* – »ich weiß sehr wohl«; *non invitus* – »recht gerne«.

Metapher: Gebrauch von Wortbedeutungen im ›übertragenen‹, uneigentlichen (bildlichen) Sinn, z. B.: *Fabius scutum Romanorum fuit, Marcellus gladius* – »Fabius war der Schild der Römer, Marcellus ihr Schwert«.

Metonymie: Vertauschung inhaltlich verwandter oder zueinander in Beziehung stehender Begriffe (z. B.: Autor statt Werk oder Rohstoff statt Produkt), z. B.: *Homerum* (statt *carmina Homeri*) *legere* – »Homer (= die Gesänge Homers) lesen«; *ferrum* (»Eisen«) statt *gladius* (»Schwert«).

Onomatopöie: Lautmalerei, Nachbildung von Klangerscheinungen durch Sprachmittel (Wort, Satz), z. B.: *Quamvis sint sub aqua, sub aqua maledicere temptant* – »Obwohl sie unter Wasser sind, versuchen sie auch unter Wasser zu schimpfen« (die in Frösche verwandelten Bauern).

Oxymoron: Verbindung zweier Begriffe, die sich widersprechen und gegenseitig eigentlich ausschließen, z. B.: *Summum ius summa iniuria* – »Das höchste Recht ist das höchste Unrecht«; *Tacendo loqui* – »beredtes Schweigen«.

Paradoxon: eine scheinbar widersinnige Behauptung, die der allgemeinen Meinung widerspricht; ein überraschender Gedanke, z. B.: *Si vis pacem, para bellum* – »Wenn du Frieden willst, rüste zum Krieg«.

Parallelismus: Symmetrische Anordnung einander entsprechender Satzglieder, z. B.: *Homo proponit, deus disponit* – »Der Mensch denkt, Gott lenkt«. *Verba docent, exempla trahunt.* – »Worte lehren, Beispiele reißen mit«.

Paronomasie: Wortspiel durch Zusammenstellung gleichlautender oder ähnlicher Wörter von verschiedener oder entgegengesetzter Bedeutung, z. B.: *Nomen est omen* – »Der Name hat zugleich eine Vorbedeutung«; *Ex aratore orator factus est* – »Aus einem Ackermann ist ein Redner geworden«.

Personifikation: Vermenschlichung von Begriffen oder Dingen, z. B.: *Patria tecum loquatur: hunc mihi timorem eripe* – »Das Vaterland wird wohl zu dir sagen: befreie mich von dieser Furcht«.

Pleonasmus: Überfülle des Ausdrucks, übertriebene Anhäufung von Wörtern ähnlicher Bedeutung, z. B.: *Meis oculis vidi* – »Ich habe es mit eigenen Augen gesehen«; *retro redire* – »zurückkehren«.

Polyptoton: Wiederkehr desselben Wortes innerhalb desselben Satzes in verschiedenen Flexionsformen (als Wortspiel), z. B.: *Homo homini lupus* – »Der Mensch ist dem Menschen ein Wolf«.

Polysyndeton: eine Wort- oder Satzreihe, die auffällig häufig durch dieselbe Konjuktion verbunden ist, z. B.: *Ego et miles et tribunus et legatus et consul versatus sum in vario genere bellorum* – »Ich habe mich als Soldat, als Tribun, als Legat und als Konsul in verschiedenen Arten von Krieg aufgehalten«.

Rhetorische Frage: eine in die Form einer Frage gekleidete Behauptung oder Aufforderung, also eine Scheinfrage, auf die keine Antwort erwartet wird, z. B.: *Quis hoc crediderit?* – »Wer möchte das glauben?« – *Quo usque tandem abuteris patientia nostra?* – »Wie lange willst du unsere Geduld noch missbrauchen?«

Synekdoche: Gebrauch des engeren Begriffs statt des umfassenderen, des Teils für das Ganze (= *pars pro toto*), und umgekehrt, z. B.: *tectum* (»Dach«) für *domus* (»Haus«), *rota* (»Rad«) für *currus* (»Wagen«), *elephantus* für *ebur* (»Elfenbein«).

Synonyma-Häufung: Verbindung von 2 Synonymen zur Ausdrucksverstärkung, z. B.: *orare atque implorare* – »dringend bitten«.

Zeugma: Koppelung inadäquater Begriffe, bes. Verbindung eines Prädikats mit mehreren Objekten, von denen jedoch nur eines sinngemäß zum Verbum passt, z. B.: *Oculos dextramque precantem protendit* – »Er streckt Augen und die bittende Rechte entgegen« (≈ »richtet Augen ... gegen ...«).

Kalender

Rom

	März, Mai, Juli, Oktober (31 Tage)		Januar, August, Dezember (31 Tage)		April, Juni, September, November (30 Tage)		Februar (28 Tage)	
1.	**Kalendis Ianuariis** usw.							
2.	a.d. VI.	Nonas Martias usw.	a.d. IIII.	Nonas Ianuarias usw.				
3.	a.d. V.		a.d. III.					
4.	a.d. IIII.		pridie					
5.	a.d. III.		**Nonis Ianuariis** usw.					
6.	pridie		a.d. VIII.	Idus Ianuarias usw.				
7.	**Nonis Martiis** usw.		a.d. VII.					
8.	a.d. VIII.	Idus Martias usw.	a.d. VI.					
9.	a.d. VII.		a.d. V.					
10.	a.d. VI.		a.d. IIII.					
11.	a.d. V.		a.d. III.					
12.	a.d. IIII.		pridie					
13.	a.d. III.		**Idibus Ianuariis** usw.					
14.	pridie		a.d. XVIIII.	Kalendas Februarias (Septembres, Ianuarias)	a.d. XVIII.	Kalendas Maias (Iulias, Octobres, Decembres)	a.d. XVI.	Kalendas Martias
15.	**Idibus Martiis** usw.		a.d. XVIII.		a.d. XVII.		a.d. XV.	
16.	a.d. XVII.	Kalendas Apriles (Iunias, Sextiles, Novembres)	a.d. XVII.		a.d. XVI.		a.d. XIIII.	
17.	a.d. XVI.		a.d. XVI.		a.d. XV.		a.d. XIII.	
18.	a.d. XV.		a.d. XV.		a.d. XIIII.		a.d. XII.	
19.	a.d. XIIII.		a.d. XIIII.		a.d. XIII.		a.d. XI.	
20.	a.d. XIII.		a.d. XIII.		a.d. XII.		a.d. X.	
21.	a.d. XII.		a.d. XII.		a.d. XI.		a.d. VIIII.	
22.	a.d. XI.		a.d. XI.		a.d. X.		a.d. VIII.	
23.	a.d. X.		a.d. X.		a.d. VIIII.		a.d. VII.	
24.	a.d. VIIII.		a.d. VIIII.		a.d. VIII.		a.d. VI.	
25.	a.d. VIII.		a.d. VIII.		a.d. VII.		a.d. V.	
26.	a.d. VII.		a.d. VII.		a.d. VI.		a.d. IIII.	
27.	a.d. VI.		a.d. VI.		a.d. V.		a.d. III.	
28.	a.d. V.		a.d. V.		a.d. IIII.		pridie	
29.	a.d. IIII.		a.d. IIII.		a.d. III.			
30.	a.d. III.		a.d. III.		pridie			
31.	pridie		pridie					

Erläuterungen:

Das römische Jahr begann bis 153 v. Chr. mit dem März:

1. Martius	5. Quintilis (ab 44 v. Chr.: Iulius)	9. November
2. Aprilis	6. Sextilis (ab 8 v. Chr.: Augustus)	10. December
3. Maius	7. September	11. Ianuarius
4. Iunius	8. October	12. Februarius

Fest bezeichnet waren 3 Tage jedes Monats:

	Abk.			
Kalendae, -arum	Kal. (Cal.)	1. Tag des Monats		
Nonae, -arum	Non.	5., aber im	März, Mai, Juli, Oktober (Merkwort: MILMO)	7. Tag
Idus, -uum *f.*	Id.	13., aber im		15. Tag

Alle übrigen Tage werden bestimmt, indem vom nächsten fest bezeichneten Zeitpunkt aus rückwärts gerechnet wird, wobei die Grenztage mitgezählt werden; der 26. August ist demnach »der 7. Tag vor den Kalenden des September«.

Die Jahre wurden in Rom nach den → Konsuln datiert; es existiert eine vollständige Liste seit Gründung der Republik (509 v. Chr.) bis zum letzten oström. Konsul (541 n. Chr.). Daneben gab es auch die Zeitrechnung durch Zählung der Jahre *ab urbe condita*, d. h. seit Gründung der Stadt Rom im Jahre 753 v. Chr.

Griechenland (Athen)

Am besten bekannt ist der athenische Kalender; die 12 Monate waren:

Hekatombaion: Juli.
Metageitnion: August.
Boedromion: September.
Pyanepsion: Oktober, so nach einem athenischen Fest zu Ehren → Apollons benannt.

Maimakterion: November, benannt nach dem Fest für → Zeus Maimaktes, »den Stürmischen«.

Poseideon: Dezember. Der gewöhnliche Schaltmonat in Athen war ein weiterer Poseideon.

Gamelion: Januar, so genannt, weil er der beliebte Monat für Hochzeiten (*gamos*) war.

Anthesterion: Februar, nach den Anthesterien, dem 3-tägigen Blumenfest zu Ehren des Dionysos in Athen.

Elaphebolion: März, nach dem Fest für Artemis, ›die Hirschjägerin‹. Die Spartaner nannten diesen Monat *Artemisios.*

Munichion, Munychion: April, benannt nach einem Fest zu Ehren der Artemis, der ein Heiligtum in Munichia bei Piräus geweiht war.

Thargelion: Mai, benannt nach einem Fest zu Ehren von Apollon und Artemis.

Skirophorion: Juni, benannt nach einem Fest zu Ehren von → Demeter oder → Athene.

In Athen begann das Jahr mit dem ersten Neumond nach der Sommersonnenwende. Im Lauf der Zeit setzte sich die Jahreszählung nach → Archonten durch, indem die Jahre jeweils nach dem obersten Archon benannt wurden. In Anlehnung an den Historiker Timaios und den Gelehrten → Eratosthenes verbreitete sich später die Zählung nach → Olympiaden.

Maße, Gewichte, Münzen

Rom

Längenmaße:

		Meter:
	1 *pes* (Fuß)	ca. 0,3
1 *passus* (Doppelschritt)	= 5 *pedes*	ca. 1,5
mille passus (1 röm. Meile)	= 5000 *pedes*	ca. 1500

Flächenmaße:
1 *iugerum* ≈ 2500 qm (≈ 0,25 ha)

Hohlmaße:

für Flüssiges:

			Liter:
		1 *sextarius*	ca. 0,5
	1 *congius*	= 6 *sextarii*	ca. 3,25
1 *amphora*	= 8 *congii*	= 48 *sextarii*	ca. 26

für Trockenes:

			Liter:
		1 *sextarius*	ca. 0,5
	1 *modius*	= 16 *sextarii*	ca. 8,5
1 *medimnus*	= 6 *modii*	= 96 *sextarii*	ca. 51

Gewichte:

		Gramm:
	1 *uncia*	ca. 27
1 *libra/pondo*	= 12 *unciae*	ca. 327

Münzen:

			1 *as* (≈ urspr. 1 *libra*)
		1 *sestertius*	= 4 *asses*
	1 *denarius*	= 4 *sestertii*	= 16 *asses*
1 *aureus*	= 25 *denarii*	= 100 *sestertii*	= 400 *asses*

Griechenland (Athen)

Längenmaße:

στάδιον (Stadion)	πλέθρα (Plethra)	ὀργυιαί (Klafter)	πήχεις (Ellen)	πόδες (Fuß)	Meter
				1	ca. 0,3
			1	1,5	ca. 0,45
		1	–	6	ca. 1,8
	1	–	–	100	ca. 30
1	6	100	400	600	ca. 180

Das olympische Stadion maß 192 m.

Hohlmaße:

für Flüssiges:

μετρητής (Metretes)	χόες (Choes)	κοτύλαι (Kotylai)	κύαθοι (Kyathoi)	Liter
			1	ca. 0,05
		1	6	ca. 0,3
	1	12	72	ca. 3
1	12	144	864	ca. 40

für Trockenes:

μέδιμνος (Medimnos)	χοίνικες (Choinikes)	κοτύλαι (Kotylai)	Liter
		1	ca. 0,3
	1	4	ca. 1,1
1	48	192	ca. 52

Gewichte und Münzen:

τάλαντον (Talent)	μναῖ (Minen)	δραχμαί (Drachmen)	ὀβολοί (Oboloi)	χαλκοῖ (Chalkoi)	Gewicht in Gramm
				1	0,09
			1	8	0,72
		1	6	48	4,36
	1	100	600	–	436
1	60	6000	36000	–	26196

Tyras (Dnjestr)
Olbia
Borysthenes (Dnjepr)
DAKIEN
Asowsches Meer
ILLYRIEN
TAURISCHE CHERSONES (Krim)
Pantikapion
SKYTHIEN
Istros/Danubius (Donau)
Herakleia
Kimm. Bosporos
Tomis (Constanța)
MOESIEN
Pontos Euxeinos (Schwarzes Meer)
PAIONIEN
Haimos
Adria
Apollonia
THRAKIEN
Sinope
MAKEDONIEN
Byzanz
Byzantium
Konstantinopel
PONTOS
Herakleia Pontika
Nikomedeia
PAPHLAGONIEN
Amaseia
Ancyra (Ankara)
Prusa
BITHYNIEN
Zela
MYSIEN
Gordion
Pessinus
ANATOLIEN
Ägäis
PHRYGIEN
Halys (Kizil Irmak)
GALATI
Athen
Sardes
Königsstraße
Ipsos
Apollonia
Antiochia
KAPPADOKIEN
Ephesos
Hierapolis
Nazianzus
PISIDIEN
Comana
KO
Taurus
Tyana
Samosata
KARIEN
Perge
Aspendos
Side
PAMPHY-LIEN
KILIKIEN
Kyrrhos
Mittelmeer
Kydonia (Chania)
LYKIEN
Phaselis
Soloi
Tarsos
Issos
Korykos
Mallos
Hierapolis
Knossos
Amnisos
Seleukeia
Antiochia
Bambyke
Kreta
Ida
Lyttos
Mallia
Poseideion (Al Mina)
Phaistos
Gortyn
Palaikastro
Dikte
Apamea
SYR
Cypern
Salamis
Kition
Enkomi
Palmyra
Paphos
Amathus
Orontes
Emesa
Byblos
Berytos
Ptolemais
Apollonia
Kyrene
Sidon
Tyros
PHÖNIKIEN
KYRENAIKA
Jotapata
Caesarea
Gadara
Joppa (Jaffa)
JUDÄA
Rosette
Askalon
Jerusalem
Pharos
Alexandria
Kanopos
Gaza
Masada
Raphia
LIBYEN
Naukratis
IDUMÄA
Kairo
Heliopolis
Memphis
ARABIEN
Ammonium (Siwa)
Arsinoe
Nil
Faijum
Oxyrhynchos
Hermopolis Magna (El-Ashmunen)
Antinoopolis
Lykonpolis (Assiut)
ÄGYPTEN
Panopolis
Ptolemais
Rotes Meer
Tentyra
Ombi
Theben (Luxor, Karnak)
Syene (Aswan, Assuan)

Karte I - Kleinasien, Mittlerer Osten

Karte II - Griechenland, Ägäis

Pontos Euxeinos
(Schwarzes Meer)
ippopolis
Hebros
(Maritsa)
Hadrianopolis (Adrianopel)
THRAKIEN
Bosporos
Byzanz/Byzantium
Konstantinopel
(Istanbul)
Chalkedon
Perinthos
Nikomedeia
(Izmit)
dera
Maroneia
Propontis
(Marmarameer)
Thasos
Lysimacheia
Prokonnesos
BITHYNIEN
Kardia
THRAKISCHE
CHERSONES
Samothrake
Aigospotamoi
Sestos
Hellespont
Parium
Lampsakos
Kyzikos
Kios
Nikaia
Nicaea
(Iznik)
Prusa
Kynossema
Abydos
Imbros
Kap Rhoeteum
Granikos
MYSIEN
Sigeion
Troja
mnos
Tenedos
TROAS
Ida
PHRYGIEN
Kolonai
Assos
Ägäisches
Meer
Methymna
Antissa
ÄOLIEN
Eresos
Phyrrha
Pergamum
Atarneus
Mytilene
Lesbos
Pitane
Elaia
Skyros
Arginusai
Kyme
LYDIEN
Phokaia
Magnesia (Manisa)
Hermos
Sipylos
Sardes
Smyrna
Chios
Klazomenai
Erythrai
Paktolos
Teos
Kaystros
Kolophon
Notion
Hierapolis
IONIEN
Mäander
Andros
Ephesos
Samos
Magnesia
Ikaria
Mykale
Priene
Tenos
Lade
Milet
KARIEN
Mykonos
Didyma
ykladen
Delos
Südl.
Sporaden
Leros
Karyanda
Paros
Halikarnassos
Naxos
Amorgos
Kos
Knidos
LYKIEN
Ios
Xanthos
Rhodos
Ialysos
Telos
Kamiros
Rhodos
Thera
(Santorin)
Lindos

Karte III - Griechenland

Kap Artemision
Skyros
Ägäisches Meer
EUBOIA
Halai
Tegyra
Orchomenos
Kopais-See
Anthedon
Chalkis
Euripos
Eretria
Aulis
BOIOTIEN
Koroneia
Haliartos
Askra
Thespiai
Leuktra
Theben
Tanagra
Delion
Oropos
Oinophyta
Plataiai
Kithairon
Rhamnos
Dekeleia
Parnes
Eleutherai
Marathon
Kephissia
Pentelikon
Karystos
Eleusis
Megara
Athen
Pallene
Andros
Nisaia
Salamis
Piräus
Phaleron
Brauron
Hymettos
Psyttaleia
ATTIKA
Tenea
Aigina
Laurion
Keos
Tenos
Saronischer Golf
Kap Sunion
Epidauros
Nauplia
Kalaureia
Troizen
Syros
Rheneia
Hermione
Kykladen
Seriphos
Siphnos
Paros
Myrtoisches Meer
Melos
Kythera

GALLIA TRANSPADANA
Comum (Como)
Lacus Benacus (Gardasee)
Opitergium (Oderzo)
Aquileia
Mediolanum (Mailand)
Vercellae
Ticinus
Sirmio
Verona
Altinum
Eridanos
Padus (Po)
Cremona
Bedriacum
Mantua
Patavium (Padua)
ISTRIEN
Placentia (Piacenza)
Pollentia
GALLIA CISALPINA
Atria
LIGURIEN
Bobbio
Trebia
Parma
Mutina (Modena)
Genua (Genova)
Bononia (Bologna)
Ravenna
Nicaea (Nizza)
Apenninen
Luca (Lucca)
Rubicon
Ariminum (Rimini)
Fiesole
Sarsina
Pisaurum
Arnus (Arno)
UMBRIEN
Metaurus
Volaterrae (Volterra)
Arretium (Arezzo)
Tiber
Tifernum
Sentinum (Sassoferrato)
ETRURIEN
Cortona
Lacus Trasimenus
Perusia (Perugia)
Pollentia
Populonia
Clusium
Asisium (Assisi)
PICENUM
Vetulonia
Roselle
Asculum
Elba
Saturnia
Volsinii (Bolsena)
Telamon
Ameria
Reate
Korsika
Vulci
Falerii
Amiternum
Tarquinii
Cures
Caere
Veii
Nomentum
Tibur (Tivoli)
Corfinium
Sulmo
Rom
Praeneste
Ostia
Tusculum
Bovillae
Aricia
Arpinum
Aesernia
Alba Longa
Lanuvium
Lavinium
Setia
Monte Cassino
Antium (Anzio)
Forum Appii
LATIUM
Aquinum
SAMNIU
Circei
Formiae
Sinuessa
Beneventu
Tarracina
Capua
Caudium
Atella
Liternum
Nola
KAMP
Cumae
Pandateria (Ventotene)
Baiae
Vesuvius
Pompeji
Pithecussae (Ischia)
Stabiae
Puteoli
Neapolis
Capri
Paestu
Poseid
Herculaneum
Sardinien
Elea/V
Kap Palin
Tyrrhenisches Meer
Drepanum (Trapani)
Eryx
Heirkte M.
Panormos (Palermo)
Nauloch
Mylai
Soluntum
Segesta/Egesta
Zankle/Messan
Aegates Insulae
Motya
Himera
Cal(e)acte
Tauromenion
Naxos
Lilybaion
Aetna
Selinus (Selinunt)
Sizilien
Aetna/Inessa
Enna
Katana
Akragas/Agrigentum
Utica
Leontinoi
Hippo Regius
Megara Hyblaia
Karthago
Gela
Syrakus
Kamarina
Thagaste
Zama
Madaura

Karte IV - Italien

Abbildungsnachweis

Georg Csajkas: 235
Heinrich Reclam: 222, 263
Wikimedia Commons: S. 55 (Rabax63 / CC-BY-SA-4.0), 72 (sailko / CC-BY-SA-3.0)

Die Abbildung auf S. 143 wurde übernommen aus: Ph. Filtzinger / D. Planck / B. Cämmerer (Hrsg.): Die Römer in Baden-Württemberg. Stuttgart [2]1976. Abb. 41.

Karten I–IV sowie Umschlagklappen: Theodor Schwarz, Urbach

Zum Autor

Heinz Mickisch studierte Klassische Philologie und unterrichtete an einem Münchner Gymnasium. Er publizierte zahlreiche Aufsätze in Fachzeitschriften sowie das *Taschenlexikon der Antike*.